轨道装备类校企"双元"合作开发教材

高速动车组整列联调技术

罗昭强◎主　编
陶　佳◎副主编

中国铁道出版社有限公司

2024年·北　京

内 容 简 介

本书为轨道装备类校企“双元”合作开发教材之一，以 CR400BF 型动车组整列联调联试工作中的实际工作任务为载体进行设计。全书共分八个项目，包括动车组激活系统的原理及调试、动车组高压控制系统的原理及调试、动车组牵引控制系统的原理及调试、动车组制动控制系统的原理及调试、动车组安全环路的原理及调试、动车组辅助供电系统的原理及调试、动车组车门系统的原理及调试、动车组动态系统的调试。

本书可作为高等职业教育轨道装备类高速动车组制造与维护专业核心课程教材，也可作为相关岗位技术人员培训教材。

图书在版编目(CIP)数据

高速动车组整列联调技术/罗昭强主编. —北京：中国铁道出版社有限公司，2024.3

轨道装备类校企“双元”合作开发教材

ISBN 978-7-113-28042-0

Ⅰ.①高… Ⅱ.①罗… Ⅲ.①高速列车-动车-调试方法-教材 Ⅳ.①U266

中国版本图书馆 CIP 数据核字(2021)第 113132 号

书　　名：高速动车组整列联调技术

作　　者：罗昭强

责任编辑：亢丽君　　**编辑部电话：**(010)51873205　　**电子邮箱：**67204751@qq.com

封面设计：曾　程　郑春鹏

责任校对：苗　丹

责任印制：赵星辰

出版发行：中国铁道出版社有限公司(100054，北京市西城区右安门西街 8 号)

网　　址：http://www.tdpress.com

印　　刷：北京盛通印刷股份有限公司

版　　次：2024 年 3 月第 1 版　2024 年 3 月第 1 次印刷

开　　本：787 mm×1 092 mm 1/16　**印张：**14　**字数：**349 千

书　　号：ISBN 978-7-113-28042-0

定　　价：55.00 元

前　　言

随着我国产业转型升级、制造强国建设等国家战略的深入推进，为全面发展高质量职业教育，我国大力推动实施《国家职业教育改革实施方案》，提出要深化教材改革，促进校企“双元”育人。采用校企联合开发教材的模式，将行业及企业新技术、新工艺、新规范纳入教材，是职业教育适应技术进步和产业升级的重要举措。

2021 年 3 月，教育部印发《职业教育专业目录(2021 年)》，新增“高速铁路动车组制造与维护”与“城市轨道交通车辆制造与维护”两个高职专业。中国中车集团有限公司作为国家产教融合型企业、国家高端装备制造业的排头兵，积极发挥职业教育重要主体作用，结合这两个专业人才培养目标和毕业生就业岗位需求，组织多名集团级首席、资深技术、技能专家和院校教师联合开发了六本轨道交通装备制造系列配套教材。

本书采用“项目任务式驱动”模式构建内容体系，充分吸收企业新型生产技术，将动车组调试的关键技能分解到各个项目模块中，重在培养学生的实践能力，帮助学生养成必要的职业规范，并通过多元评价方式对学生所学知识和技能进行立体化综合考核。全书图形符号、文字符号、量和单位及相关标准、型号均采用国家或行业最新标准。

本书作为“高速铁路动车组制造与维护”专业的核心课程教材，内容以 CR400BF 型动车组为主体，全方位阐述、解析动车组技术原理与调试过程。全书共分八个项目，包括动车组激活系统、动车组高压控制系统、动车组牵引控制系统、动车组制动控制系统、动车组安全环路、动车组辅助供电系统、动车组车门系统的原理及调试和动车组动态系统调试。

本书由中车长春轨道客车股份有限公司“中华技能大奖”获得者、中车集团首席技能专家罗昭强担任主编，常州铁道高等职业技术学校陶佳担任副主编。参加本书编写的还有中车长春轨道客车股份有限公司阴昀、董睿、金冲、尚大为，常州铁道高等职业技术学校戚丽丽、李娟。

本书在编写过程中得到中国中车集团有限公司人力资源中心、中车长春轨道客车股份有限公司人力资源部、中车青岛四方机车车辆股份有限公司人力资源部等单位和部门同志的大力支持，在此对各位同仁表示由衷的感谢。

由于编者水平有限，书中疏漏及其他不足之处，恳请读者批评指正。

编　者

2023年12月

目　录

项目一　动车组激活系统的原理及调试…… 1

任务一　动车组的复位、换端操作 …… 1

任务二　紧急牵引模式试验…… 8

项目二　动车组高压控制系统的原理及调试 …… 15

任务一　单调受电弓调试试验 …… 15

任务二　列调主电路控制试验 …… 34

项目三　动车组牵引控制系统的原理及调试 …… 51

任务一　动车组牵引变压器和牵引变流器的认识 …… 51

任务二　动车组牵引变压器和牵引变流器试验 …… 61

项目四　动车组制动控制系统的原理及调试 …… 83

任务一　单车制动调试 …… 83

任务二　整车制动调试 …… 96

项目五　动车组安全环路的原理及调试…… 120

任务一　整列安全环路试验…… 120

任务二　整列安全环路故障诊断…… 133

项目六　动车组辅助供电系统的原理及调试…… 151

任务一　动车组辅助系统单车调试…… 151

任务二　动车组辅助系统列调调试…… 172

项目七　动车组车门系统的原理及调试…… 182

任务一　动车组外门系统原理…… 182

任务二　动车组内门系统原理…… 193

任务三　动车组外门释放、打开和关闭的调试方法 …… 197

项目八　动车组动态系统的调试…… 203

任务一　淋雨试验…… 203
任务二　牵引与电制动试验…… 205
任务三　动态磨合和模拟检测…… 208
任务四　制动系统动态试验…… 212

参考文献…… 216

项目一　动车组激活系统的原理及调试

学习目标

1. 知识目标

(1)熟悉主控钥匙的作用和控制原理。

(2)熟悉方向选择开关的应用场景。

(3)熟悉司机控制器的结构和作用。

(4)熟悉动车组紧急牵引模式概念和原理。

2. 能力目标

(1)会进行动车组换端操作。

(2)会进行动车组紧急牵引模式试验。

3. 素质目标

(1)具有诚实、守信的职业道德。

(2)具有合作、奉献的职业精神。

任务一　动车组的复位、换端操作

任务描述

在动车组出现故障时,例如受电弓意外降下、主断路器意外断开、牵引变流器或辅助变流器故障切除,无法再次投入时,进行故障复位,又叫小复位。换端模式是动车组的一种特殊操作状态。满足换端模式的条件时,即使退出司机室占用,动车组仍然可以维持受电弓升起和主断路器闭合的状态,保持高压接通。这种操作模式可以在不切断高压电的情况下改变占用的司机室。

知识链接

一、主控钥匙

动车组主控钥匙＝22-S04 设置于司机台右侧区域,如图 1-1 所示。它是一个两位自锁钥匙开关,当钥匙开关处于司机室占用位时,钥匙无法拔出,只有当钥匙开关处于 0 位时,才可以取出钥匙。

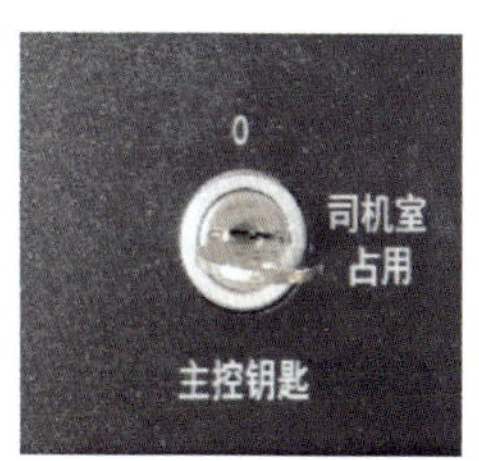

图 1-1　主控钥匙

1. 动车组供电

在蓄电池投入前,需要先将主控钥匙打到司机室占用位,才能完成动车组送电操作。原因是钥匙开关的一组常开触点串入蓄电池投入的电路中,具体原理在辅助供电模块中讲述。

2. 建立头尾车

主控钥匙＝22-S04 在司机室占用位时,动车组对应该主控钥匙所在的端车(Tc01 或

Tc08)头继电器得电闭合,实现司机室占用,称为头车,另一个端车称为尾车,这个过程称为动车组建立头尾。保证司机台功能使能,并且使部分子系统功能可用。

(1)头继电器

在正常模式下,DC 110 V通过主控钥匙=22-S04的常开触点3-4→动车组头继电器=22-K01、=22-K02、=22-K03、=22-K04、=22-K05、=22-K06得电。如图1-2所示,电路中网络触点也可以使头继电器得电。此网络触点在整备模式时闭合,以便于整备过程中实现在没有主控钥匙情况下完成包括受电弓、主断路器在内的测试功能。

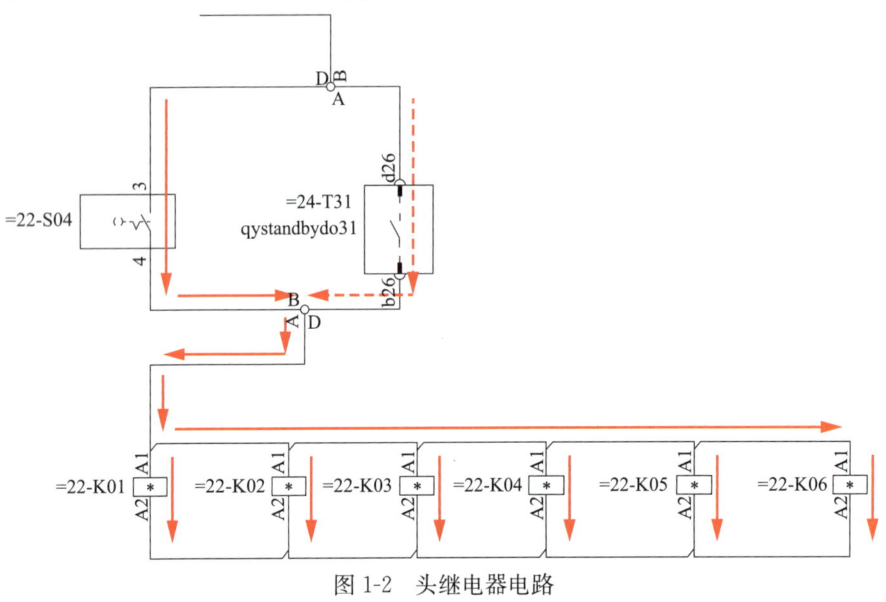

图1-2　头继电器电路

(2)制动系统头尾车判断

制动控制单元(BCU)通过头继电器判断头尾车,进而确定主控端制动控制单元(BCU)所在位置,如图1-3所示。

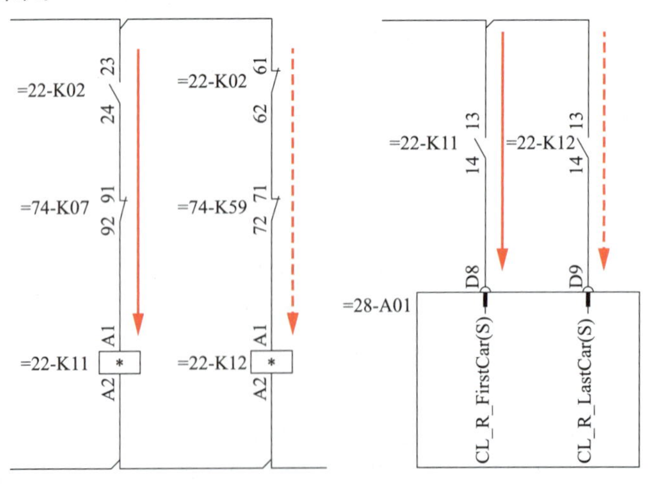

图1-3　制动系统头尾车判断

头车:DC 110 V通过头继电器的常开触点23-24→车钩连挂继电器=74-K07的常闭触点91-92,保证司机室为非重联状态→头继电器=22-K11得电→电源通过头继电器=22-K11常开触点 13-14→制动箱＝28-A01 的 D8 针得电→制动控制单元(BCU)中，头车变量 CL_R_FirstCar(s)置 1。

尾车：DC 110 V 通过头继电器的常闭触点 61-62→车钩连挂继电器＝74-K59 的常闭触点 71-72，保证司机室为非重联状态→尾继电器＝22-K12 得电→电源通过尾继电器＝22-K12 常开触点 13-14→制动箱＝28-A01 的 D9 针得电→制动控制单元(BCU)中，尾车变量 CL_R_LastCar(s)置 1。

此外，在安全环路的建立、外门控制、外部照明控制等均采用头/尾继电器配合实现环路等功能，具体原理详见各系统所在的项目任务。

3. 配置网络

主控钥匙＝22-S04 信号通过头继电器，反馈给列车控制系统(TCMS)。如图 1-4 所示，电源分别从头继电器＝22-K02、＝22-K04 的常开触点 13-14 和常闭触点 51-52→两个司机室输入输出单元(IOM)＝24-T31、＝24-T32 的数字量输入端。输入输出单元(IOM)布置在动车组的司机室以及每节车的电气柜中，通过动车组网络与中央控制单元(CCU)相连，是列车控制系统(TCMS)的输入输出设备。

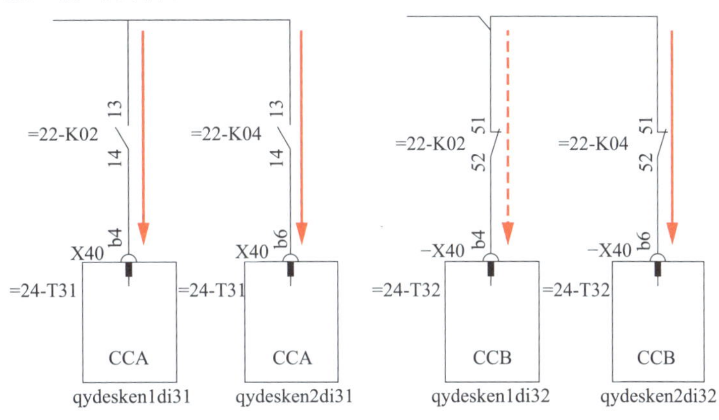

图 1-4　头继电器状态反馈

动车组确定主控端中央控制单元(CCU)完成网络配置，激活司机台，实现软件的司机台使能。如图 1-5 所示，司机室显示屏(HMI)牵引界面显示钥匙图标，表示 Tc08 车主控钥匙激活。

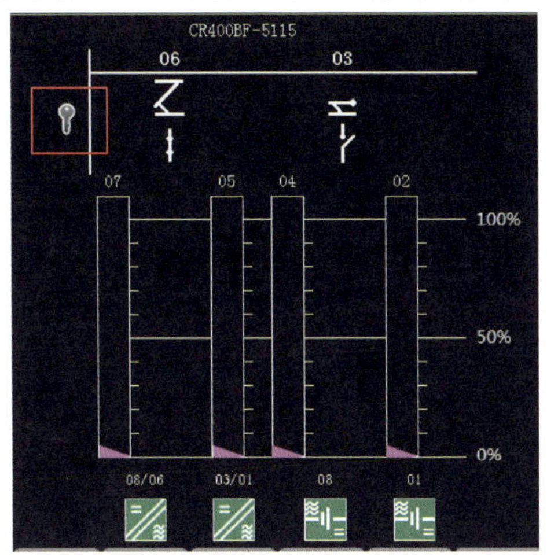

图 1-5　司机室显示屏(HMI)占用端显示

二、方向选择开关

方向选择开关＝22-S02 为三位自锁旋钮开关，位于主控钥匙右侧，用于确定列车行驶方向。中间为 0 位；顺时针旋转为前，即前进；逆时针旋转为后，即倒车，如图 1-6 所示。

图 1-6　方向选择开关

1. 动车组方向判断

司机台上的方向选择开关控制 3 个方向继电器，在正常模式下，将方向信号反馈给列车控制系统（TCMS）。方向选择信号原理如图 1-7 所示。

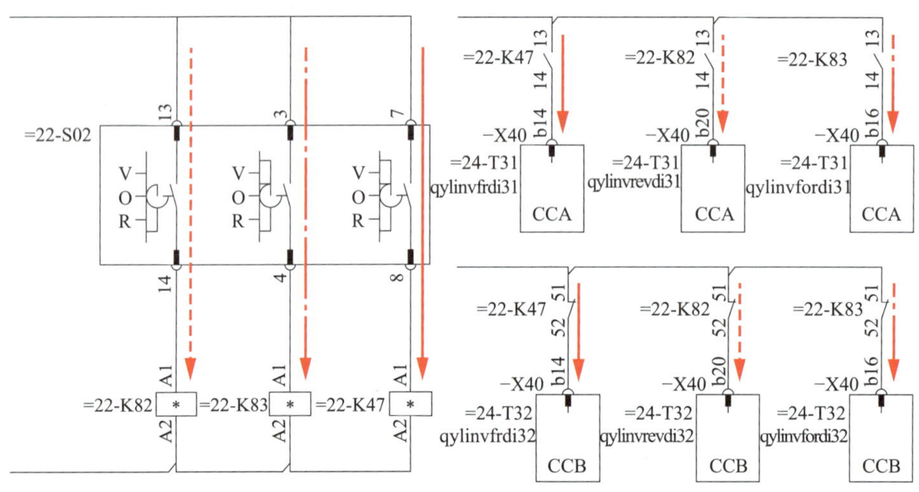

图 1-7　方向选择信号原理

（1）方向向后

DC 110 V 通过方向选择开关＝22-S02 的 13-14 触点（向后闭合）→继电器＝22-K82 得电。

（2）方向向前

DC 110 V 通过方向选择开关＝22-S02 的 3-4 触点（向前闭合）→继电器＝22-K83 得电。

（3）方向非 0

DC 110 V 通过方向选择开关＝22-S02 的 7-8 触点（非 0 位闭合）→继电器＝22-K47 得电。

（4）方向开关位置反馈

电源分别从头继电器＝22-K47、＝22-K82、＝22-K83 的常开触点 13-14 和常闭触点 51-52 →两个司机室输入输出单元（IOM）＝24-T31、＝24-T32 的数字量输入。将方向信号反馈给列车控制系统（TCMS）。

列车控制系统（TCMS）采集到的方向继电器反馈后，根据司机台使能信号，生成动车组方向信号。即在列车控制系统（TCMS）中，只有主控钥匙在司机室占用位时，方向选择开关操作才会起作用。如图 1-8 所示，占用 Tc01 车并且选择方向向前，司机室显示屏（HMI）上显示钥匙和方向图标。

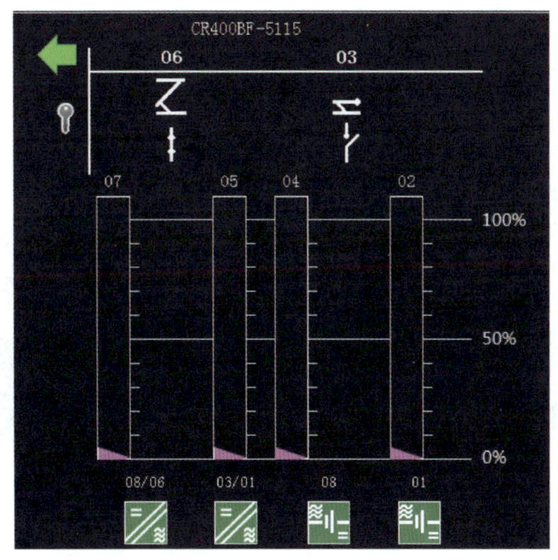

图 1-8　司机室显示屏(HMI)方向显示

2. 方向信号的应用

(1)确定各子系统的运行方向

动车组的方向信号通过网络或电路方式传递给子系统，使子系统确定动车组运行方向。例如，牵引系统中牵引控制单元(TCU)通过列车控制系统(TCMS)获取动车组运行方向，控制脉宽调制逆变器输出三相交流电的相序，使所有牵引电机向动车组运行方向施加牵引力。

(2)保证动车组运行安全

辅助供电系统中方向继电器的触点串入蓄电池断开的控制电路中，使激活的司机室在方向处于非 0 位的情况下不能断开蓄电池，保证行车安全。

(3)建立各功能环路

通过头继电器的触点、全列贯通线、尾继电器的触点组成环路，实现乘客紧急制动环路、停放制动监控环路、紧急制动 EB 环路、紧急制动 UB 环路、火灾报警环路等，通过环路检测各车厢对应的功能状态，以环路是否建立为标志，表示对应功能是否实现。

任务实施

1. 复位操作

(1)小复位

具体操作：在主控端司机室断开主断路器、降下受电弓，确认司机室显示屏(HMI)显示网压小于 5 000 V；维持车辆惰行状态或停车状态；然后操作主断路器在 VCB 断位保持至少 10 s，如图 1-9 所示。显示屏出现“复位”图标，如图 1-10 所示，表明复位已成功操作。

动车组复位操作需要在降弓的情况下进行操作，为避免受电弓发生损坏，重新升起受电弓需要将动车组速度控制在 200 km/h 以下。

(2)牵引辅助复位

具体操作：在主控端司机室断开主断路器，维持车辆惰行或停车状态；按下司机台上的复位按钮并保持 3 s，如图 1-11 所示。司机室显示屏(HMI)出现“复位”图标，表明复位已成功操作。

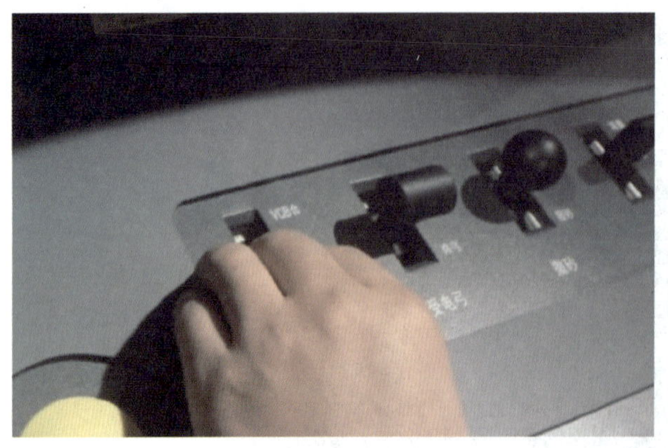

图 1-9　小复位操作

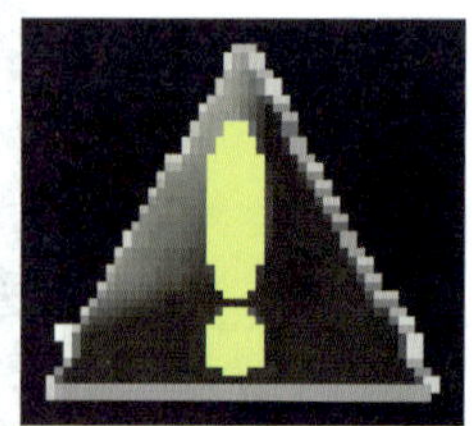

图 1-10　复位图标

图 1-11　牵引辅助复位操作

牵引辅助复位可以在不降下受电弓的情况下完成复位，便于动车组司机在动车组高速运行时对牵引变流器、辅助变流器进行故障复位，复位仅对子系统故障（如牵引丢失）起复位作用，对于子系统锁死故障只有在故障原因清除完毕后才能复位成功。

2. 换端操作

具体操作：

（1）在确定列车静止的情况下，操作停放施加按钮施加停放制动。

（2）确认高压系统正常工作，受电弓升起，主断闭合，牵引变流器工作正常。

（3）确认中压供电正常，辅助变流器工作正常，至少 2 台充电机正常工作。

（4）确认总风压力大于 700 kPa（7 bar）。

（5）牵引制动手柄置于 0 位。

（6）方向选择开关置于 0 位。

（7）主控钥匙置于 0 位并拔出。

司机室显示屏（HMI）显示“换端模式”图标，如图 1-12 所示，表示换端已成功操作。

如果不确认换端条件是否满足，可以在司机室显示屏（HMI）的“换端条件”界面查看换端条件是否满足，如图 1-13 所示。已经达成的条件显示绿色，全部 7 个条件都满足，则可以成功完成换端操作。

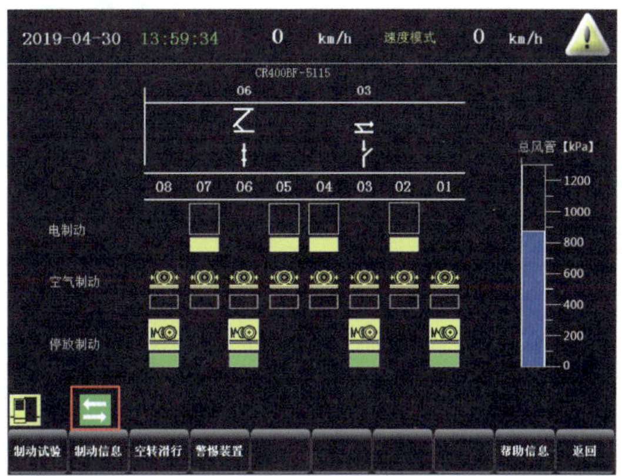

图 1-12　换端状态

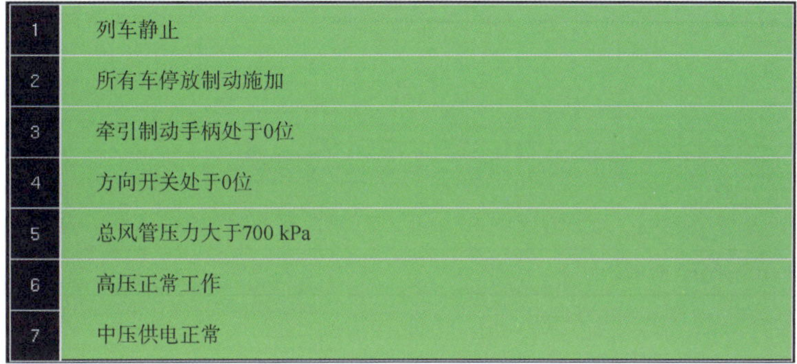

1	列车静止
2	所有车停放制动施加
3	牵引制动手柄处于0位
4	方向开关处于0位
5	总风管压力大于700 kPa
6	高压正常工作
7	中压供电正常

图 1-13　换端条件

任务评价

1. 自我评价(40 分)

学生根据学习任务完成情况进行自我评价。

自我评价表

评价模块	配分	评分项点	得分
安全意识	10	1. 不按要求穿着工作服及防滑电工鞋。 2. 不按要求戴绝缘手套。 3. 不按要求进行带电或断电作业。 4. 不按安全要求规范使用工具。 5. 其他违反安全操作规范的行为	
技能操作	40	复位操作	
	40	换端操作	
职业规范和环境保护	10	1. 在工作过程中工具和器材摆放凌乱。 2. 不爱护设备、工具、不节省材料。 3. 在工作完成后不清理现场，在工作中产生的废弃物不按规定处置	
自我评分(总分×40%)＝			

签名______　　　　　　　　　　　　　　　　　　______年______月______日

2. 小组评价(30 分)

同一实训小组同学进行互评。

小组评价表

评价项目	配分	得分
实训记录与自我评价情况	30	
相互帮助与协作能力	30	
安全、质量意识与责任心	40	
		小组评分(总分×30%)=

参评人员签名________　　________年________月________日

3. 教师评价(30 分)

指导教师结合自评与互评的结果进行综合评价。

教师总体评价意见:	
教师评分	
总评分=自我评分+小组评分+教师评分	

教师签名________　　________年________月________日

任务二　紧急牵引模式试验

任务描述

当动车组发生重大故障,例如列车控制系统(TCMS)发生通信故障,不能继续行车时,为避免动车组停留在危险路段,通过位于司机室右侧区域旁路开关面板上的紧急牵引模式开关进入紧急牵引模式。动车组将通过全列贯通的电路信号控车,可行驶至安全位置。本任务重点探究紧急牵引模式的控制原理和试验步骤。

知识链接

一、司机控制器概述

司机控制器(简称“司控器”)位于司机台中央偏右区域,是司机用来操纵动车组运行的主令控制器。司控器由两部分组成,一是牵引制动手柄,向前为牵引扇区,向后为制动扇区;二是操纵模式选择按钮,实现动车组运行模式的选择,如图 1-14 所示。

二、牵引制动手柄

牵引制动手柄设有 0 位(手柄垂直)、恒速位 C、紧急制动位 EB 三个位置及牵引扇区、制动扇区两个区域,手柄上头部设有防误动按钮。

牵引扇区设有两级牵引加速区域 K1、K2 及两级牵引减速区域 K3、K4。牵引加速区域 K1、K2 和牵引减速区域 K3、K4 相对于恒速位 C 是自复位的。制动扇区设有 7 个制动级别 B1～B7。手柄向前推向牵引扇区时，必须按下手柄头部的按钮，向后拉到制动扇区则不需按头部的按钮。各级位布局如图 1-15 所示。

图 1-14　司机控制器

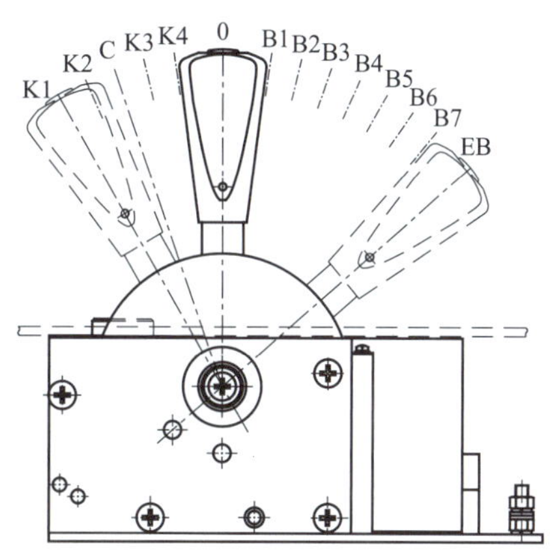

图 1-15　牵引制动手柄

1. 手柄编码器信号

牵引制动手柄的转动，通过与手柄连接的两个光电编码器－B1、－B2 输出给列车控制系统（TCMS），中央控制单元（CCU）对位置编码转换和计算得到牵引、制动指令，并通车辆 MVB 总线和列车 WTB 总线传递给全车牵引控制单元（TCU）、制动控制单元（BCU）等设备。光电编码器－B1 输出信号的采集如图 1-16 所示，光电编码器－B1 输出信号的采集与－B2 相同。

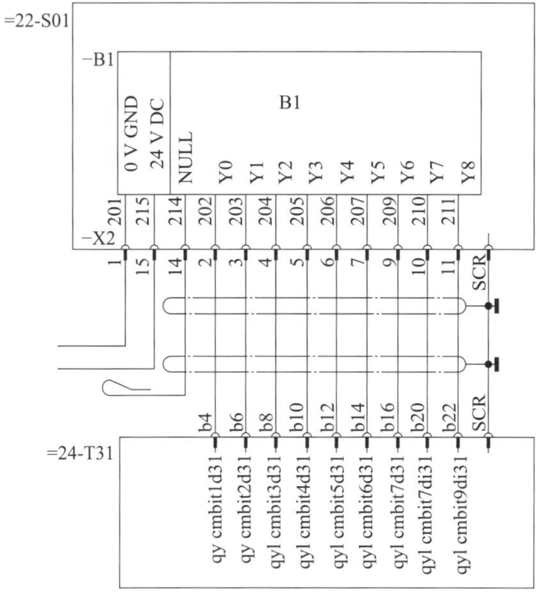

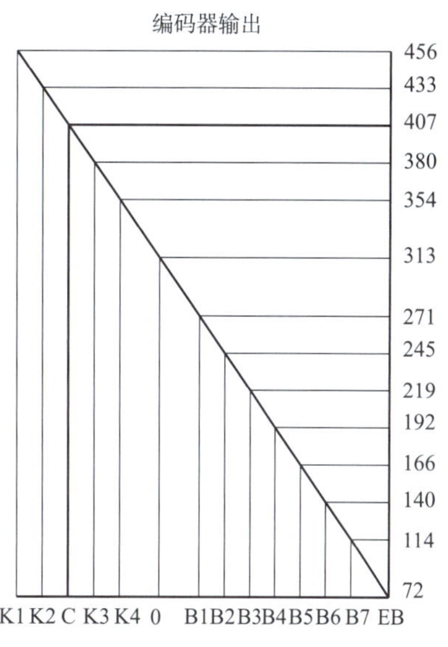

图 1-16　牵引制动手柄编码器信号采集

2. 微动开关信号

除编码器输出信号外，手柄转动时还将带动凸轮组触发 9 个微动开关(S1～S9)，发出控制指令，或在紧急牵引模式下，发出牵引和制动指令，如图 1-17 所示。

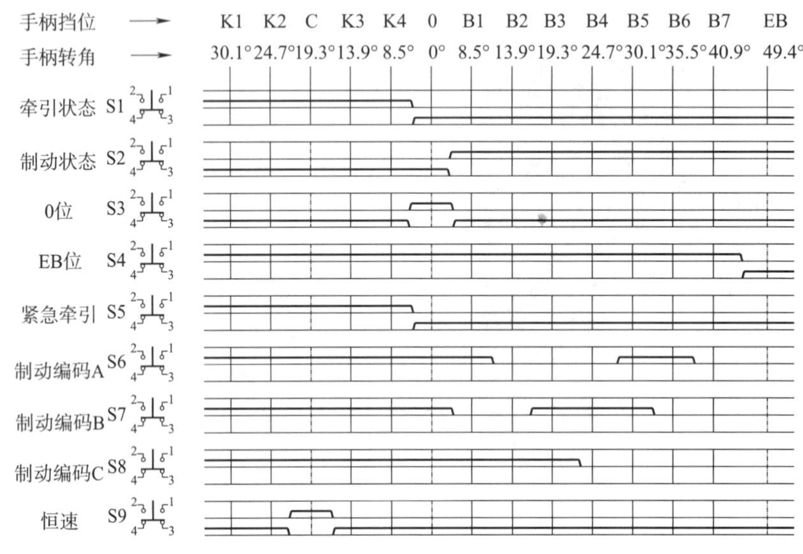

图 1-17　手柄微动开关闭合表

S1：牵引状态，手柄在牵引加速区域 K1、K2，牵引减速区域 K3、K4 和恒速位 C 动作。

S2：制动状态，手柄在制动扇区，常用制动位 B1～B7 及紧急制动 EB 位动作。

S3：0 位，手柄在中立位 0 动作。

S4：EB 位，手柄在除 EB 位以外所有位置动作。

S5：紧急牵引，手柄在牵引扇区动作，与 S1 一致。

S6：制动编码 A，手柄在牵引扇区，中立位 0，常用制动 B1、B5、B6 动作。

S7：制动编码 B，手柄在牵引扇区，中立位 0，常用制动 B3、B4、B5 动作。

S8：制动编码 C，手柄在牵引扇区，中立位 0，常用制动 B1、B2、B3 动作。

S9：恒速：手柄在恒速位 C 动作。

三、操纵模式选择按钮

按下操纵模式选择按钮时，图 1-18 所示按钮的两组常开触点 39-40、41-42 接通，两个司机室输入输出单元(IOM)＝24-T31、＝24-T32 接收到模式选择信号。当牵引制动手柄在中立位 0 时，动车组将在速度模式和级位模式两种牵引模式循环切换。

四、紧急牵引模式原理

在紧急牵引模式下，由于不能确定各子系统状态，动车组不再判断优先号，而将无故障的受电弓全部升起，以及闭合相对应主断路器。牵引状态，没有牵引力控制，输出最大转矩，自动限速 80 km/h 运行，达到限速值牵引变流器停止输出。

1. 紧急牵引模式启动

紧急牵引模式启动电路如图 1-19 所示。DC 110 V 通过头继电器＝22-K01 的常开触点

13-14、23-24→紧急牵引模式开关打到开位，两组触点 5-6、7-8 接通→紧急牵引模式继电器＝22-K71 得电。

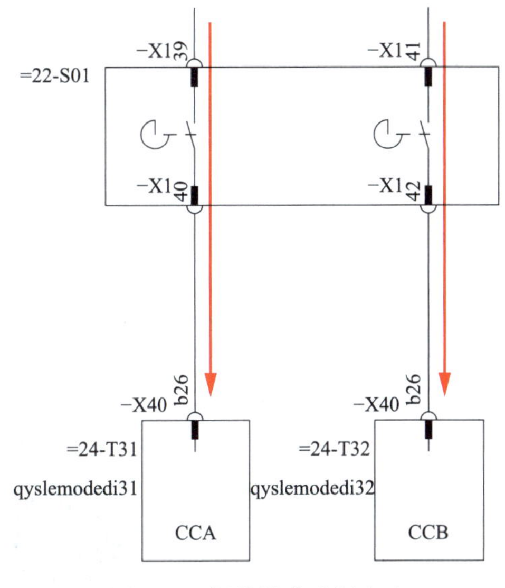

图 1-18　操纵模式选择电路

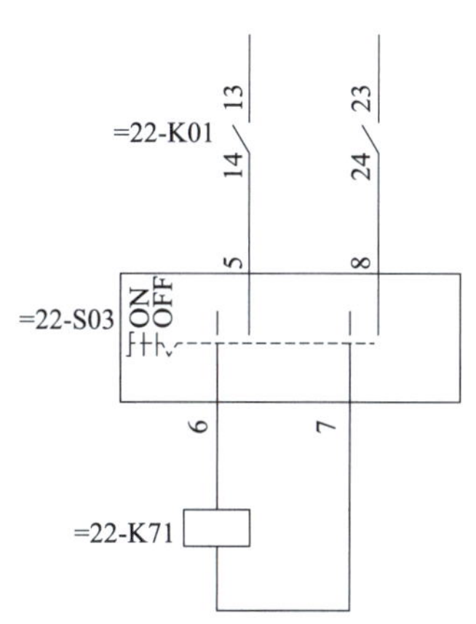

图 1-19　紧急牵引模式启动电路

2. 紧急牵引模式信号

在紧急牵引模式下控制信号通过全列贯通线传给各节车，其电路如图 1-20 所示。

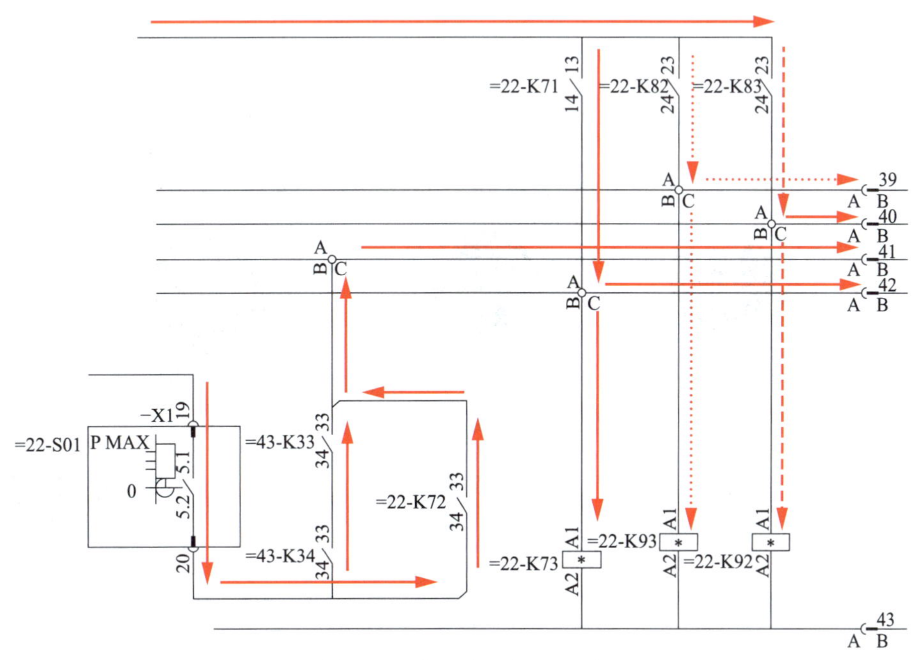

图 1-20　紧急牵引模式电路

(1)紧急牵引模式：DC 110 V 通过紧急模式继电器＝22-K71 的常开触点 13-14→紧急牵引模式贯通线得电→全列紧急牵引模式继电器＝22-K73 得电。

(2)方向向前：DC 110 V 通过向前继电器＝22-K83 的常开触点 23-24→方向向前贯通线

得电→方向向前继电器=22-K92得电。

(3)方向向后:DC 110 V通过向后继电器=22-K82的常开触点23-24→方向向后贯通线得电→方向向后继电器=22-K93得电。

(4)牵引有效:DC 110 V通过牵引制动手柄微动开关S5的常开触点→紧急制动UB继电器=43-K33、=43-K34的常开触点33-34或者紧急制动旁路继电器=22-K72的常开触点33-34→牵引有效全列贯通线→全列牵引控制单元(TCU)得到牵引有效信号,提供动车组牵引力。

注意:由于动车组的两个牵引单元中车辆一位端和二位端相反,所以方向信号贯通线在Mb05车交叉。即如果牵引单元1方向向前继电器=22-K92吸合,则牵引单元2方向向后继电器=22-K93吸合;反之如果牵引单元1方向向后继电器=22-K93吸合,则牵引单元2方向向前继电器=22-K92吸合。

任务实施

将主控钥匙=22-S04置于司机室占用位,蓄电池开关=32-S01(图1-21)打至开位。通过停放施加按钮=28-S02施加停放制动。确认停放制动指示灯点亮,确认受电弓降下及主断路器断开。

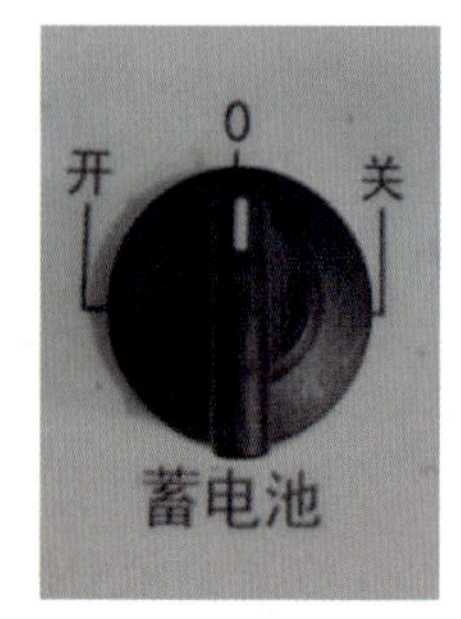

图1-21　蓄电池开关

将紧急牵引模式开关=22-S03打至开位,在司机室隔离开关面板上GFX-3A隔离开关、停放制动监控环路(PBML)旁路开关置于关位,如图1-22所示。确认继电器=22-K71、=22-K73、=22-K74、=22-K75、=34-K01得电。

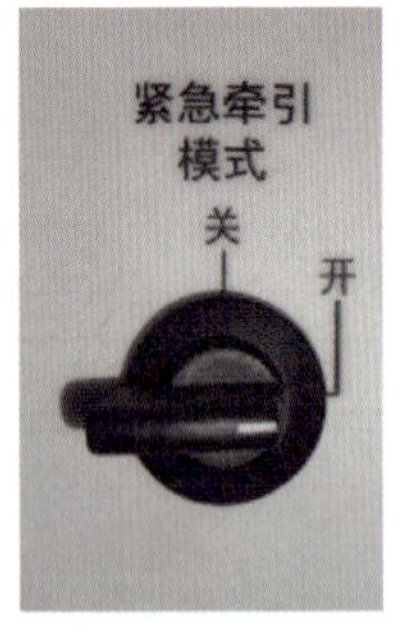

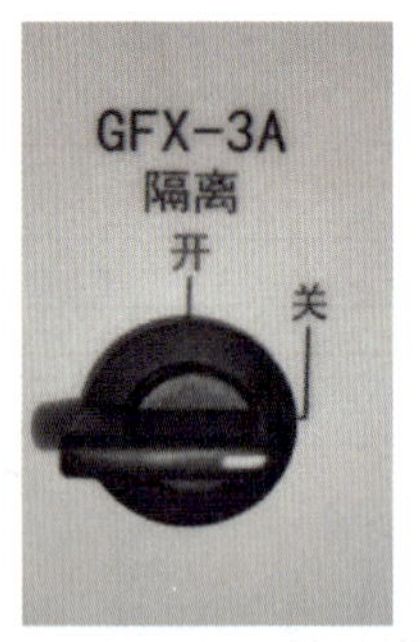

图1-22　隔离开关面板开关

将方向选择开关=22-S02打至后位,确认继电器=22-K93得电;将方向选择开关=22-S02打至前位,确认继电器=22-K92得电。

按下紧急断电按钮(图1-23),并逆时针旋转复位。此处断开紧急断电环路后重新建立的作用为:紧急牵引模式需要两个牵引单元同时接通高压,应确保断开主断路器,为断开车顶隔离开关提供使能信号,控制原理详见高压系统模块。

图1-23　紧急断电按钮

推动受电弓开关=21-S02升起受电弓,保持受电弓开关处于“升弓”位置约2 s,确认升起2个车受电弓。用主断路器开关=21-S03来闭合主断路器,保持VCB开关处于闭合位置约2 s,确认闭合2个牵引单元的主断路器,以及所有辅助变流器正常运行。受电弓和主断扳键开关如图 1-24 所示。

按动停放缓解按钮＝28-S03 缓解停放制动。将牵引制动手柄＝22-S01 置于牵引位，列车起动运行约 70 s(速度约 80 km/h)，由于紧急牵引模式动车组自动限速 80 km/h，所有动车牵引自动停止输出。将牵引制动手柄＝22-S01 置于制动位，车辆停止，施加停放制动。停放施加、缓解按钮如图 1-25 所示。

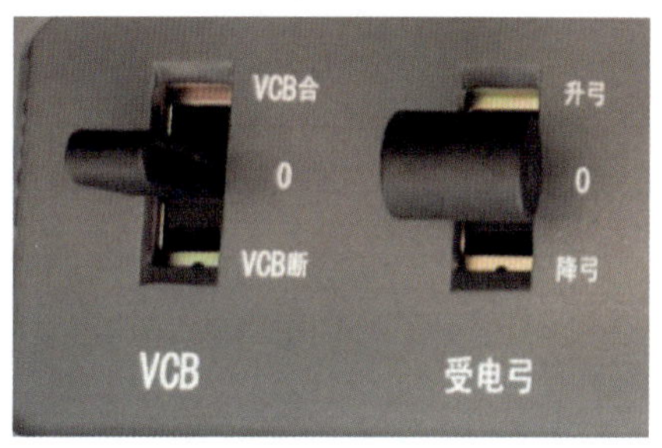

图 1-24　受电弓和主断扳键开关

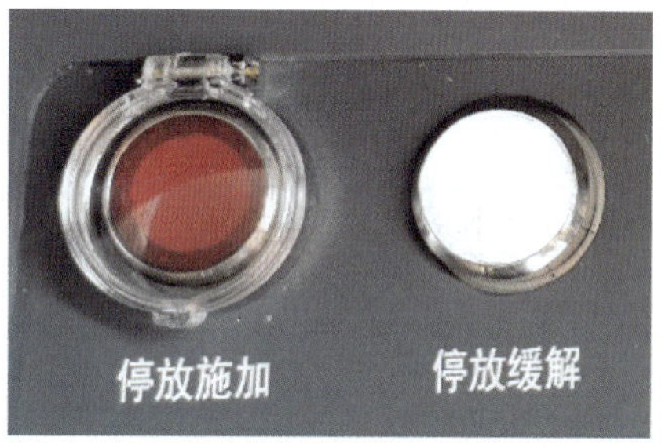

图 1-25　停放制动施加、缓解按钮

任务评价

1. 自我评价(40 分)

学生根据学习任务完成情况进行自我评价。

自我评价表

评价模块	配分	评分项点	得分
安全意识	10	1. 不按要求穿着工作服及防滑电工鞋。 2. 不按要求戴绝缘手套。 3. 不按要求进行带电或断电作业。 4. 不按安全要求规范使用工具。 5. 其他违反安全操作规范的行为	
技能操作	80	能正确进行紧急牵引模式操作	
职业规范和环境保护	10	1. 在工作过程中工具和器材摆放凌乱。 2. 不爱护设备、工具、不节省材料。 3. 在工作完成后不清理现场，在工作中产生的废弃物不按规定处置	
自我评分(总分×40%)＝			

签名________　　　　________年________月________日

2. 小组评价(30 分)

同一实训小组同学进行互评。

小组评价表

评价项目	配分	得分
实训记录与自我评价情况	30	
相互帮助与协作能力	30	
安全、质量意识与责任心	40	
小组评分(总分×30%)＝		

参评人员签名________　　　　________年________月________日

3. 教师评价(30 分)

指导教师结合自评与互评的结果进行综合评价。

教师总体评价意见:	
教师评分	
总评分=自我评分+小组评分+教师评分	

教师签名________　　　　　　________年________月________日

巩固与练习

一、填空题

1. 在蓄电池投入前,需要先将主控钥匙打到________位,才能完成动车组送电操作。

2. 司机台上的方向选择开关控制________个方向继电器,在正常模式下,将方向信号反馈给________。

3. ________位于司机台中央偏右区域,是司机用来操纵动车组运行的主令控制器。

4. 动车组复位操作需要在________情况下进行操作,为避免受电弓发生损坏,重新升起受电弓需要将动车组速度控制在________以下。

5. 满足换端模式的条件时,即使退出司机室占用,动车组还可以________状态,保持高压接通。

二、选择题

1. 位于司机台中央偏右区域,司机用来操纵动车组运行的主令器件是(　　)。

A. 主控钥匙　　B. 方向选择开关　　C. 司控器　　D. 停放施加按钮

2. 当司机室钥匙开关处于(　　)位置时,钥匙无法拔出。

A. 0 位　　B. 司机室占用位　　C. 恒速位　　D. 紧急制动位

3. 只有主控钥匙在(　　)时,方向选择开关操作才会起作用。

A. 司机室占用位　　B. 0 位　　C. 开位　　D. 关位

三、判断题

1. 实现司机室占用的端车称为头车,另一个端车称为尾车。(　　)

2. 方向选择开关为两位自锁旋钮开关。(　　)

3. 司控器由两部分组成,一是牵引制动手柄,二是操纵模式选择按钮。(　　)

四、简答题

1. 简述换端操作步骤。

2. 简述紧急牵引模式试验步骤。

项目二　动车组高压控制系统的原理及调试

学习目标

1. 知识目标

(1)熟悉受电弓的结构、原理和控制路径。

(2)熟悉主断路器的结构和原理。

(3)熟悉紧急断电环路的构成和原理。

(4)熟悉高压隔离开关的结构、原理和控制路径。

(5)熟悉单调受电弓调试试验步骤。

(6)熟悉列调主电路控制试验步骤。

2. 能力目标

(1)能复述受电弓升降弓过程,能分析受电弓升降弓电路。

(2)能复述真空断路器的动作过程。

(3)能分析紧急断电环路电路。

(4)会进行受电弓升降弓检测。

3. 素质目标

(1)具有独立自主的动手能力以及独立思考的能力。

(2)具有协同合作的团队精神,并有良好的组织纪律性。

任务一　单调受电弓调试试验

任务描述

对单调受电弓进行调试,按照对受电弓控制模块软件版本检查、升弓检测、与接触网的压力测试、升降弓时间检测、ADD 阀检测、辅助空压机检测、车顶隔离开关检测、主断路器检测、接地开关检测这 9 个步骤进行。

知识链接

一、受电弓的结构和原理

受电弓是动车组安全运行的关键部件,它是动车组从接触网上获取能源并传递能源的装置。受电弓安装在动车组的顶部,在使用的时候会上升,与接触网接触,从接触网上获取电流,然后将电流从动车组的顶部向底部传送,使动车组可以正常运行。在动车组断电停止时,受电弓不会升起,而是贴在其顶部。每个牵引单元都装备有一个同类型的受电弓,安装在 Tp 车上,如图 2-1 所示。

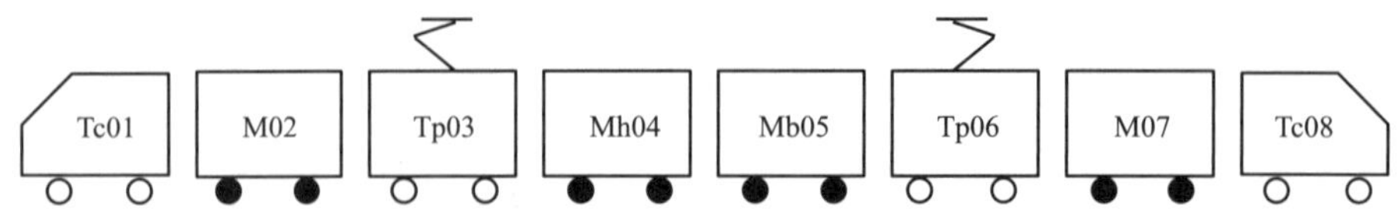

图 2-1　动车组两架受电弓安装位置及方向

受电弓配备了一个压缩空气驱动的自动升降装置，当碳滑板破裂时驱动装置将降下受电弓。受电弓所有功能以及监控是通过各自的阀控制模块实现。升起是通过一个安装在控制阀模块中的电磁阀实现，升弓时间通过调整升弓节流阀设置。降弓时间、静态接触力以及自动升降装置中的压力开关的压力通过阀控制面板设置。阀控制模块所需的压缩空气由动车组总风管(MR)提供，当动车组整备时辅助空气压缩机会被使用。辅助空压机为直流电机，电源直接由列车蓄电池供给，用于在全列无高压、中压、无总风或压力低时升起受电弓。

1. 受电弓工作的基本要求

动车组采用单弓受流方式，每次只有一个受电弓工作(另一架受电弓不受流)。重联时两受电弓间距离为(200±7.5) m。接触网和铁轨之间的距离最小为 5 150 mm，最大为 6 500 mm，适用于 350 km/h 的运行速度。为了避免在运行时，列车头部受空气涡流的负面影响，受电弓被布置在离两端车头足够远的距离。

当单列动车组运行时，两个受电弓中的其中一个用于采集单相交流电。为了实现这个目的，两个受电弓(动车组的两个牵引单元)通过车顶电缆连接。在单列车运行过程中，两个受电弓的任何一个都具有相同的性能。

在正常模式，动车组升起优先使用的受电弓。受电弓的优先配置取决于列车的配置(单列或重联)的列车逻辑控制，默认升起后弓。在发生故障的情况下，就会要求另外一种配置工作，即升起前弓，这时就要限制列车的最高运行速度。动车组重联运行时，升起两个受电弓，每列各有一个升起。车顶受电弓的安装位置和两受电弓之间的距离应以此来决定：确保重联运行时至少有一个受电弓正常工作，受电弓配置距离应不小于 200 m。图 2-2 所示为两列动车组重联运行时受电弓升起状态。

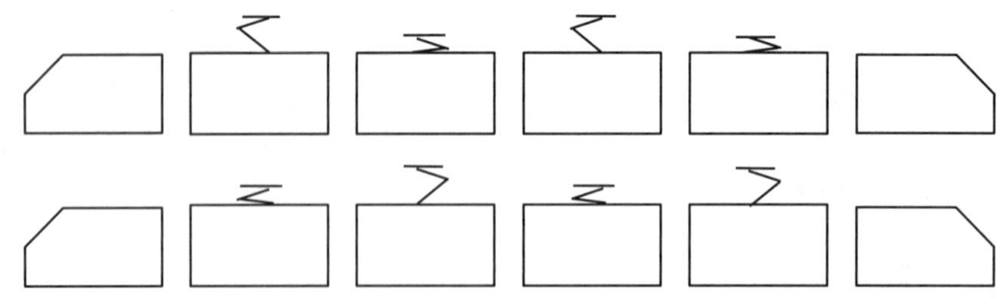

图 2-2　两列车重联时受电弓升起状态

2. 单臂受电弓的组成

单臂受电弓结构组成如图 2-3 所示，其技术参数见表 2-1。

(1)支撑绝缘子

整个受电弓安装在三个支撑绝缘子上，并用适当的紧固件进行刚性固定。如果该支撑绝缘子破损，可以很容易地更换。弓头由带两个托架的刚性构架组成，托架上装配有碳滑板。该构架悬挂在四个拉簧上并纵向装配在托架内。此外，两个横向弹簧安装在弓头和上臂之间，从而可以确保横向弹动。这种悬挂结构可使碳滑板构架在纵向上能够灵活移动，这样就能够缓冲纵向上的冲击，达到保护碳滑板的目的。

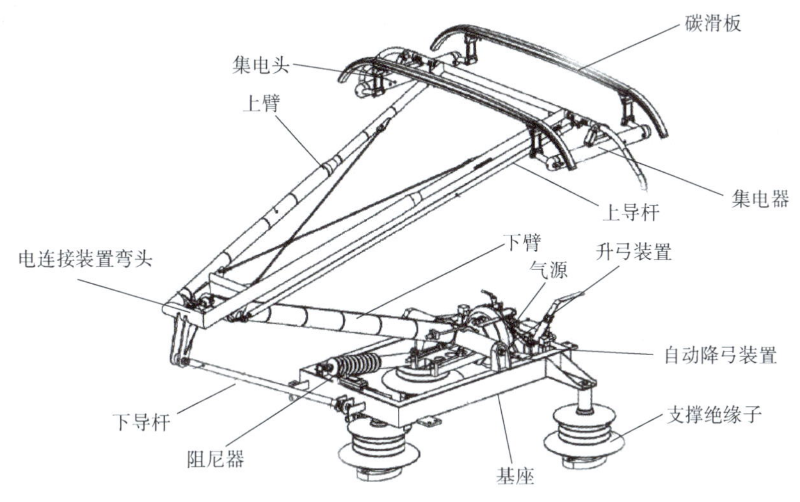

图 2-3　单臂受电弓结构

表 2-1　受电弓技术参数

名　　称	参　　数
额定电压	AC 25 kV
额定电流	牵引运行时 700 A
额定频率	50 Hz
控制电压	DC 110 V
弓头宽度	1 590 mm
静态接触力	80 N 可调
滑板工作长度	1 250 mm
距轨道面工作高度	5 150～6 500 mm

(2)受流头

受流头由带有弓头装置的铰链组成。该弓头实现为受电弓传递电流的功能，并允许在相互运动状况下与接触网接触，如图 2-4 所示。

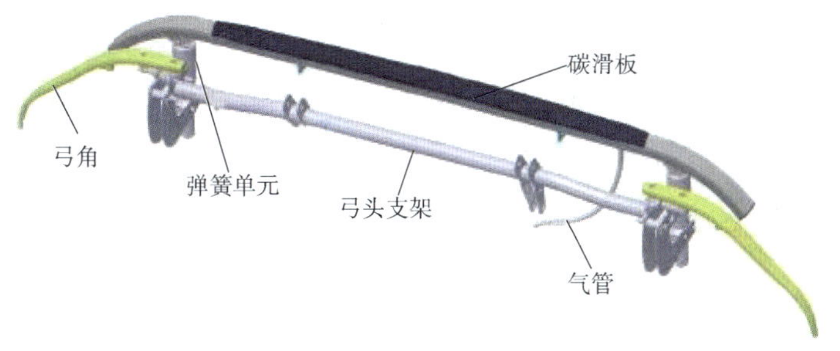

图 2-4　受流头

(3)气动提升系统

受电弓上装有一个气动提升系统,在压缩空气作用下气囊产生扭矩,通过凸轮及弹性连接轴作用在下臂的铰链处。从而使受电弓根据设定速度升弓。可确保受电弓正常的动态特性、保持与架空线之间的恒定接触压力。该气动提升系统可实现调整碳滑板与架空线之间的恒定接触压力。每辆车的气动升力(不同速度等级下的接触压力增加或减少)可以通过弓头翼片进行调整。

(4)自动降弓装置(ADD)

自动降弓装置可在发生碳滑板磨损到极限或断裂等故障时,使受电弓迅速自动下降。其工作原理如图 2-5 所示。

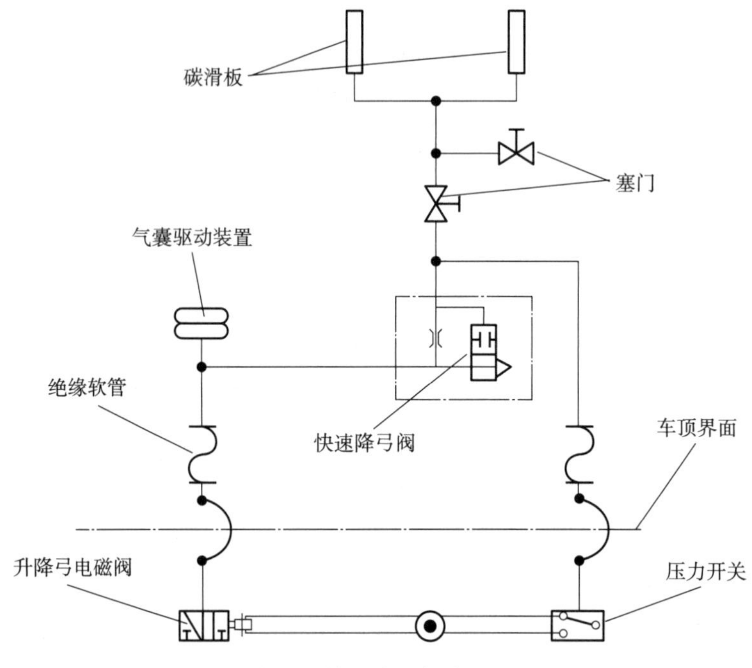

图 2-5　快速降弓气路原理

受电弓升起后,在列车运行过程中其自动降弓功能处于开启状态,当发生弓网故障时,控制管路中的压缩空气压力下降,控制管路与压缩空气输入管路之间产生正向压力差,即控制管路中的压力小于压缩空气输入管路中压力,不足以使快排阀的换向阀处于关闭状态,则换向阀打开,气囊及管路中的压缩空气经过快排阀的换向阀的排气口排放到大气中。同时,带有触点开关的空气压力继电器将动作,通过列车控制系统(TCMS)在管路系统中出现压力下降,受电弓与接触网脱离之前,切断主断路器。从而保证受电弓不会在带电负载的情况下从接触网线迅速脱开,实现快速自动降弓。

(5)平衡系统

平衡系统由气囊组、连接件等组成,如图 2-6 所示。气囊通过受电弓下臂的凸轮/弹性连接轴传递扭矩作用。该平衡系统的一侧安装在支架上,另一侧悬挂在下臂(在弹性连接轴水平上)的凸轮上,它可实现平衡连接,确保受电弓与接触网之间保持持续稳定的接触。

3. 受电弓的操作

受电弓的升弓动作信号通过激活主供风阀来实现。此阀提供的过滤压缩空气通过压力调节器进入受电弓气囊。大约 8 s 之后，受电弓上升到接触网高度，同时压力继续上升，直到它达到需要的静态接触力的要求。此时受电弓可以正常工作了。

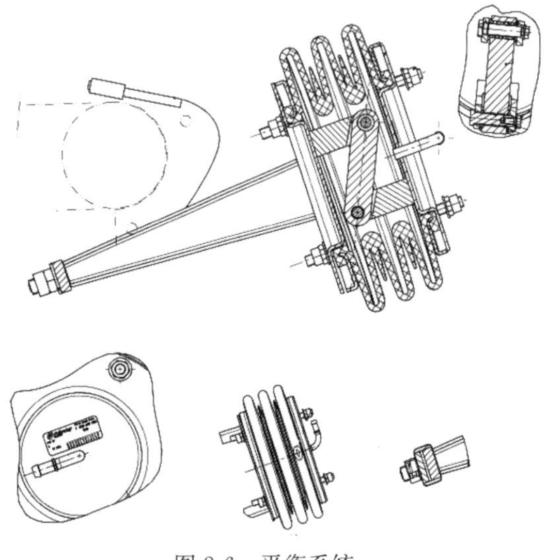

图 2-6　平衡系统

受电弓的降弓动作信号由控制室内通过释放主供气阀而发出。通过该命令将气囊内的压力空气排出。受电弓开始向下移动，直至其完全降弓。列车正常运营时每个高压单元仅升一个受电弓。升弓指令直接由列车控制系统（TCMS）采集。硬线电路设有升前弓、升后弓、降弓、紧急断电环路等列车线。

列车控制系统（TCMS）管理受电弓切除、受电弓选择、受电弓降弓控制、受电弓升弓控制、受电弓互锁功能、紧急驱动模式等功能。

受电弓控制阀板是受电弓的控制单元，通过电气信号控制启动阀实现需要的动作，同时将工作状态传递至列车主系统。图 2-7 为受电弓阀板电气连接图，表 2-2 为受电弓控制阀板各针位定义表。

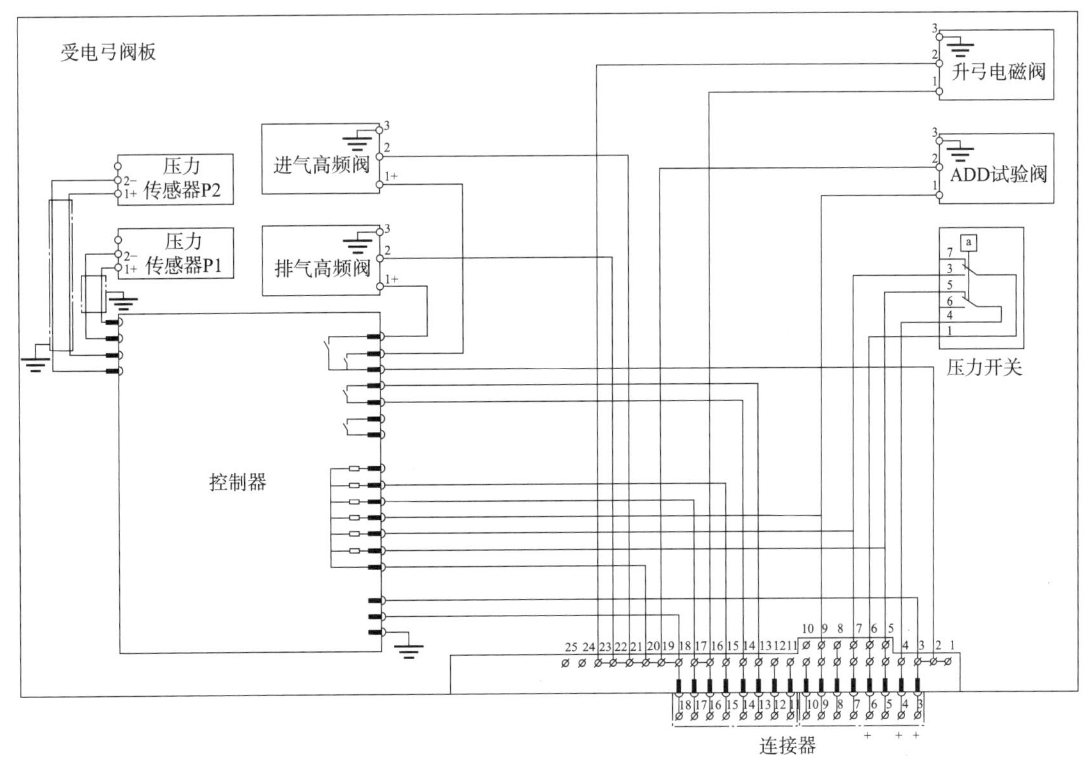

图 2-7　受电弓阀板电气连接图

表 2-2　受电弓阀板电气连接针位表

功能	名称	方向	引脚	描　述
电源	+BATT	I	3	控制阀板电源(DC 77～137.5 V)
	-BATT	I	18	
升降弓命令	RISE	I	16	1=升弓,0=降弓
ADD 启动	FORCE_ADD	I	9	1=ADD 启动,0=正常运行
严重故障继电器	MJRFAIL(a)	O	13	发生严重故障继电器断开
	MJRFAIL(b)	O	14	
ADD 压力开关 NO	ADD_PS_NO(a)	O	6	降弓或 ADD 启动电路断开,升弓时闭合,6 接正+BATT
	ADD_PS_NO(b)	O	7	
ADD 压力开关 NC	ADD_PS_NC(a)	O	4	降弓或 ADD 启动电路闭合,升弓时断开,4 接正+BATT
	ADD_PS_NC(b)	O	5	
控制器位置信息	COD	I	15	未使用
备用 1	SPARE	I	8	
无连接			10、11、12、17	

二、主断路器的结构和原理

1. 概述

(1)主断路器作用

主断路器(MS)是一种高压快速保护电器。它在结构上和电空接触器有点相似,只是多了一些过流保护快速脱扣机构,在传动操纵机构上也有些不同(信号控制方面),在分断性能上要求高得多。在动车组上主断路器既作为一个主保护开关,又作为一个电源的控制总开关,因而它兼有一般接触器与断路器两种工作性能要求。

主断路器作为动车组从接触网取电的总开关,其使用特点决定它在电路中工作时必须满足传递动车组所需要的全部电能;闭合或迅速切断电路故障时可能出现的各种过电流(包括短路电流),分断故障电流时应有较低的限流系数;闭合或切断电路中出现的正常工作电流与正常过载电流;能适应频繁操纵,有较高的电寿命与机械寿命等要求。

(2)主断路器的操作系统

主断路器的操作系统是列车高速断路动作的执行机构,也是断路器动作特性的主要执行机构,它包括传动、保持、脱扣、联锁信号等。

它的基本任务是:能够准确无误地分、合闸;使断路器可靠地保持在合闸位置和分闸位置;出现故障电流时能以极短的动作时间分断主电路;正确执行操作顺序和发出控制信号。

(3)主断路器的动力源

主断路器的动力源直接影响传动系统的结构方案。动车组主断路器操作系统的动力源有电力与压缩空气两种。主断路器分、合闸装置需要的动力源容量比较大,它除了保证正常合闸所需要的功,还要保证储能装置储备足够能量所需的功。而采用电力来进行操作有直接利用电动机进行操作的,也有利用电磁铁进行操作的,无论什么样的操作机构所需的电能均比较大,往往控制电源蓄电池的容量无法承担,因此在动车组中的主断路器大多数采用压缩空气传动方式。压缩空气作动力源的优点是合闸功率大，合闸迅速，可多次连续操作；动力源容量大，操作平稳，而且控制功率小，节省能量。

（4）主断路器的保持机构

保持机构是主断路器的重要部件，它决定了断路器动作的稳定性与快速程度。保持机构的锁闭保证了断路器处于闭合状态。

电磁式操作系统的主断路器其保持机构在动车组上多数采用电磁保持式。利用保持线圈使衔铁处于吸合状态，保持线圈要有一个稳定的直流电源来供电。释放时靠去磁线圈来抵消保持磁通，在释放力的作用下使衔铁释放。此外，也可利用其他电流信号来改变保持磁通的分布以达到提前动作的目的，一般其固有动作时间为 3～5 ms。这种保持式结构较复杂，体积大，需用电源大，近年来已被机械式代替。

（5）主断路器的脱扣机构

脱扣机构是操作系统中促使断路器自动分闸并获得速动性能的重要组成部分。当断路器在合闸过程中和处在合闸位置时，脱扣机构的作用如同一个力的支点，当脱扣机构受到脱扣机构的操纵时解除这个支点，使断路器进入自由分闸状态。对脱扣机构的基本要求首先是工作稳定可靠，脱扣力稳定；脱扣机构动作时传动机构动作明确，在受到振动时处在闭合位置的脱扣机构不会受振动影响而解扣；其次，脱扣机构应具有足够的机械强度和较小的脱扣力及较短的解扣时间。这些要求使脱扣机构必须具备大的减力作用、小的行程和较小的运动质量。

为了使主断路器达到速动的目的，广泛采用储能式脱扣机构。所谓储能式即利用合闸时积蓄的能量，由电磁铁、压缩空气传动气缸或锁扣保持，当需要跳闸时解扣而将储能释放出来进行分闸。储能式脱扣机构分为机械储能与电容储能两种，机械储能脱扣机构最常用的脱扣方式为电磁铁脱扣，如图 2-8 所示。给电磁铁励磁可以是主电路分路的电流，增加附加电感铁芯，可使 di/df 比较大（短路电流）而提前动作。这种脱扣装置结构简单，动作可靠，动作时间可达 10 ms 以下。电容储能脱扣机构需要一套电子设备，因此也称之为电子式脱扣装置，如图 2-9 所示。它从直流互感器取信号，经分压后触发晶闸管导通，电流经脉冲变压器升压后使电极火花球隙或闸流管导通，把储存电能的电容通过球隙或闸流管向分闸线圈放电，利用感应电动斥力使保持机构释放或直接推动断路器触头杆使触头断开。这种脱扣装置动作值准确，整定方便，动作速度极快，动作时间可达 2～3 ms，但该装置附带部件较多，动作时冲击力较大，影响寿命。

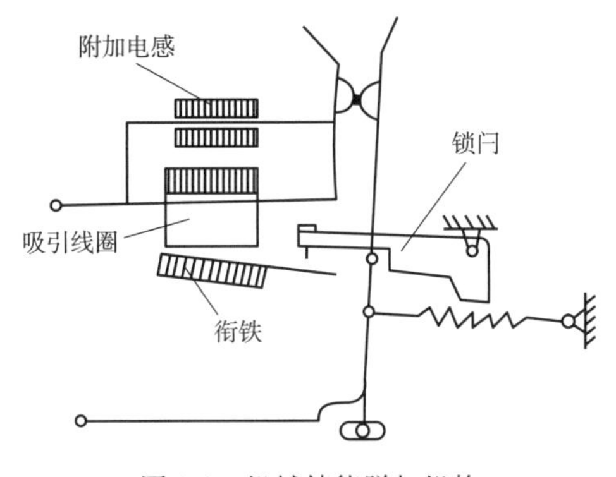

图 2-8　机械储能脱扣机构

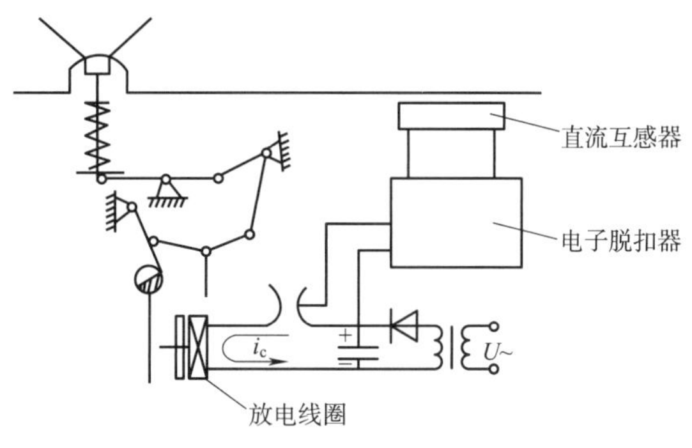

图 2-9　电容储能脱扣机构

无论用电磁铁、压缩空气传动气缸或锁扣保持的操作系统均可采用机械储能或电容储能脱扣机构。

2. 主断路器的控制

(1)主断路器控制接口

主断路器是连接接触网 25 kV 单相交流电到动车组上的主要设备,其控制结构如图 2-10 所示。

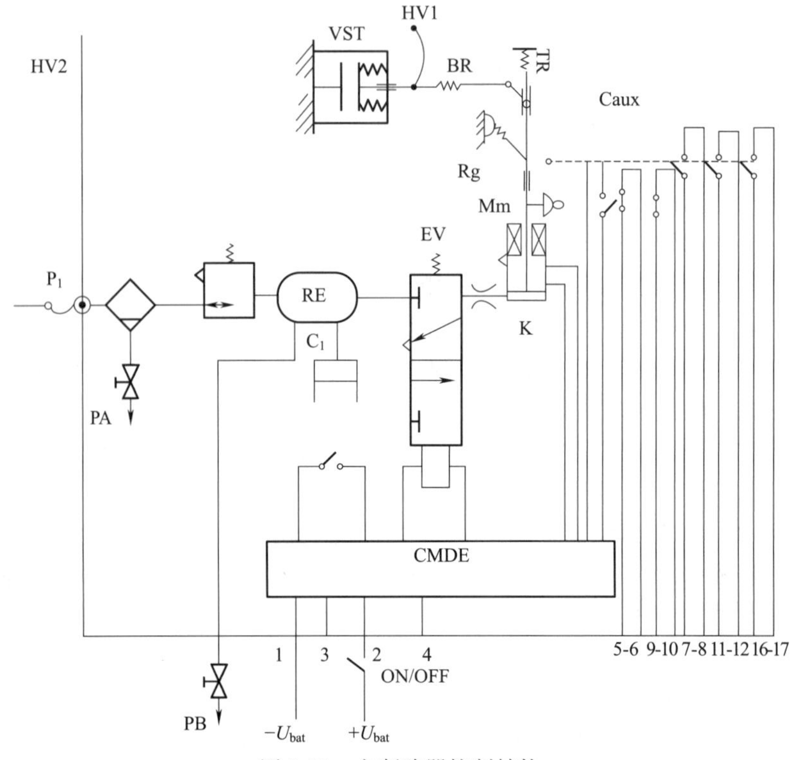

图 2-10　主断路器控制结构

主断路器控制结构图的各部分说明见表 2-3,LV 连接器针位见表 2-4。

表 2-3　主断路器控制结构说明

名称	说　　明	名称	说　　明
HV1	断路器高压接头	K	压力缸
HV2	断路器高压接头	EV	电磁阀
VST	真空开关管	RE	气缸
BR	压力接点机构	C_1	压力开关
TR	限制跳动机构	L	压力调节器
Rg	快速跳闸机构	P_1	供气入口
Mm	吸持电磁线圈	PA	压力调节器排气旋塞
CMDE	控制单元	PB	气缸排放塞
Caux	辅助触点	ON/OFF	断路器控制开关
$+U_{bat}$	控制电源(正极 DC)	$-U_{bat}$	控制电源(负极 DC)

表 2-4　LV 连接器上的针位

1	控制电源（DC）	2	控制电源(正极 DC)
3	控制电源（DC）	4	控制电源(正极 DC)
5-6	NC(常闭)辅助触点	7-8	NO(常开)辅助触点
9-10	NC(常闭)辅助触点	11-12	NO(常开)辅助触点
16-17	NO(常开)辅助触点		

图 2-11 为主断路器控制原理，低压电路由控制单元(CMDE)和辅助触点(Caux)组成。闭合断路器有两个阶段，一开始，如果通断开关闭合，将给电磁阀(EV)和吸持电磁线圈(Mm)供电。持续 $\Delta t_{EV}\approx 0.6$ s 后，电磁阀(EV)的供电被中断，而只给吸持电磁线圈供电，直到控制电源中断(通断开关断开)。

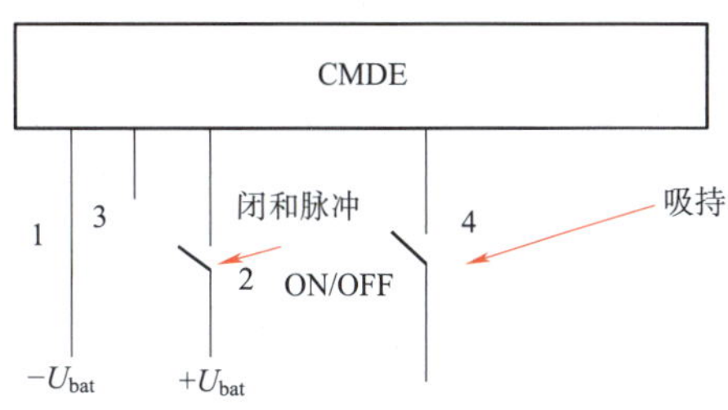

图 2-11　主断路器控制原理

主断路器的工作气源必须在主断路器入口处过滤、干燥。主断路器配备了气缸，其空气储备容量足够满足一个主断路器的闭合操作需求。气缸中的压力在生产试验中设定为定值，确保动态工作条件不变。车辆供气管中的允许压力为:450～1 000 kPa(4.5～10 bar)，如果供气压力小于主断路器闭合时的最小建议值，压力开关将打开，避免主断路器闭合。

主断路器的闭合时，电磁阀(EV)控制着压力缸中的气流，压力缸可将气压转化为激活机构的机械力。调节器气流需与驱动系统的移动成比例，确保闭合速度正确。主断路器的闭合位置可通过吸持电磁线圈(Mm)保证。电磁吸持允许压缩空气从压力缸中逸出。此系统允许断路器快速跳闸和断开。当主断路器的断开吸持电流切断(控制电源中断)时，断路器将断开。重置弹簧机构(Rg)和触点压力弹簧机构(BR)可确保快速跳闸。通过此系统可保证即使在电源或气源中断时，主断路器也能断开。通过行程终点时的排气收缩达产生的空气阻尼可以限制跳闸机构的冲击。

(2)主要技术参数

动车组主断路器额定参数见表 2-5。

表 2-5　动车组主断路器额定参数

名　　称	参　　数
额定电压	AC 30 kV
额定电流	1 000 A
额定频率	50 Hz
额定断路容量	660 MV・A
额定投入电流	20 000 A
额定短时间电流	25 000 A
额定断路电流	吸持电磁线圈
无负荷投入时间	0.1 s以下
额定开极时间	0.06 s以下
操作方法	控制电源(正极 DC)
额定操作电压	DC 110 V(变动范围 77～137.5 V)

(3)主断路器主要组成

主断路器有 3 个主要的组成部分,其结构如图 2-12 所示。高压部分(灭弧室部分)内安装有真空开关管,真空管内有两个主触头,一个是静触头,另一个是动触头,其触头通过波纹管密封和大气隔离,动触头的操作是由机械装置传动来完成;隔离绝缘部分(支持绝缘子部分)主要是保证高压部分与低压部分之间的绝缘,通过绝缘子内腔,绝缘推杆连接机械装置和动触头;低压部分(低压操作机构部分)通过安装底板固定在高压设备箱内断路器安装架上,低压部分主要是机械操作部分,用于操作灭弧室内的动触头。

图 2-13 为主断路器剖面结构。主断路器采用电空控制。该控制通过空气管路,在动触头快速合闸过程中提供必需的压力。储风缸(8)是主断路器气动控制的气压源,其要求能够满足在无源状况下对断路器的一次操作;调压阀(9)安装在断路器进气口与储风缸之间,通过对其气压值进行预设,用以保证进入储风缸内的气压,同时,调压阀上安装有一空气过滤阀,以保证进入储风缸气体的清洁与干燥;压力开关安装于储风缸上与调压阀相对一侧,其与储风缸内气体相连,用以监控断路器合闸的最小压力,当储风缸内气压低于其预设值时,通过低压控制线路将信息反馈给 110 V 控制单元,以使断路器拒绝进行操作;电磁阀(10)控制气缸内的气流量,其决定了断路器的合闸速度;传动气缸(12)把空气压力转化为机械作用力;保持线圈(11)安装于气缸上部,通过对气缸活塞的吸合,实现对断路器合闸状态的保持;快速脱扣机构(17)用以实现主断路器分闸时的快速脱扣,保证断路器良好的分断;110 V 控制单元(13)安装在主断路器底板下部,通过其对断路器电子部件进行整体控制。

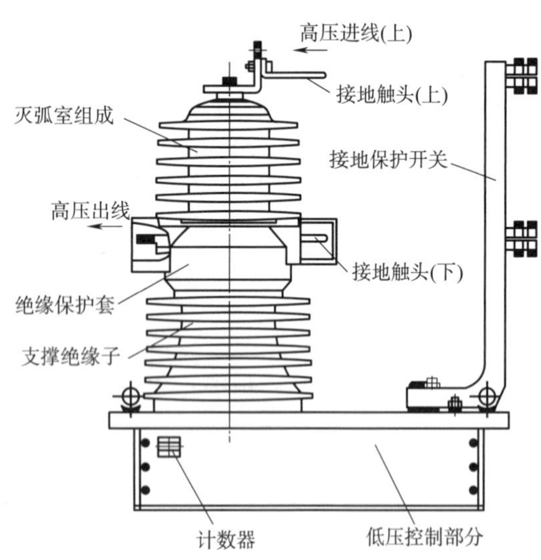

图 2-12　主断路器和接地开关

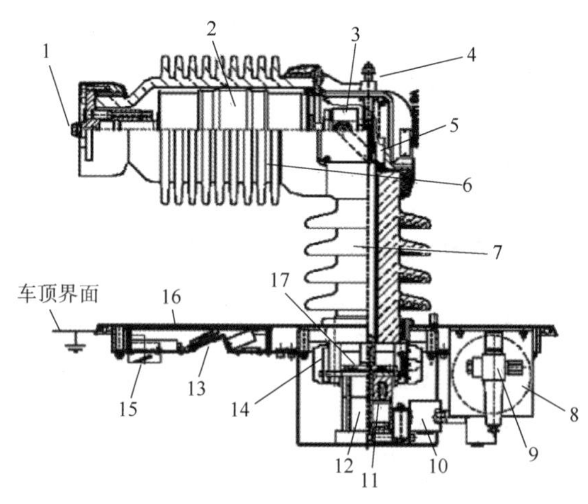

图 2-13　主断路器剖面结构

1—高压输入端 HV2;2—真空包;3—触头压缩机构
4—高压输出端 HV1;5—稳定机构;6—水平绝缘子
7—垂直绝缘子;8—储风缸;9—调压阀;10—电磁阀
11—保持线圈;12—传动气缸;13—控制单元
14—辅助联锁;15—插座;16—底板;17—快速脱扣机构

三、高压隔离开关的结构和原理

1. 高压隔离开关的作用

高压隔离开关(LDS)用于切断本车高压箱与它车高压箱的故障主电路。高压隔离开关在正常情况下处在闭合状态，实现同一高压系统一个受电弓和一个主断路器可以同时给两个牵引单元供电。当列车发生故障时，2 个高压隔离开关断开，实现一个牵引单元发生故障，但不影响另一个牵引单元继续工作。高压隔离开关不能带电动作，只能在主断路器断开的情况下动作。动车组采用 7PIS 型高压隔离开关。其技术参数见表 2-6。

表 2-6　动车组高压隔离开关技术参数

名称	参　数	名称	参　数
额定电压	AC 31 kV	最小工作气压	350 kPa
额定电流	700 A	短时耐受电流	16 kA/1 s
额定频率	50 Hz	工频耐受电压	100 kV(有效值)/1 min
控制电压	DC 110 V	雷电冲击电压	185 kV(1.2/50 μs)
最小动作电压	DC 77 V	机械寿命	20 000 次
动作电压范围	DC 77～137.5 V	工作环境温度	−40～+70 ℃
额定工作气压	400～1 000 kPa		

2. 高压隔离开关的结构(图 2-14)

高压隔离开关通过高隔底架(1)安装在高压箱内。它装有两个刀闸板(2)，一端固定在固定座(3)上，另一端延伸到接触头(4)上。刀闸板通过拉杆(5)与下面的传动机相连，传动机构采用长槽滑块机构，采用电控、气动的控制方式。在高隔底架两侧分别固定安装电磁阀(6)和传动气缸(7)、传动轴(8)，保证了刀闸板与传动机构的转动。转轴末端上的凸轮是用来控制安装在高隔底架上的辅助触头开关(9)，辅助触头开关用于检测开关状态并将信号传输到司机室。

图 2-14　高压隔离开关结构和安装状态

四、紧急断电环路

当遇到紧急情况，触发紧急断电按钮，或者动车组发生紧急故障，会导致紧急断电环路断开，动车组迅速切断主断路器，降弓，防止故障蔓延。

1. 紧急断电环路重要继电器和开关

(1)Tc01/08 车

=21-K41 重联车紧急断电环路状态继电器。

=21-K42 本车紧急断电环路状态继电器。

=21-K53 A 钥匙环路状态继电器。

=21-S06 紧急断电按钮。

=21-S01 紧急断电环路故障隔离开关。

=74-K07 重联继电器。

(2)Tp03/06 车

=21-K11 ADD 降弓继电器。

=21-K07 紧急断电环路继电器。

(3)Mb05 车

=31-K05 外接电源继电器。

继电器=21-K42 位于 Tc01/08 车,用于检测本单元、邻单元紧急断电按钮状态及两个受电弓制环路状态,即任意单元紧急断电按钮或者受电弓控制环路状态改变,那么继电器=21-K42 的状态也将改变,从而影响 Tp03/06 车=21-K07 紧急断电环路继电器的状态。

2. 电路分析

图 2-15 为 Tc01/08 车紧急断电环路电路。如红色电路走向由 Tc01 车 DC 110 V 电源=21-F02 断路器→=21-S06 常闭触点 11-12,若处于重联状态则=74-K07 常闭触点 71-72 断开,检测重联车紧急断电环路状态,若建立则=21-K41 常开触点 13-14 闭合→非重联时=74-K07 常闭触点 71-72 闭合由于 A 钥匙环路已经建立=21-K53 得电常开触点 13-14 闭合,至二位端连接器 14 针经过 M02 车到后续车辆。

图 2-16 为 Tp03/06 车紧急断电环路电路。由 Tp03 车一位端连接器 14 针→=21-K11 常闭触点 71-72 至二位端连接器 14 针。也就是说受电弓触发 ADD 将导致紧急断电环路断开。

图 2-17 为 Mb05 车紧急断电环路电路。由 Mb05 车二位端 14 针→=31-K05 常闭触点 21-22,交叉后至一位端连接器 15 针→Tp06 车二位端连接器 15 针。也就是说在外接供电情况下无法建立紧急断电环路。

再如图 2-15、图 2-16、图 2-17 蓝线所示,由 Tp06 车二位端连接器 15 针→=21-K11(ADD 降弓)常闭触点 62-61 至一位端连接器 15 针。再经 M07 车至 Tc08 车二位端连接器 15 针→=21-K53 常开触点 24-23→=21-S06 常闭触点 21-22→=21-K42 线圈 A1 有+110 V。

紧急断电环路的负线走向与正线相似,如图 2-15、图 2-16、图 2-17 红色虚线所示,由 Tc01 车紧急断电环路电源=21-F02 断路器 0 V→Tc01 车二位端连接器 18 针,由 Tp03 车一位端连接器 18 针→二位端连接器 18 针→Mb05 车二位端连接器 18 针,同时=21-K07 线圈 A2 有 0 V。Mb05 车二位端连接器 18 针,经交叉至一位端连接器 17 针。

如图 2-15、图 2-16、图 2-17 蓝色虚线所示,由 Tp06 车二位端连接器 17 针→一位端连接器 17 针,再经 M07 车至 Tc08 车二位端连接器 17 针,由 Tc08 车二位端连接器 17 针→=21-K42 线圈 A2,至此 Tc08 车=21-K42 线圈 A1-A2 有 110 V 吸合。Tc01 车=21-K42 得电过程同 M08 车。

如图 2-15 绿线所示,Tc08 车=21-K42 得电后,=21-K42 常开触点 14-13 闭合→=21-

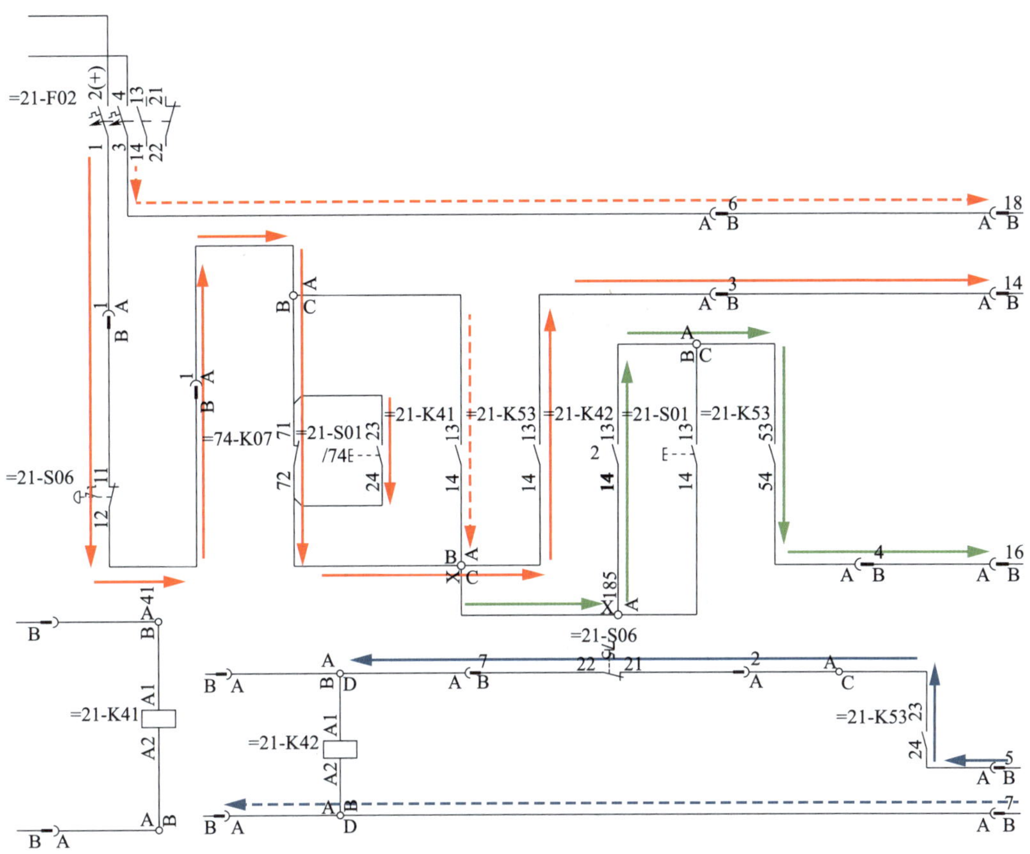

图 2-15　Tc01/08 车紧急断电环路电路

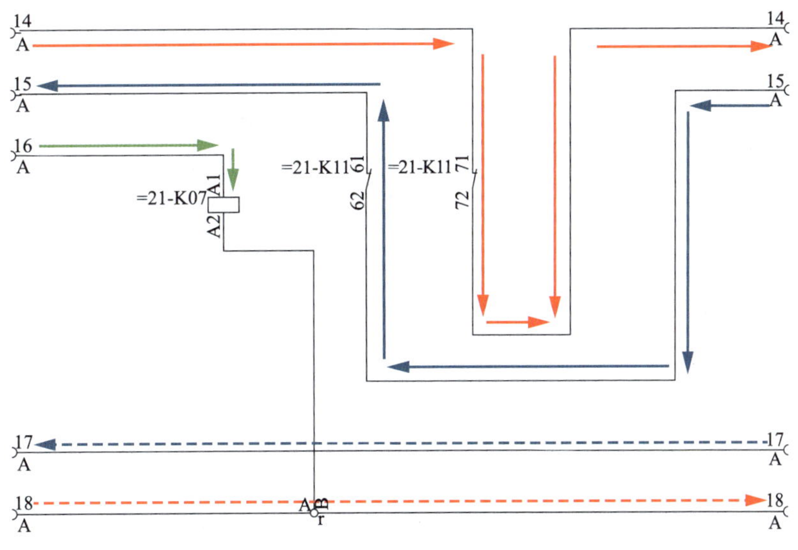

图 2-16　Tp03/06 车紧急断电环路电路

K53 常开触点 53-54 至二位端连接器 16 针，经 M07 车至 Tp06 车一位端连接器 16 针→=21-K07 线圈 A1，Tp06 车=21-K07 线圈 A1-A2 有 110 V 吸合。Tp03 车=21-K07 得电过程同 Tp06 车。

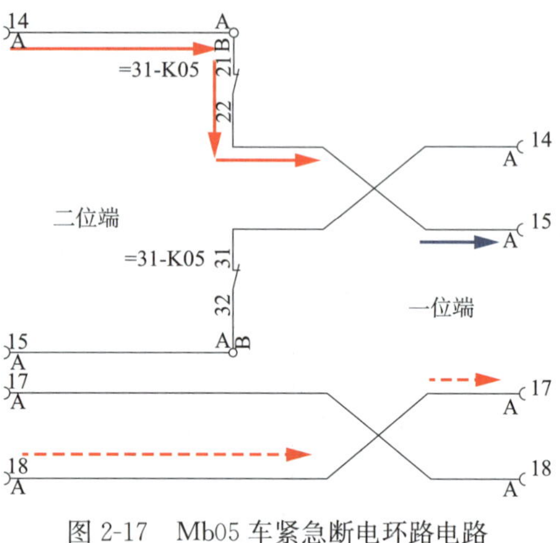

图 2-17　Mb05 车紧急断电环路电路

任务实施

1. 受电弓控制模块软件版本检查

受电弓的动作执行需要依靠受电弓控制模块进行控制，将笔记本计算机连接到=21-A01 模块 USB 插口上，记录受电弓控制模块版本及条形码。

2. 受电弓升弓检测

首先，观察受电弓的控制阀板组成的各个部件外观是否损坏，尤其注意压力控制阀的透明软管。

然后，闭合断路器=21-F07，打开升弓供风塞门=21-XU31，手动固定紧急断电环路继电器=21-K07，使其保持吸合。通过网络模拟器触发网络触点“升弓指令”信号，检查受电弓升起，并且升弓继电器=21-K05 和=21-K06 吸合。升弓电路如图 2-18 所示。

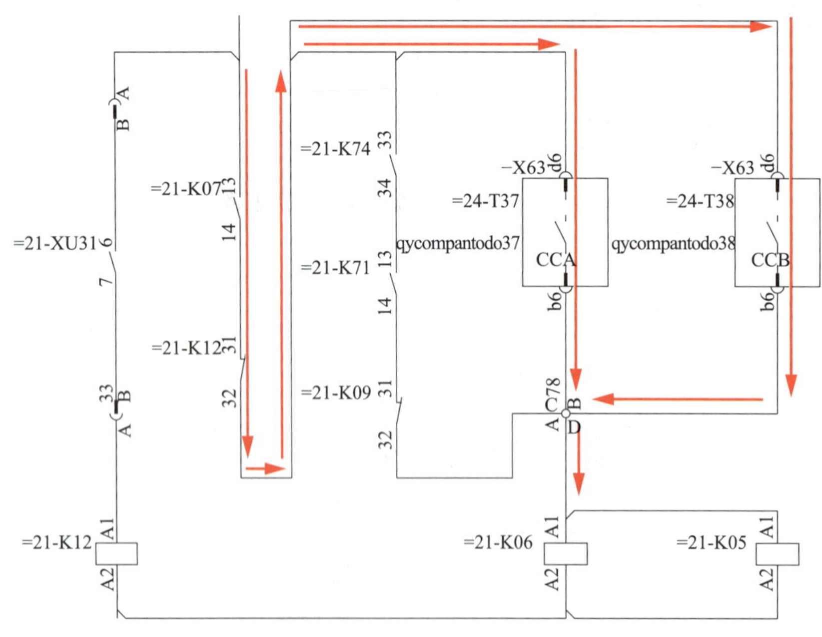

图 2-18　升弓电路

受电弓升起后，继电器=21-K83 得电，=21-K81 失电。受电弓状态检测电路如图 2-19 所示。

通过取消网络触点“升弓指令”或者以及截断受电弓供风塞门=21-XU31，均可使受电弓降下。

3. 受电弓与接触网压力检测

升弓前将受电弓安全绳系好，防止受电弓因升起过高而损坏，如图 2-20 所示。

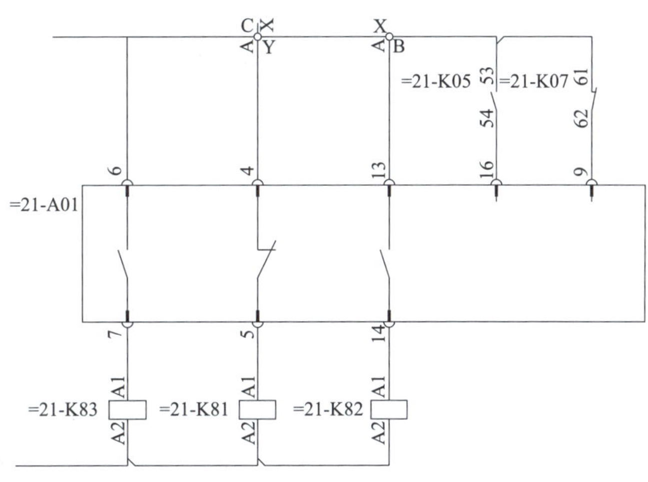

图 2-19　受电弓状态检测电路

升弓后，将砝码用扎带固定好，如图 2-21 所示。调整压力控制器的调整螺母(顺时针调整压力增大)，使受电弓滑板升起规定高度并处于静止状态，安全绳处于自由悬垂状态，锁紧调整螺母，打上红色防松标记。取下砝码后，再降下受电弓。

图 2-20　受电弓上安全绳

图 2-21　升弓后固定砝码

4. 升降弓时间检测

用秒表检测 $2\ \mathrm{s} \leqslant t_{升} \leqslant 5\ \mathrm{s}$，$t_{降} < 8\ \mathrm{s}$。如升降弓时间不符合要求则调整升弓节流阀和降弓节流阀。

5. ADD 阀检测

在升弓状态下将＝21-K07 取消固定，使其释放。此时，受电弓 ADD 阀动作。ADD 触发电路如图 2-22 所示。检查受电弓降下，受电弓快接近车顶时有停顿缓冲现象。

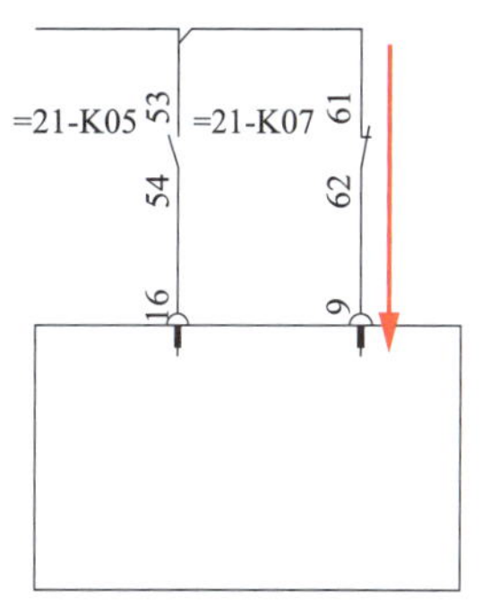

图 2-22　ADD 触发电路

6. 辅助空压机检测

闭合断路器＝21-F05、＝21-F06，固定继电器＝21-K38，截断受电弓供风塞门 B51，通过 U03.04 排受电弓的风，使其风压小于 550 kPa(5.5 bar)。

图 2-23 为辅助空压机启动电路。如图中红线所示，通过网络模拟器点击“辅助压缩机启动指令”，检查继电器＝21-K37 吸合，辅助空压机启动。

继电器＝21-K36 释放后，如图中绿线所示点动强迫启动辅助空压机按钮＝21-S61，检查＝21-H61 灯亮，辅助空压机启动。

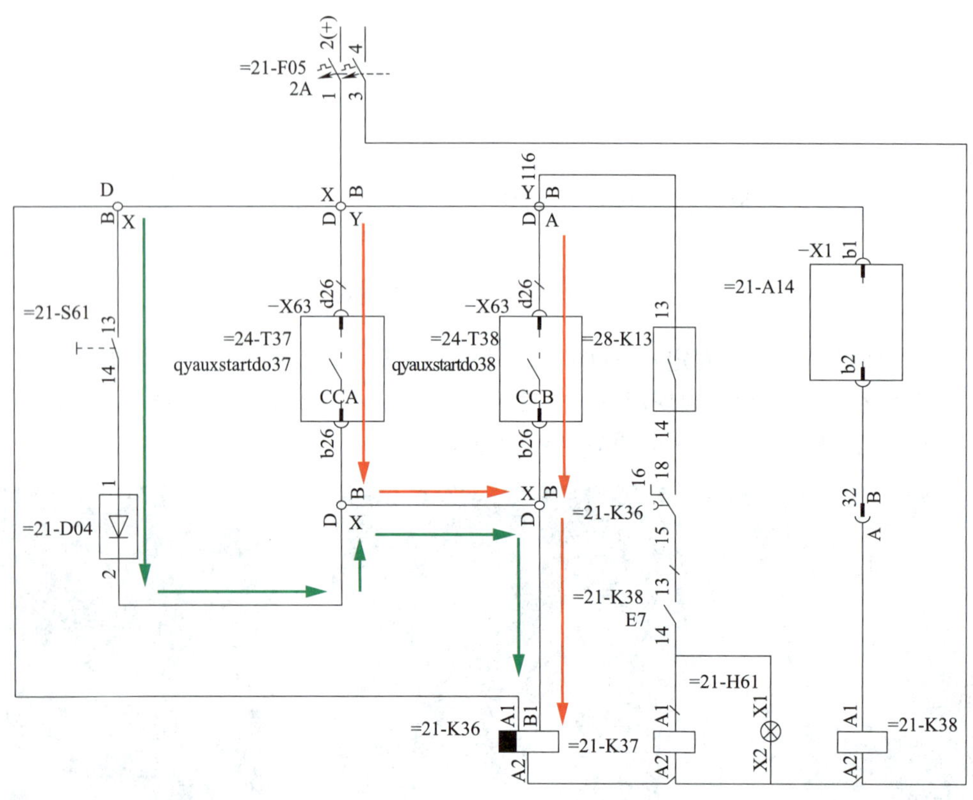

图 2-23　辅助空压机启动电路

7. 车顶隔离开关检测

图 2-24 为车顶隔离开关控制电路。如图中红线所示，闭合断路器＝21-F13、＝21-F14，通过网络模拟器点击“闭合隔离开关指令”，检查车顶高压隔离开关闭合。如图中蓝线所示，点击“打开隔离开关指令”，检查车顶高压隔离开关打开。

8. 主断路器检测

手动固定继电器＝21-K07 使其闭合，闭合断路器＝21-F15，将二位端＝97-X580.13 的 19 针和 22 针接＋110 V，闭合断路器＝21-F12，检查牵引控制单元(TCU)故障旁路继电器＝21-K17、＝21-K18 吸合，以及本单元牵引控制单元(TCU)主接触器未闭合继电器＝21-K35 吸合，如图 2-25 所示。

将二位端＝97-X580.13 的 46 针适配器的 28 针接＋110 V，27 针接负线，检查另一牵引控制单元 TCU 故障旁路继电器＝21-K27 和＝21-K28 吸合，如图 2-26 所示。

将二位端＝97-X580.13 的 46 针适配器的 29 针接＋110 V，30 针接负线，检查另一牵引控制单元 TCU 主接触器继电器＝21-K25 吸合，如图 2-27 所示。

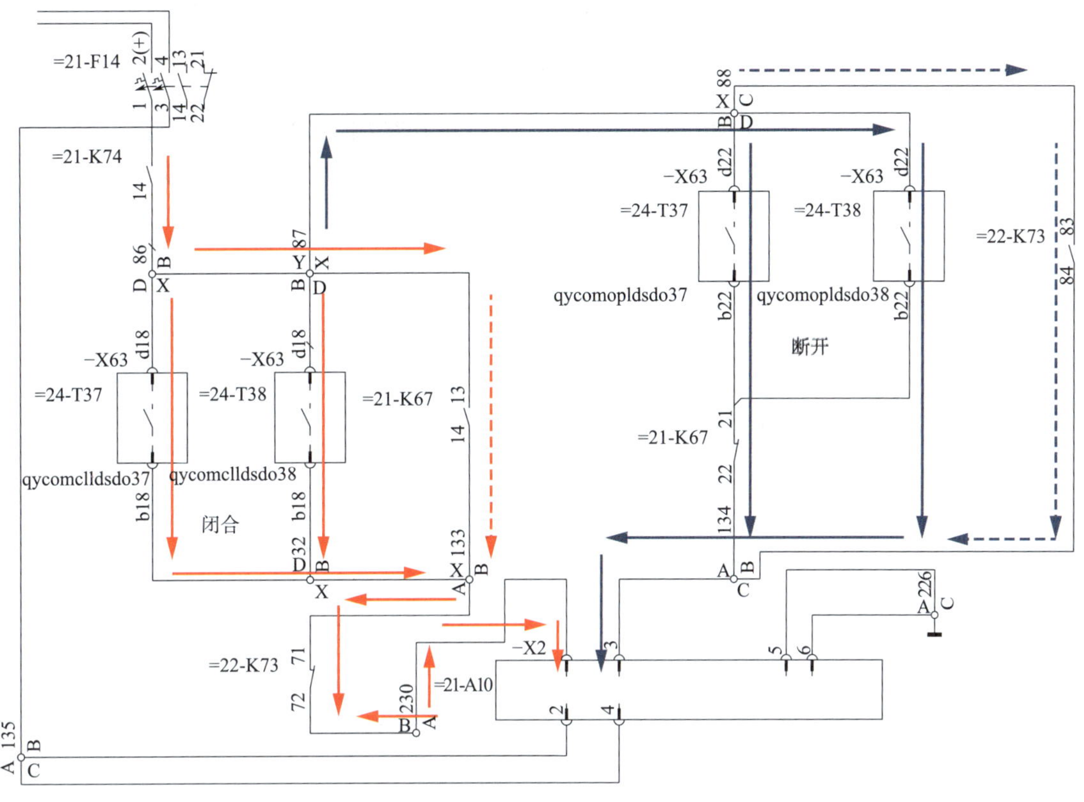

图 2-24　车顶隔离开关控制电路

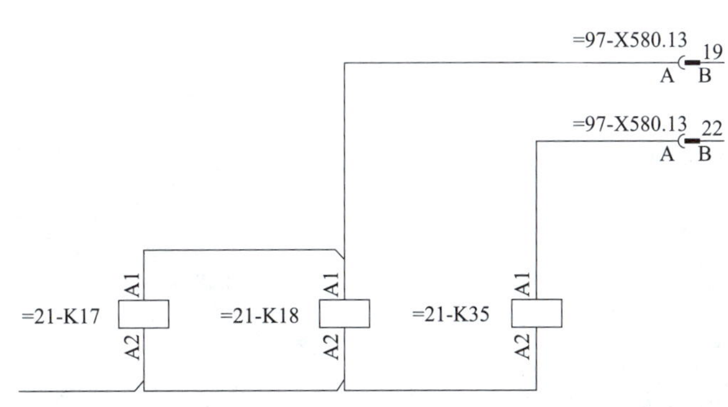

图 2-25　本单元主断环路继电器

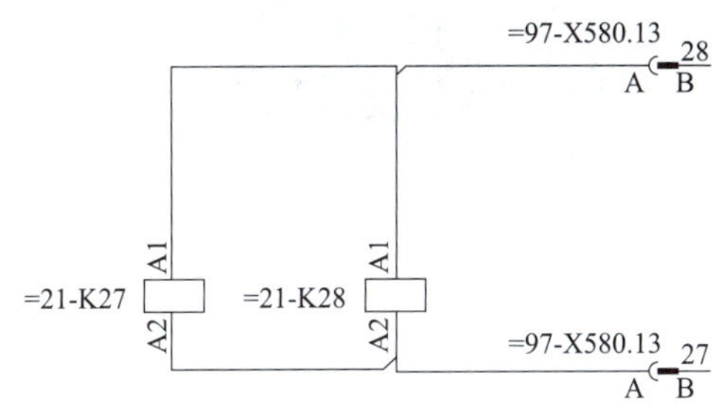

图 2-26　临单元主断环路继电器 1

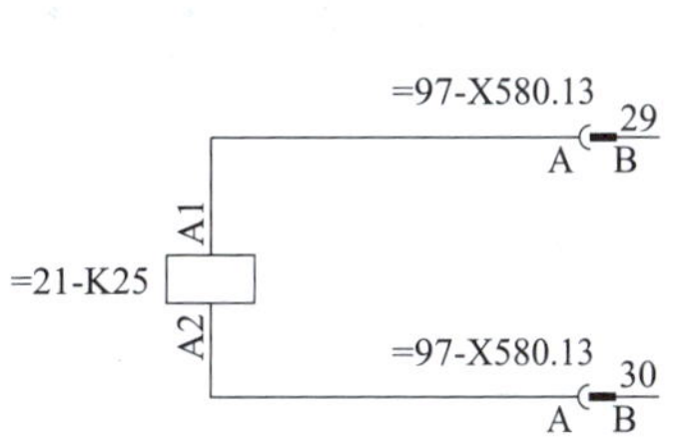

图 2 27　临单元主断环路继电器 2

通过网络模拟器点击“闭合主断指令”，检查主断闭合继电器=21-K23 吸合，如图 2-28 红线所示。

9. 接地开关检测(图 2-29)

插上 A 型钥匙，不转动接地开关，即接地开关在“正常”位上，此时 B 型钥匙拔不出来。

插上 A 型钥匙并将接地开关手动置于“接地”位上，此时 B 钥匙能够拔出来，车顶高压箱接地开关已经接地。

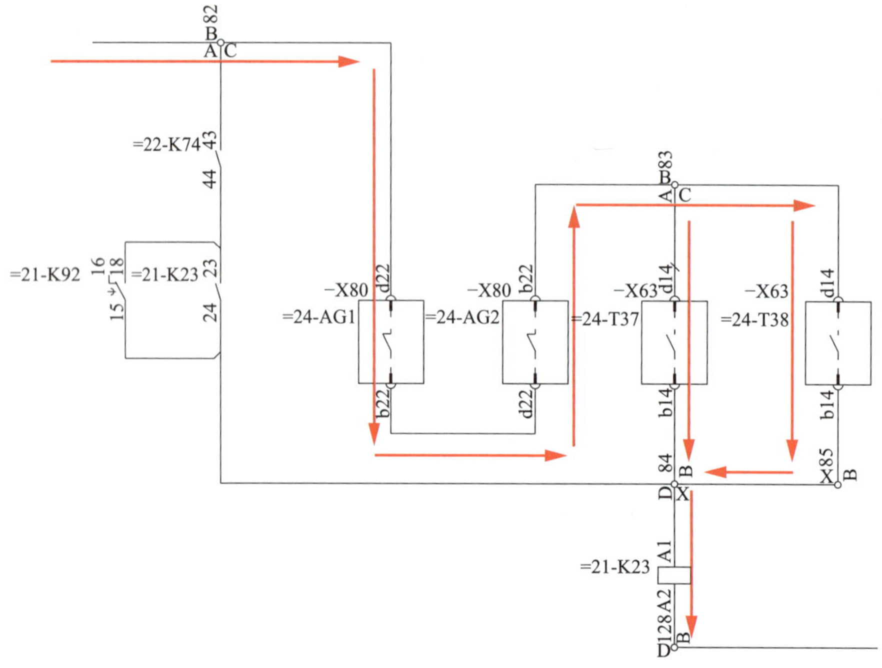

图 2-28　主断控制电路

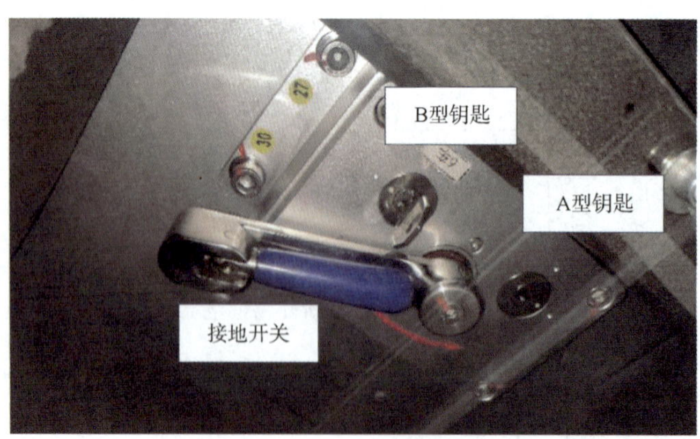

图 2-29　接地开关

任务评价

1. 自我评价(40 分)

学生根据学习任务完成情况进行自我评价。

自我评价表

评价模块	配分	评分项点	得分
安全意识	10	1. 不按要求穿着工作服及防滑电工鞋。 2. 不按要求戴绝缘手套。 3. 不按要求进行带电或断电作业。 4. 不按安全要求规范使用工具。 5. 其他违反安全操作规范的行为	
技能操作	10	记录受电弓控制模块版本及条形码	
	10	受电弓升弓检测	
	10	受电弓与接触网压力检测	
	5	升降弓时间检测	
	5	ADD 阀检测	
	12	辅助空压机检测	
	8	车顶隔离开关检测	
	10	主断路器检测	
	10	接地开关检测	
职业规范和环境保护	10	1. 在工作过程中工具和器材摆放凌乱。 2. 不爱护设备、工具、不节省材料。 3. 在工作完成后不清理现场，在工作中产生的废弃物不按规定处置	
自我评分(总分×40%)=			

签名________　　　　　　　　　　　　________年________月________日

2. 小组评价(30 分)

同一实训小组同学进行互评。

小组评价表

评价项目	配分	得分
实训记录与自我评价情况	30	
相互帮助与协作能力	30	
安全、质量意识与责任心	40	
小组评分(总分×30%)=		

参评人员签名________　　　　　　　　　　　　________年________月________日

3. 教师评价(30 分)

指导教师结合自评与互评的结果进行综合评价。

教师总体评价意见：	
教师评分	
总评分=自我评分+小组评分+教师评分	

教师签名________　　　　　　　　　　　　________年________月________日

任务二　列调主电路控制试验

任务描述

对列调主电路进行控制，按照隔离开关激活和反馈、紧急断电环路、主断路器控制、确认接触网电压、车辆接地这 5 个步骤进行。

知识链接

一、动车组受电弓控制

1. 受电弓控制命令

动车组受电弓开关如图 2-30 所示。开关的类型为三位自复位扳键开关，向前为升弓，向后为降弓。

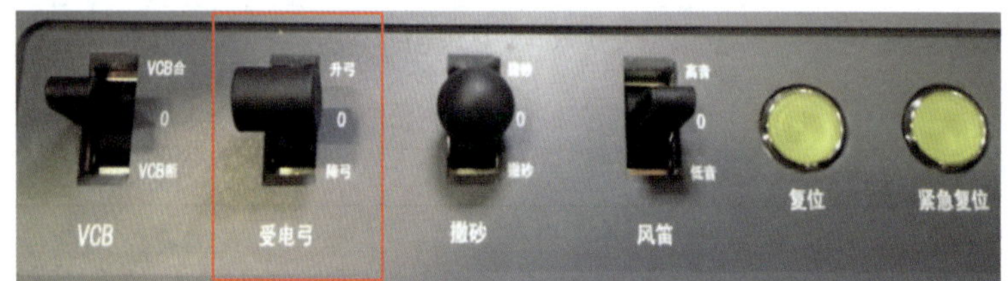

图 2-30　受电弓开关

如图 2-31 红线所示，受电弓开关 =21-S02 控制电源为=21-F03，由列车 BN1 供电 DC 110 V。=21-K01 为升弓继电器，=21-K02 为降弓继电器。电源通过继电器=21-K01、=21-K02 的常开触点→司机室输入输出单元(IOM)，反馈给列车控制系统(TCMS)。

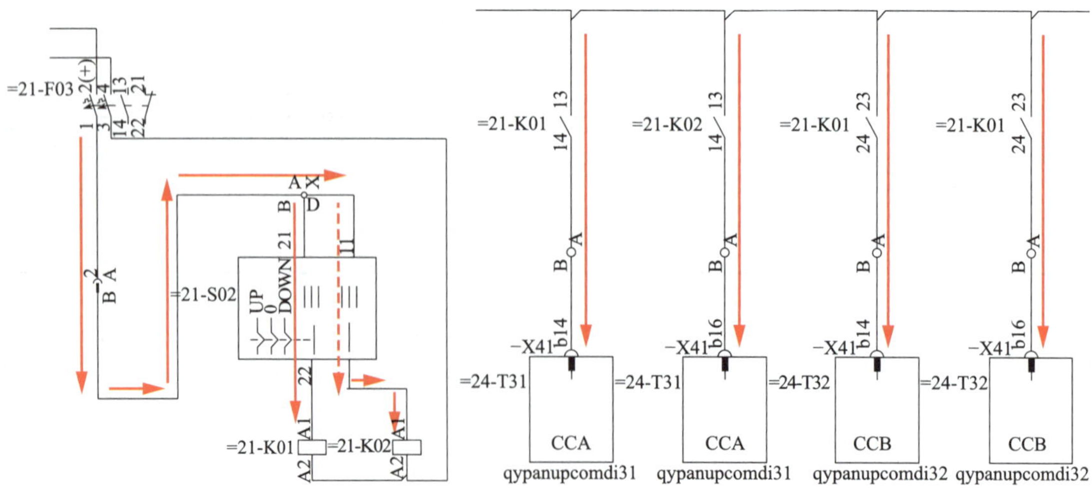

图 2-31　受电弓开、降弓信号

2. 受电弓升弓电路

如图 2-19 所示，紧急断电环路建立后，继电器＝21-K07 得电，常开触点 13-14 闭合，经过＝21-K12 继电器的常闭触点 31-32，该继电器在机械隔离受电弓（截断塞门 U31）时得电。在收到冗余的网络升弓命令＝24-T37 和＝24-T38，升弓继电器＝21-K05 得电受电弓升起。

3. 受电弓控制单元

如图 2-19 所示，图中＝21-A01 为受电弓控制单元。继电器＝21-K81、＝21-K82、＝21-K83 受＝21-A01 控制。其功能是＝21-K81 和＝21-K83 为升弓压力检测继电器，当升弓后达到设定压力值时＝21-K83 得电、＝21-K81 失电，＝21-K82 为受电弓故障受电弓控制单元故障时得电。

＝21-A01 的 9 针接收紧急断电命令（＝21-K07 失电），16 针接收受电弓升弓命令（＝21-K05 得电）。

4. 自动降弓装置（ADD）

图 2-32 中＝21-K11 是 ADD 降弓继电器。

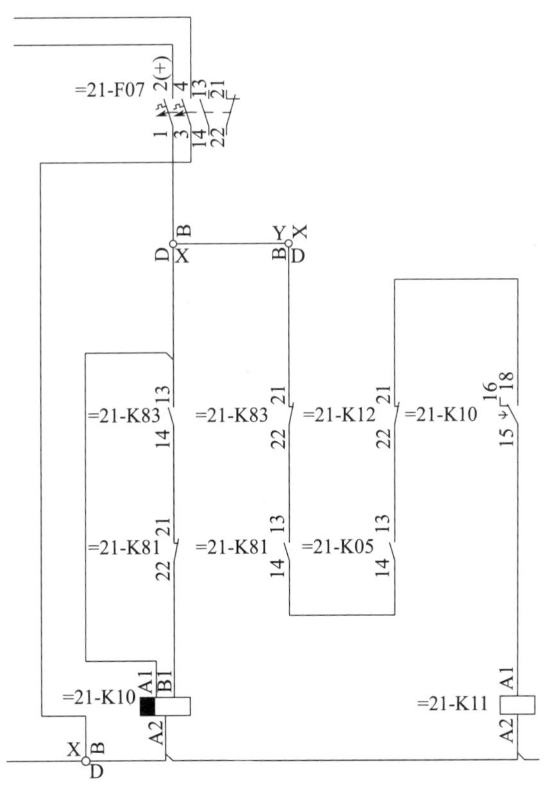

图 2-32　ADD 降弓

当受电弓升起后，检测受电弓滑板破裂、磨损到极限或管路发生泄漏时，控制管路中的压缩空气压力下降而降弓。

＝21-K10 继电器是受电弓检测继电器，当受电弓压力出现问题时，它延时 5 s 断开，让＝21-K11 继电器得电。

自动降弓装置(ADD)保护过程：

(1)当受电弓未升起，=21-K83 常开触点 13-14 断开，=21-K81 常闭触点 21-22 断开，=21-K10 不得电。

=21-K83 常闭触点 21-22 接通，=21-K81 常开触点 21-22 接通，升弓继电器=21-K05 常开触点 14-13 断开，=21-K11 不得电。

(2)当受电弓升起且压力正常，=21-K83 常开触点 13-14 接通，=21-K81 常闭触点 21-22 接通，=21-K10 得电，其延时断开触点 18-15 接通。

=21-K83 常闭触点 21-22 断开，=21-K81 常开触点 13-14 断开，=21-K05 常开触点 14-13 接通，故=21-K11 不得电。

(3)当受电弓升起且压力不正常时=21-K83 常开触点 13-14 断开，=21-K81 常闭触点 21-22 断开，=21-K10 失电，其延时断开触点 18-15 延时 5 s 断开。

=21-K83 常闭触点 21-22 接通，=21-K81 常开触点 13-14 接通，=21-K05 常开触点 14-13 接通，=21-K11 得电，导致紧急断电环路断开，5 s 后失电。

5. 紧急牵引模式下受电弓控制(图 2-33)

=21-K73 为受电弓升弓命令继电器，=21-K72 为受电弓降弓命令继电器。

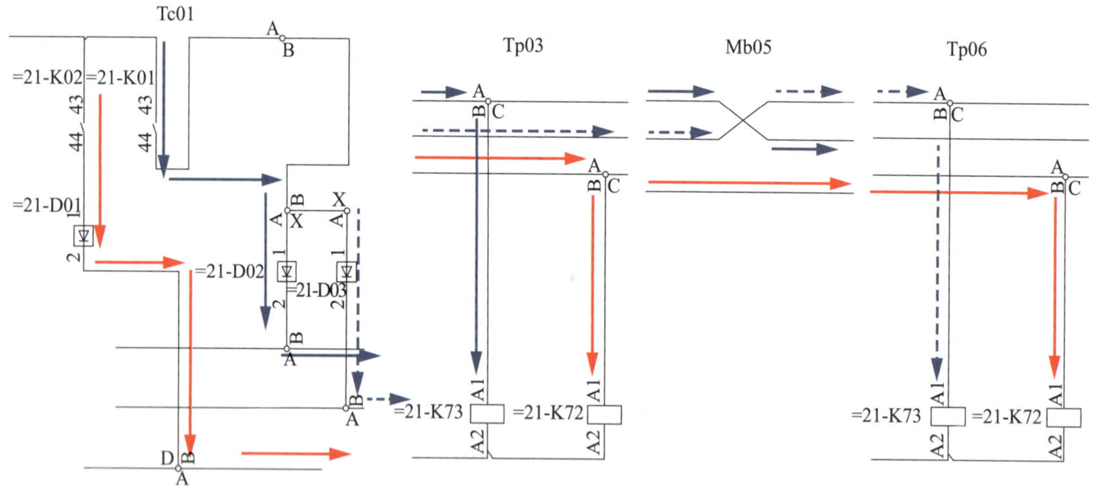

图 2-33　紧急模式下受电弓控制原理

紧急模式下受电弓如下所述(以 Tc01 车为主控端为例，Tc08 车同理)。

①升弓

=21-S02 发出升弓指令，=21-K01 继电器得电(图 2-31)，常开触点 43-44 闭合，将升弓信号分别通过两条车辆贯通线送至受电弓车并激活=21-K73，如图 2-33 蓝线所示。

=21-K71 为紧急牵引模式升降弓继电器，与=21-K72 常闭触点 21-22、=21-K73 常开触点 13-14、=21-K71 常开触点 23-24 组成起保停电路。紧急断电环路建立，=21-K07 常开触点 13-14 闭合，受电弓隔离塞门未截断=21-K12 常闭触点 31-32 闭合，紧急牵引模式继电器=22-K74 得电、=21-K71 常开触点 31-32 闭合=21-K05、=21-K06 得电升弓，如图 2-34 红线所示。

②降弓

=21-S02 发出降弓指令，=21-K02 继电器得电(图 2-31)，常开触点 43-44 闭合，将降弓信号通过车辆贯通线送至受电弓车并激活=21-K72,如图 2-33 红线所示。

如图 2-34 所示,=21-K71 紧急牵引模式升降弓继电器断电,=21-K71 常开触点 31-32 断开,=21-K05、=21-K06 失电降弓。=21-K09 为紧急牵引模式下 ADD 降弓。若出现 ADD 降弓=21-K09 得电并自保持,只有退出紧急牵引模式后方可恢复。

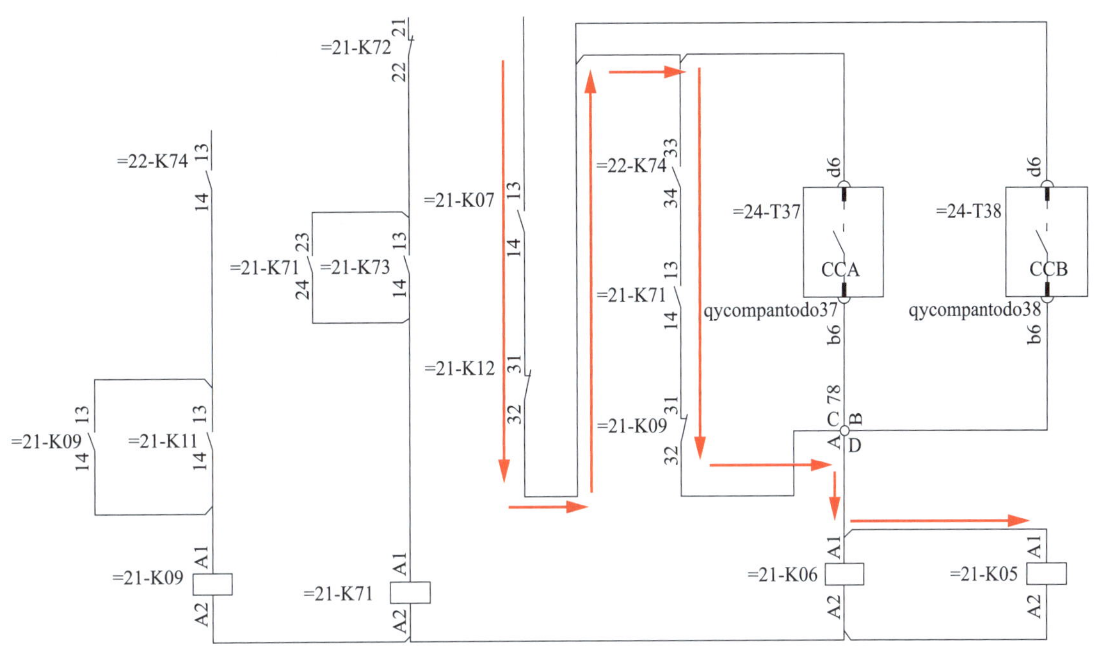

图 2-34　紧急牵引模式升、降弓原理

二、主断路器的闭合/断开控制

1. 主断路器使能

主断路器使能是闭合主断路器的前提条件,使能信号是通过使能环路检测本单元牵引变流器和邻单元牵引变流器状态,满足使能条件后使能继电器闭合。

(1)半列使能(本单元使能)

Tp03 车=21-K17、=21-K18 为本单元牵引变流器状态继电器,=21-K35 为本单元牵引变流器主接触器状态继电器,因此主断本单元使能条件为=10-K02(主变过压)未得电,=21-K09(紧急牵引模式下 ADD 下降弓信号)未得电,分别检测邻车牵引变流器状态(正常),=21-K17、=21-K18 得电;Q1、K4 接触器状态(未闭合),=21-K35 得电,功能原理如图 2-35 所示。Tp06 车=21-K17、=21-K18、=21-K35 得电原理相同。

(2)全列使能

Tp03 车的=21-K17、=21-K18 得电后,通过车辆贯通线使 Tp06 车=21-K27、=21-K28 得电,对于 Tp06 车来讲相当于得知了 M02 车、M04 车牵引变流器的状态;Tp03 车的=21-K35 得电后通过车辆贯通线使 Tp06 车=21-K25 得电,对于 Tp06 车来说相当于得知了 M02 车、M04 车牵引变流器 Q1、K4 的状态,功能原理如图 2-36 所示。Tp03 车=21-K27、=21-K28、=21-K25 得电原理相同。

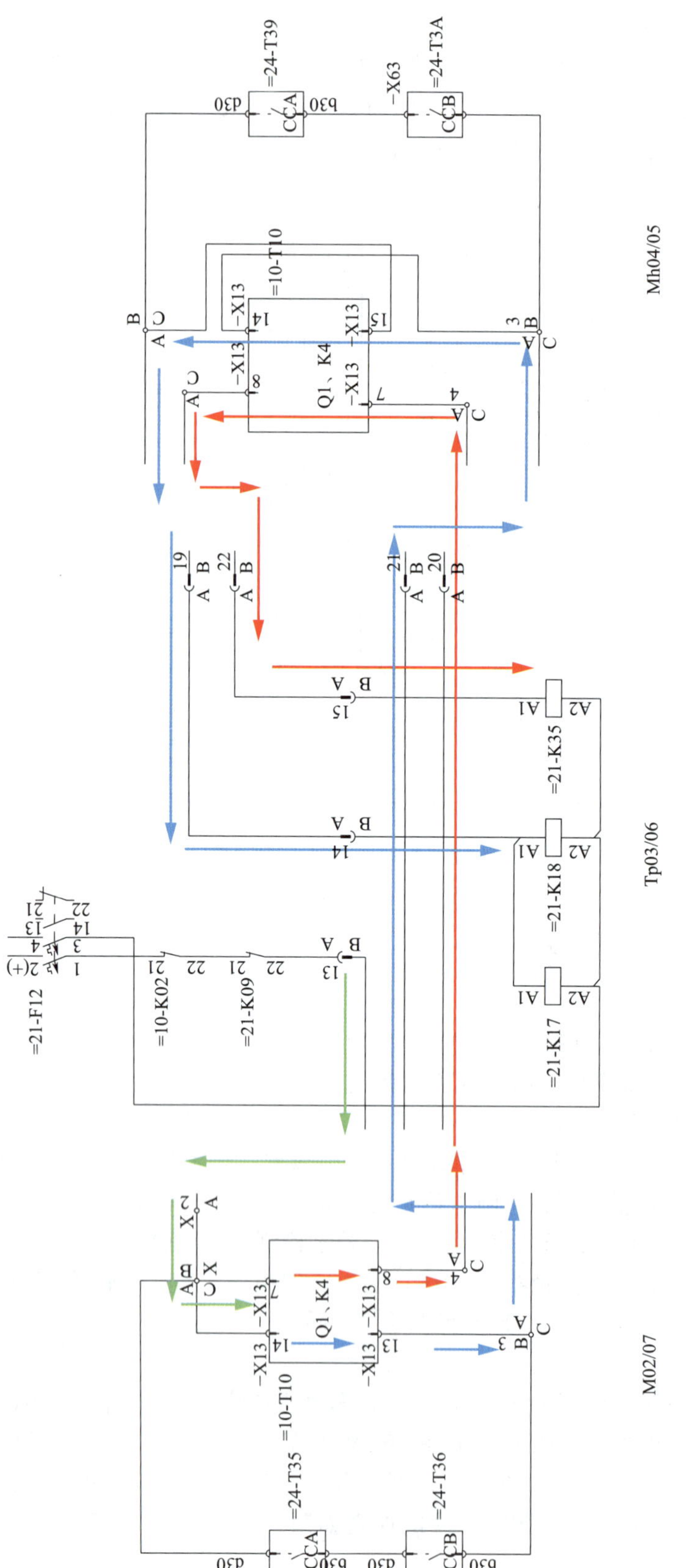

图 2-35　主断路器半列使能原理

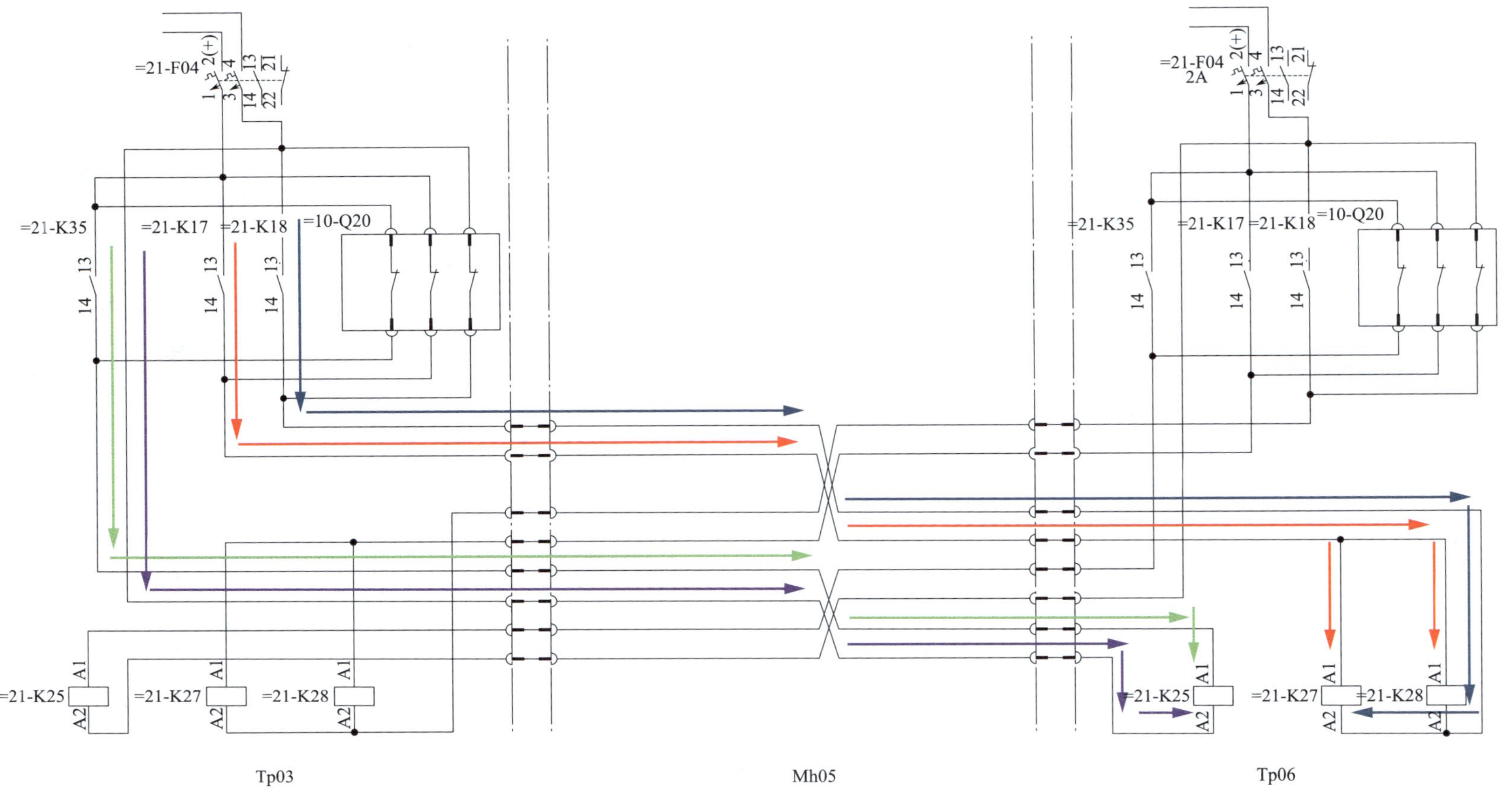

图2-36　主断路器全列使能原理

2. 动车组主断路器的闭合/断开

(1)电路中几个关键继电器的功能(图 2-37)

紧急断电环路建立后=21-K07 得电;受电弓升弓后=21-K05 得电;启用紧急牵引模式时=22-K74 得电;紧急牵引模式下断主断=21-K91 得电;紧急牵引模式下合主断=21-K92 得电。这些继电器的触点作为闭合主断的先决条件串联在主断闭合/断开控制电路中。=21-A10 的 23-24、25-26 两对触点是隔离开关的辅助触点,正常情况下隔离开关闭合,这两对触点断开。在紧急牵引模式下,隔离开关断开,这两对触点闭合,旁路掉=21-K27、=21-K28 的13-14 常开触点和=21-K25 的 13-14 常开触点,即在紧急牵引模式下不检测邻单元牵引变流器状态。

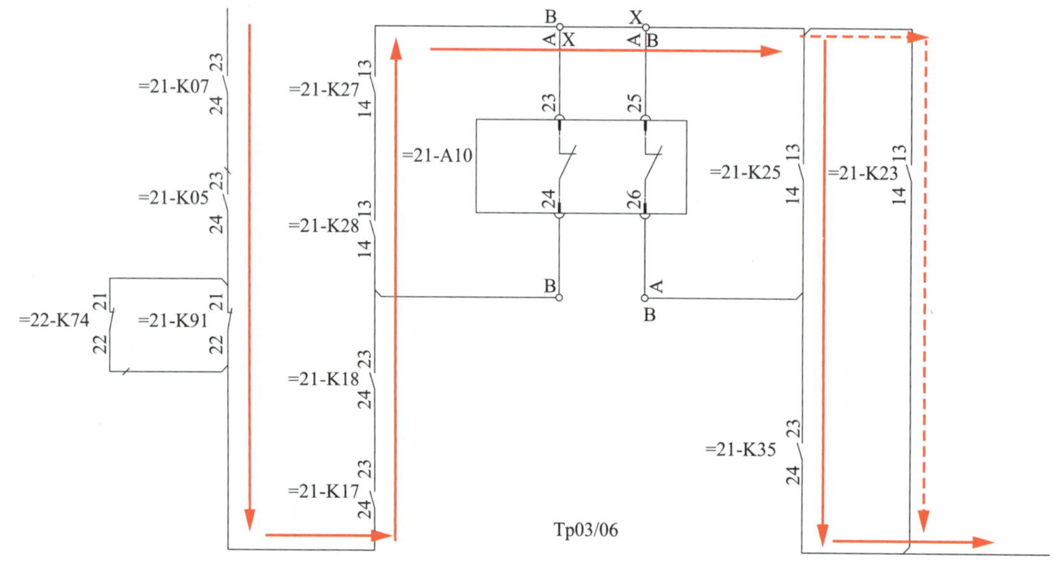

图 2-37 主断路器控制电路 1

(2)=24-AG1、=24-AG1 高压设备单元网络触点闭合条件

高压检测通信正常;网压正常;一次侧网流正常。

(3)=24-T37、=24-T38 网络控制触点闭合条件

=21-S03 为位于司机台上的主断路器开关(图 2-38);=21-K21 为位于 Tc01/08 车主断闭合命令继电器,=21-K22 为主断断开命令继电器。其中=21-S03 为三位自复位扳键开关,向前主断闭合,向后主断断开。控制电源为=21-F03,列车 BN1 供电 DC 110 V。控制电路如图 2-39 所示。

图 2-38 主断路器开关

=21-F03
2A
2(+)
4
13
21
1
3
14
22
/8.4
/8.4
=21-S03
CLOSE
0
OPEN
21
11
22
12
A1
=21-K21
A2
A1
=21-K22
A2

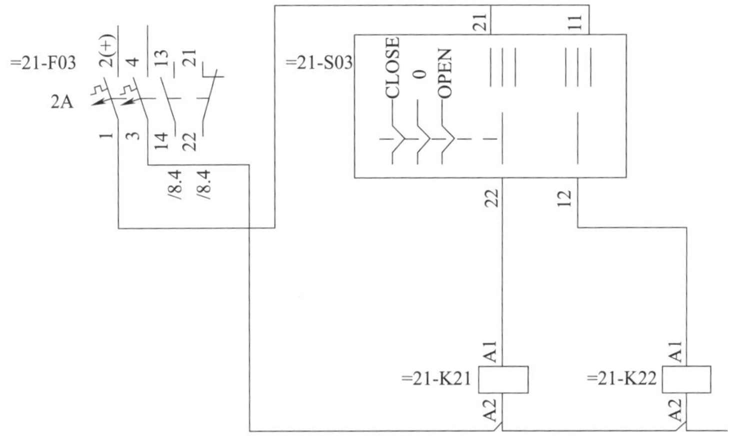

图 2-39　主断闭合/断开命令继电器控制电路

电源通过继电器=21-K21、=21-K22 的常开触点→司机室输入输出单元 IOM，反馈给列车控制系统(TCMS)，如图 2-40 所示。图 2-41 为主断闭合/断开信号采集原理。

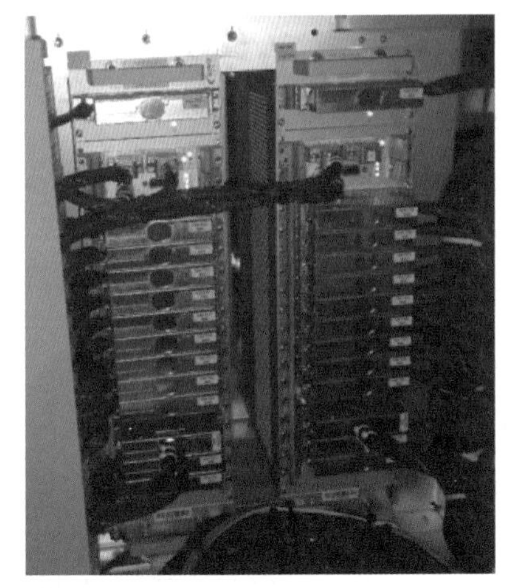

图 2-40　司机室 IOM

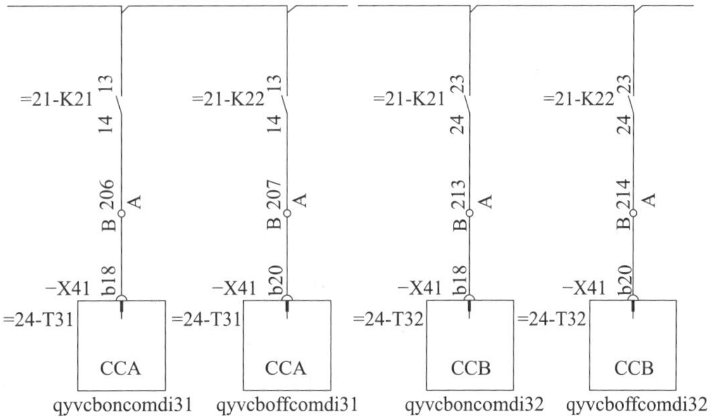

=21-K21
13
14
B 206 A
−X41
b18
=24-T31
CCA
qyvcboncomdi31
=21-K22
13
14
B 207 A
−X41
b20
=24-T31
CCA
qyvcboffcomdi31
=21-K21
23
24
B 213 A
−X41
b18
=24-T32
CCB
qyvcboncomdi32
=21-K22
23
24
B 214 A
−X41
b20
=24-T32
CCB
qyvcboffcomdi32

图 2-41　主断闭合/断开信号采集原理

(4)=24-T37、=24-T38 网络控制触点闭合条件

当在列车中央控制单元(CCU)中逻辑上有司机室占用；网络检测到有主断路器闭合指令；车辆没在分相区内；网压正常；IOM 模块正常，无故障；总风压力正常；车辆没有外接中压；没有 VCB 手动切除指令；车顶隔离开关允许 VCB 闭合；受电弓允许 VCB 闭合；牵引变压器允许 VCB 闭合；没有在 2 min 内闭合 5 次 VCB。当具备上述条件时发出主断闭合命令，=24-T37、=24-T38 网络控制触点闭合。

3. 主断控制电路(图 2-42)

在满足上文中提到的软硬件条件后，司机室会发出合主断命令，=24-T37、=24-T38 网络控制触点闭合，主断控制继电器=21-K23 得电，触点 33-34 闭合。在压缩空气压力在正常范围内，电磁阀得电，主断闭合。当司机室发出断主断命令时，=24-T37、=24-T38 网络控制触点断开，继电器=21-K23 失电，电磁阀失电，主断断开。

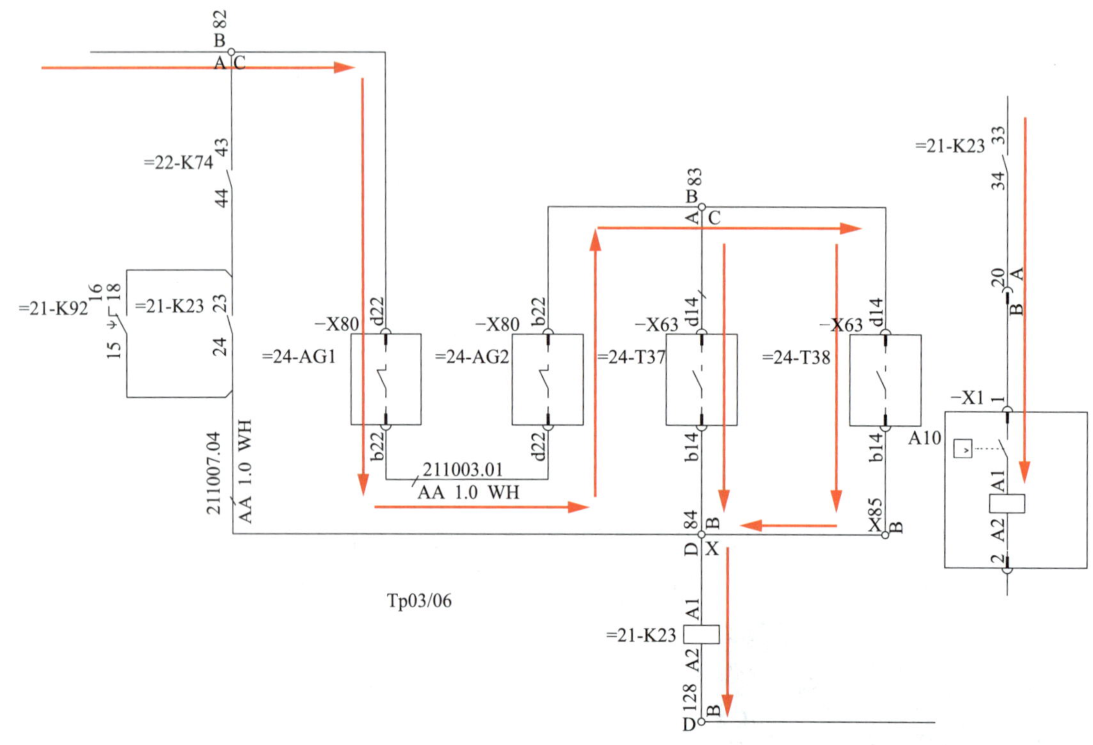

图 2-42 主断路器控制电路 2

三、车顶隔离开关控制

1. 隔离开关的动作流程

合闸：当隔离开关处于分闸状态时，电磁阀得到合闸信号，得电动作，打开气压缩空气经电磁阀进入压力气缸，推动操纵杆，使转轴旋转 60°，隔离开关闭合。转轴转动的同时，固定在主轴上的凸轮驱动低压联锁改变为合闸状态，并将信号传到司机室。

分闸：当隔离开关处于合闸状态时，电磁阀得到分闸信号，得电动作，打开气路压缩空气经电磁阀进入压力气缸，推动操纵杆，使转轴回转 60°，隔离开关回动到位的同时，固定在主轴上的凸轮驱动低压联锁改变为分闸状态，并将信号传到司机室。

2. 隔离开关使能

隔离开关使能电路如图 2-43 所示，从本车＝21-F13 断路器出发检测另一个单元的主断路器＝10-Q01 状态（通过主断路器辅助触点）和本单元主断路器＝10-Q01 状态（通过主断路器辅助触点），当两个单元的主断路器均处于断开状态时，环路建立，使能继电器＝21-K74 得电。＝21-K74 为隔离开关使能环路继电器。

3. 隔离开关闭合断开（图 2-44）

主要继电器：

＝21-K74 隔离开关使能继电器。

＝21-K67 Tp03/06 车 A 钥匙闭锁继电器。

＝22-K73 Tp03/06 车紧急模式继电器。

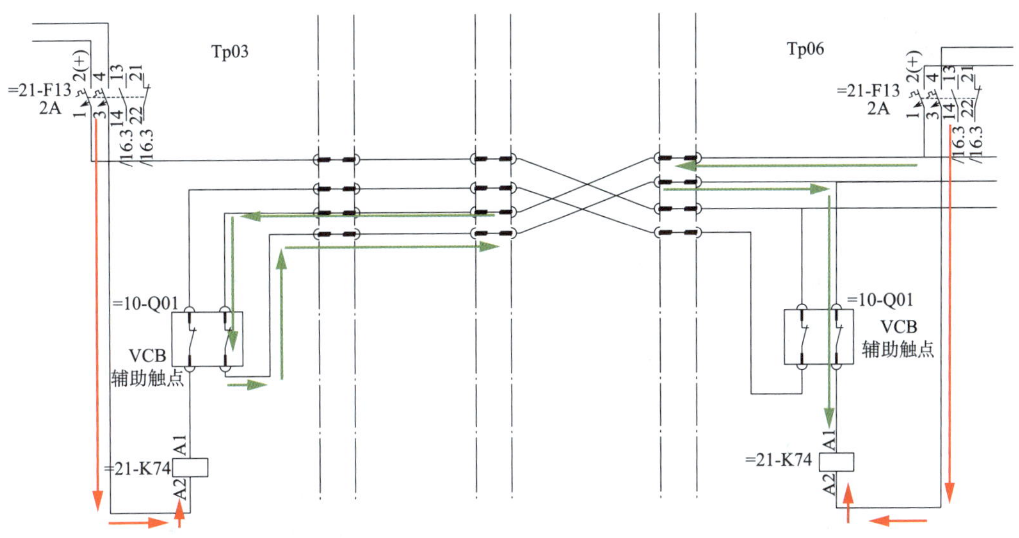

图 2-43　隔离开关使能电路

在 Tp03/06 车同时闭合＝21-F14 隔离开关控制电源断路器。正常状态下隔离开关使能继电器＝22-K74 得电，隔离开关通过列车网络控制，图 2-44 红线为闭合电路，蓝线为断开电路；当处于紧急牵引模式时继电器＝22-K73 得电，隔离开关断开如图 2-44 蓝色虚线所示，同时隔离开关闭合电路断开；当头车 A 钥匙锁闭时，继电器＝21-K67 得电，隔离开关闭合，如图 2-44 红色虚线所示，同时隔离开关断开电路断开。

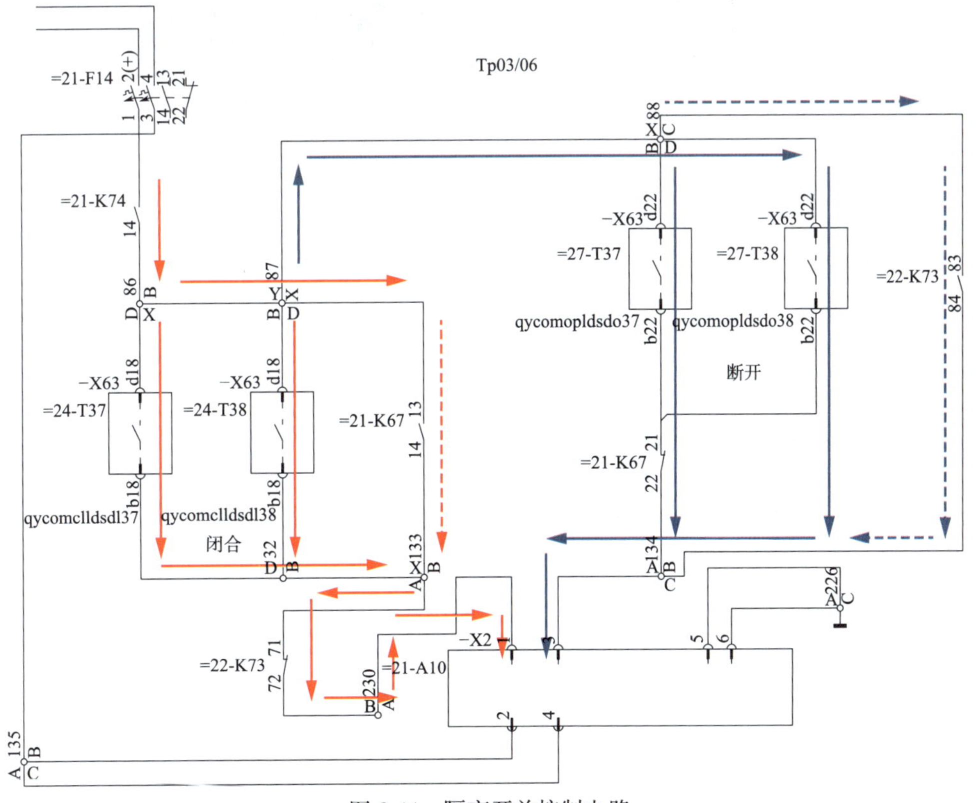

图 2-44　隔离开关控制电路

任务实施

1. 隔离开关激活、反馈

分别占用 Tc01、Tc08 车司机室，在司机室显示屏(HMI)上确认所有隔离开关闭合，在 HMI 上进入“设备控制”分别选择 Tp03、Tp06 车隔离开关，并且切除。在 HMI 上分别确认 Tp03、Tp06 车隔离开关被切除。

将 Tc01 车紧急牵引模式开关=22-S03 至开位，确认全列继电器=22-K73 得电，在 HMI“牵引控制”界面上确认所有隔离开关断开。将=22-S03 至“关”位置后，确认所有隔离开关闭合。紧急牵引模式开关如图 2-45 所示。

将 A 钥匙开关=21-S05 至锁闭位，检查在 HMI 牵引控制界面上隔离开关为闭合状态。A 钥匙开关如图 2-46 所示。

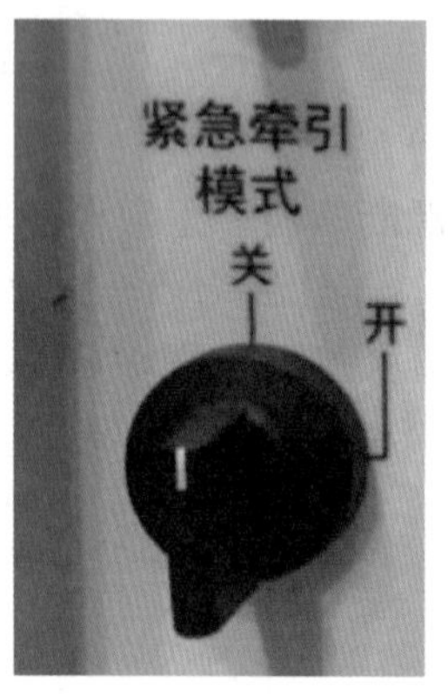

图 2-45　紧急牵引模式

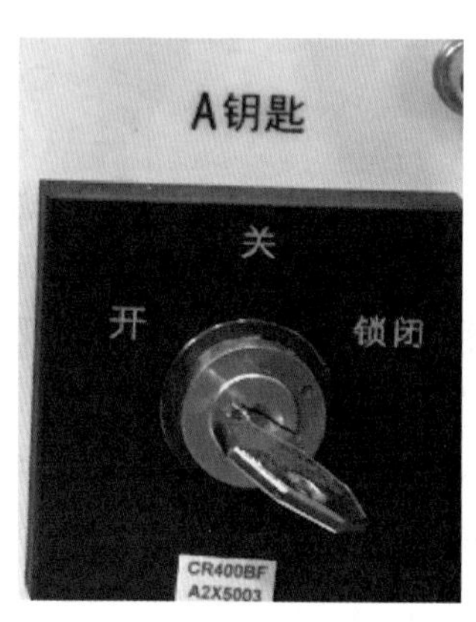

图 2-46　A 钥匙

2. 紧急断电环路

建立紧急断电环路。分别通过以下条件断开紧急断电环路：

(1)按下紧急断电按钮(位于司机台)。

(2)ADD 动作。

(3)A 钥匙非开位。

(4)外接电源钥匙打到外接电源位。

紧急断电环路的故障可以通过“故障开关=21-S01”旁路。

3. 主断路器控制

分别占用 Tc01、Tc08 车司机室，切除后弓和隔离开关，将受电弓扳键开关=21-S02 至升弓位置，在 HMI 上确认前弓升弓。

通过软件模拟半列网压：

(1)CPU/T5→srs_hvs1→HVS1→Sensors_Value_Read1→line_voltage_read1。变量名 qysemlv25，模块 switch_u23 设置模块 switch_u23 的输入 SW=1，在 X2 中输入所设值 25 000。

(2)CPU/T5→srs_hvs1→HVS1→MS_Management1→Open_MS_Management1→aps_safe_protect_open_ms1，模块 switch_b11 的输入 SW=1，X2=0。

(3)CPU/T5→srs_hvs1→HVS1→MS_Management1→Open_MS_Management1→hvs_safe_protect_open_ms1,模块 switch_b11 的输入 SW=1

(4)CPU/T5→srs_hvs1→HVS1→MS_Management1→Open_ MS_Management1→hv_protect_open_ms1 变量名 qyoffloadintms,模块 switch_b12 的输入 SW=1,X2=0

(5)CCU/T5→srs_hvs1→HVS1→MS_Management1→Open_MS_Management1→hv_protect_open_ms1 变量名 qyct2intms,模块 switch_b13 的输入 SW=1,X2=0

将主断扳键开关=21-S03 至合主断位置,确认主断闭合。

4. 受电弓升起,确认接触网电压

将接触网接通高压,占用司机室,移动受电弓开关=21-S02 至“升弓”位置,确认受电弓升起,在司机室显示屏(HMI)主页面上确认网压正常。将主断扳键开关=21-S03 至合主断位置,确认主断闭合,如图 2-47 所示。

图 2-47　司机台主断路器及受电弓操作开关

5. 车辆接地

将 A 钥匙开关=21-S05 至关位。在司机室显示屏(HMI)上查看故障信息“A 钥匙动作导致=21-K53 失电”。显示故障代码:30A2;故障名称:A 钥匙动作导致=21-K53 失电。

将 A 钥匙开关=21-S05 置“锁闭”位置,并拔下 A 钥匙,确认通过软件监控变量 qyldsauxnodi37=1。显示故障代码:30A3;故障名称:A 钥匙锁闭位导致=21-K67 得电;故障代码:3002;故障名称:紧急断电继电器=21-K07 失电。

将 Tc01 车 A 钥匙插入到集成在主断的接地开关=21-A10-Q02 的钥匙交换器“接地”位中,并旋转,将接地开关手柄打到接地位。在 HMI 上查看故障代码:3358;故障名称:高压接地开关接地位。

升弓后,显示故障代码:33A8;故障名称:高压接地开关接地位导致本单元受电弓不可用。

将 Mb05 车外接电源开关=31-S01 的 ZSX-钥匙移至外接供电位置,并且取出钥匙。将 B1、B2、ZSX 钥匙置于接地钥匙排。

经过以上操作完成了整车接地操作,通过以上的逆操作进行恢复。

任务评价

1. 自我评价(40 分)

学生根据学习任务完成情况进行自我评价。

自我评价表

评价模块	配分	评分项点	得分
安全意识	10	1. 不按要求穿着工作服及防滑电工鞋。 2. 不按要求戴绝缘手套。 3. 不按要求进行带电或断电作业。 4. 不按安全要求规范使用工具。 5. 其他违反安全操作规范的行为	
技能操作	10	隔离开关激活、反馈	
	20	建立紧急断电环路	
	15	主断路器控制	
	10	受电弓升起，确认接触网电压	
	25	车辆接地	
职业规范和环境保护	10	1. 在工作过程中工具和器材摆放凌乱。 2. 不爱护设备、工具、不节省材料。 3. 在工作完成后不清理现场，在工作中产生的废弃物不按规定处置	
		自我评分(总分×40%)=	

签名________　　　　________年________月________日

2. 小组评价(30 分)

同一实训小组同学进行互评。

小组评价表

评价项目	配分	得分
实训记录与自我评价情况	30	
相互帮助与协作能力	30	
安全、质量意识与责任心	40	
	小组评分(总分×30%)=	

参评人员签名________　　　　________年________月________日

3. 教师评价(30 分)

指导教师结合自评与互评的结果进行综合评价。

教师总体评价意见：	
教师评分	
总评分=自我评分+小组评分+教师评分	

教师签名________　　　　________年________月________日

高压控制系统常用的方法

1. 动车组主断路器反馈故障快速查找法

(1)主断路器处于断开状态下,分别在M02,Mh04,Mb05,M07车牵引变流器(TCU)处测量本单元主断路器插头与牵引控制单元(TCU)线缆之间导通,没有对地导通现象,以及连接器插头上的针没有缩针情况,进入下一步检测。主断路器状态反馈如图2-48所示。

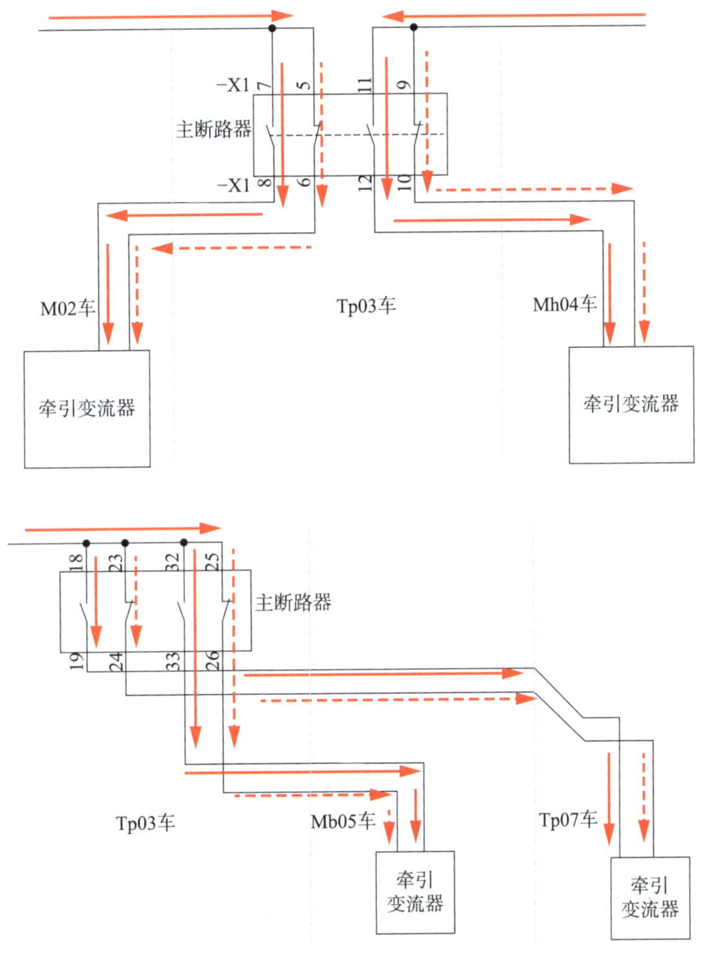

图2-48　主断路器状态反馈

(2)主断路器处于断开状态下,通过牵引变流器监控软件连接牵引控制单元(TCU),检测主断路器反馈状态。主断路器断开变量A=0,B=1。主断路器闭合时A=1,B=0。如果不是则更换牵引控制单元(TCU)模拟输入/输出板卡(C079)。如果更换后故障还发生,进入下一步。主断路器状态监控变量类型见表2-7,其中TRUE表示1,FALSE表示0。

表2-7　主断路器状态监控变量类型

变量名	数据类型	存储属性	在线值
变量A	BOOL	Normal	FALSE
变量B	BOOL	Normal	TURE

(3)故障未消失需更换牵引控制单元(TCU)数字量(二进制)输入板卡ICBP1(C071),此板卡功能主要将本单元主断路器VCB、预充电开关K4、线路隔离开关Q1、无动力回送A80开

关的状态反馈给 CPU 板卡。C071 板卡接线如图 2-49 所示。如果更换后故障还发生，进入下一步检测。

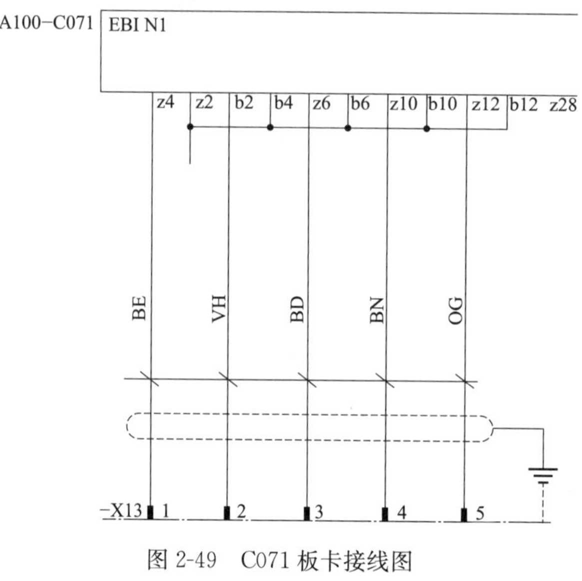

图 2-49　C071 板卡接线图

(4)故障未消失需更换牵引控制单元(TCU)牵引输入输出管理板卡(C035)。此板卡作为更换牵引控制单元(TCU)系统中 CPU 和其他输入/输出模块的接口，通过数据总线和地址总线与列车中央控制单元(CCU)通信。此板卡提供 23 路外部模拟信号的模拟/数字转换和 64 路数字量二进制输入信号、46 路数字量二进制输出信号。如果更换后故障还发生，进入下一步。

(5)故障未消失需更换主断路器，更换后故障消失。由于消除了信号反馈等问题，故障点集中至主断路器，结论为主断路器内部反馈出现错误，更换故障主断路器故障消除，保障列车安全可靠运行。

2. 动车组牵引变压器故障快速判断法

(1)通过监控软件“Monitor”可以监控到牵引变压器电流互感器故障保护、电流互感器过流保护、空载保护、差流保护的故障信息。可以快速判断出报出故障的原因，对故障的线路进行正确性测试，可判断出是牵引变压器电流传感器的问题或者是牵引变压器连接线路问题。

(2)通过检查牵引变压器车电气柜内=10-K01、=10-K02、=10-K03、=10-K04、=10-K05 继电器实际状态，判断牵引变压器的故障原因。

其中，=10-K01 继电器激活代表牵引变压器油流正常；=10-K02 激活代表牵引变压器油压力故障；=10-K03 激活代表牵引变压器油压力正常；=10-K04 断电代表牵引变压器油位低；=10-K05 断电代表牵引变压器油位很低。列车正常送高压后变压器保护中=10-K01、=10-K03、=10-K04、=10-K05 继电器都得电吸合，=10-K02 继电器是断电状态。监控软件示波器显示如图 2-50 所示。

(3)通过监控软件“Monitor”监控变量，监控电流值变量变压器入口电流 qyct 2rm 和变压器回流电流 qyct 3rm 的值判断是否是电流互感器故障；监控牵引变压器温度变量 qytranstemp 判断是否是牵引变压器的温度保护。牵引变压器温度值见表 2-8。

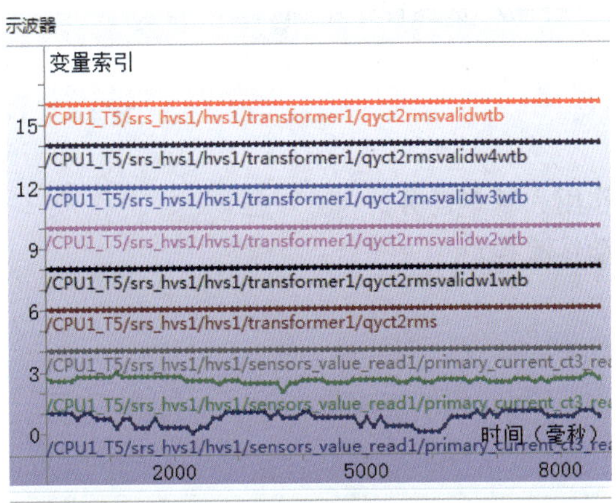

图 2-50 监控软件示波器方式集中监控变量

表 2-8 牵引变压器温度值

变量	类型	输入	值
qytranstemp	input	IN7	39

巩固与练习

一、填空题

1. 确保重联运行时至少有一个受电弓正常工作，受电弓配置距离应不小于________。

2. 主断路器(MS)是一种________保护电器。

3. 动车组受电弓升降弓开关的类型为三位自复位扳键开关，向前为________，向后________。

4. 升降弓时间检测时，升弓时间应满足________，降弓时间应满足________。

5. 接地开关检测时，插上 A 钥匙，不转动接地开关，即接地开关在“不接地”位置上，此时 B 钥匙________；插上 A 钥匙并将接地开关手动置于“接地”位置上，此时 B 钥匙能够________。

二、选择题

1. 受电弓的升弓动作信号由驾驶室通过激活(　　)来实现。

A. 气囊　　B. 主供风阀　　C. 压缩空气　　D. 弓角

2. (　　)是操作系统中促使断路器自动分闸并获得速动性能的重要组成部分。

A. 脱扣机构　　B. 主断路器　　C. 电磁阀　　D. 电磁线圈

3. 以下属于隔离开关的动作流程的是(　　)。

A. 升弓和降弓　　B. 释放和锁闭　　C. 运行和停止　　D. 合闸和分闸

三、判断题

1. 受电弓配备了 2 个压缩空气驱动的自动升降装置。　　(　　)

2. 主断路器(MS)是一种高压快速保护电器。 ( )
3. 用秒表检测升弓时间大于等于 2 s 且小于等于 10 s,降弓时间小于 8 s。 ( )

四、简答题

1. 简述主断路器的作用和基本任务。
2. 简述隔离开关的动作流程。

项目三　动车组牵引控制系统的原理及调试

学习目标

1. 知识目标

(1)熟悉牵引控制系统部件分布。

(2)熟悉牵引变压器结构、原理。

(3)熟悉牵引变流器结构、原理。

(4)熟悉动车组牵引变流器实验内容、实验步骤。

2. 能力目标

(1)能复述牵引控制系统在各机车上的分布。

(2)能复述牵引变压器工作过程。

(3)能复述牵引变流器工作过程。

(4)会正确进行动车组牵引变流器各个实验。

3. 素质目标

(1)具有独立自主的动手能力以及独立思考的能力。

(2)具有精益求精，刻苦钻研的工匠精神。

任务一　动车组牵引变压器和牵引变流器的认识

任务描述

掌握动车组牵引变压器和牵引变流器的结构及组成单元。

知识链接

牵引系统采用对称式设计。一列动车组牵引系统由 2 个对称布置的牵引单元(01～04 车和 05～08 车)组成“四动四拖”(4M4T)的结构。每个牵引单元包含 2 个动车、1 个头车(拖车)和 1 个变压器车(拖车)，如图 3-1 所示。

动车组的牵引系统部件对称分布在两个牵引单元的各节车上，其中，牵引变压器及其冷却系统设置在 03、06 车，牵引变流器、牵引电机设置在 02、04、05、07 车，具体布置及数量见表 3-1。因此，组成动车组的各单车也按照其所配置的设备进行命名，如：Tc01-M02-Tp03-Mh04-Mb05-Tp06-M07-Tc08。

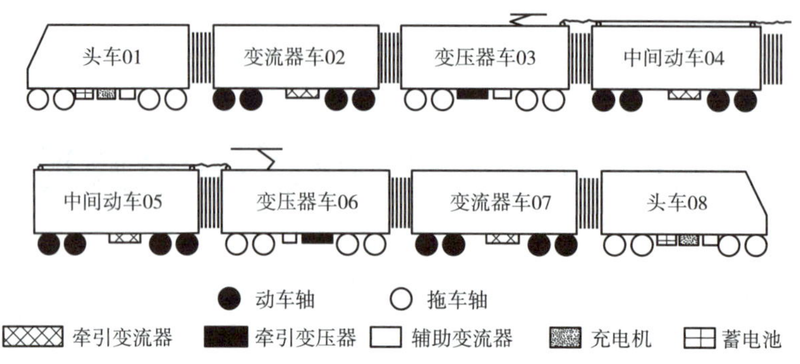

图 3-1　动车组主要牵引系统设备分布

表 3-1　牵引设备布置及数量

车号	牵引部件的布置	数　量
Tc01	—	—
M02	牵引变流器及冷却系统 牵引电机及齿轮箱	1 台牵引变流器及 1 套冷却系统 4 台牵引电机及 4 个齿轮箱
Tp03	牵引变压器及冷却系统	1 台牵引变压器及 1 套冷却系统
Mh04	牵引变流器及冷却系统 牵引电机及齿轮箱	1 台牵引变流器及 1 套冷却系统 4 台牵引电机及 4 个齿轮箱
Mb05	牵引变流器及冷却系统 牵引电机及齿轮箱	1 台牵引变流器及 1 套冷却系统 4 台牵引电机及 4 个齿轮箱
Tp06	牵引变压器及冷却系统	1 台牵引变压器及 1 套冷却系统
M07	牵引变流器及冷却系统 牵引电机及齿轮箱	1 台牵引变流器及 1 套冷却系统 4 台牵引电机及 4 个齿轮箱
Tc08	—	—

上述牵引部件布置在每节车的车下，具体安装如图 3-2～图 3-5 所示。

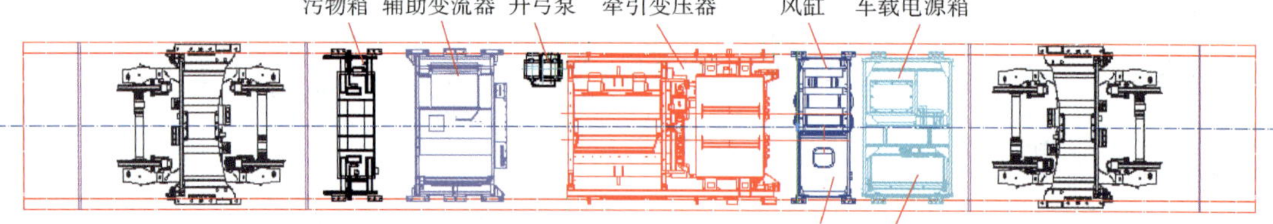

图 3-2　Tp03/06 车车下设备布置

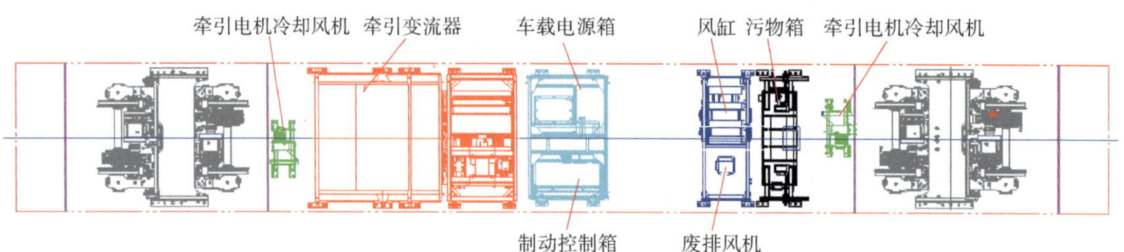

图 3-3　Mh04 车车下设备布置

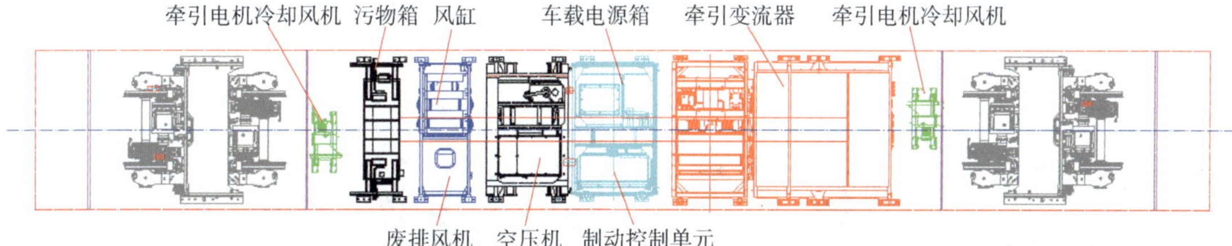

图 3-4　M02/07 车车下设备布置

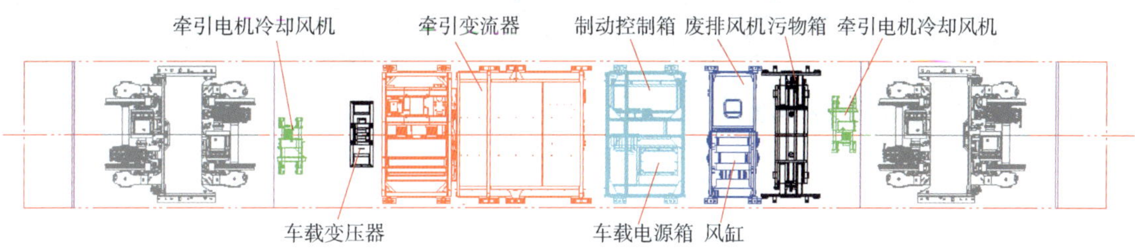

图 3-5　Mb05 车车下设备布置

一、牵引变压器

牵引变压器又叫主变压器，它是动车组的重要组成部分，是一种固定电压比的单相变压器，位于 Tc03/06 车车下，如图 3-6 所示。受电弓采集接触网的 25 kV 交流电，通过主断路器供给牵引变压器。牵引变压器将电压降为 AC 1 850 V，供给牵引变流器。

牵引变压器设置一次绕组过流保护和二次绕组接地保护，同时安装有检测冷却液流动的油流继电器以及检测冷却液温度的温度传感器。

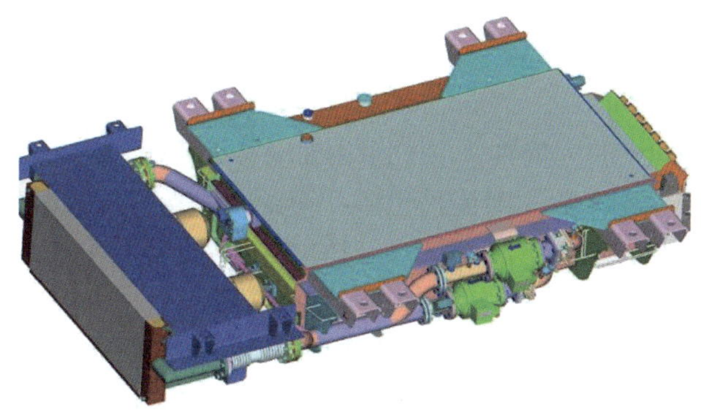

图 3-6　牵引变压器及冷却单元

1. 一次绕组

接触网电流在通过主断后，沿高压电缆从车顶流向车下牵引变压器，经“T 字头”流入牵引变压器一次绕组，再从牵引变压器回流端流出，经车轮导向铁轨，构成回路。

牵引变压器的“T 字头”端设置变压器电流互感器，回流端设置回流电流互感器，用于动车组过流和差流检测，如图 3-7 所示。

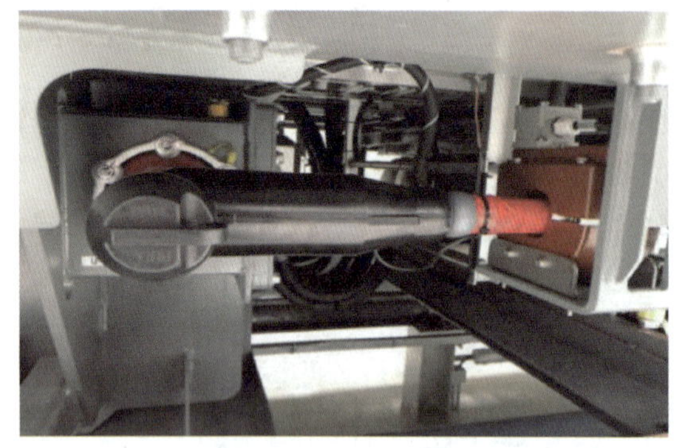

图 3-7 牵引变压器输入端“T 字头”变压器电流互感器和回流端回流电流互感器

2. 二次绕组

牵引变压器设置 4 组二次绕组，如图 3-8 所示，分别输出给相邻的两台动车牵引变流器（四象限斩波器输入），每个牵引变流器有 2 组输入。

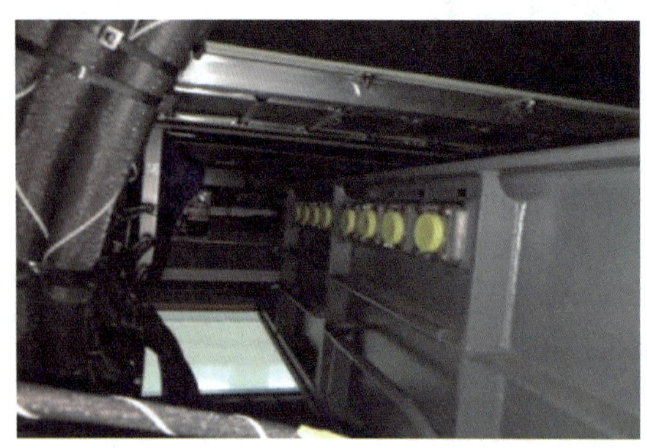

图 3-8 牵引变压器输出端到牵引变流器的连接器

3. 牵引变压器冷却单元

牵引变压器工作时会产生大量热量，因此采用油浸式变压器，通过油泵和风扇进行冷却。变压器的冷却单元与牵引变压器相邻，其附件包括：1 个油泵、2 个冷却风机，1 个冷却器、1 个可目测油位的透明玻璃油位计、2 个温度传感器（2×Pt100）用于温度检测、1 个出油/进油阀用来取油样、2 个波纹管用于确保变压器和冷却器相连、3 个蝶阀、1 个油流继电器、1 个有电气接头的压力释放阀、1 个空气干燥器、2 个油位传感器（用于低油位和更低油位的检测），如图 3-9 所示。

二、牵引变流器

牵引变流器安装在动车组动力车车下的牵引设备箱中。牵引变压器的两组二次绕组通过预充电单元（启动阶段）和两个并联四象限斩波器（4QC）模块，每个模块为一个半桥，给中间直流电路供电。中间直流电路经过脉冲宽度调制逆变器（PWMI）输出三相变频变压电压的交流电，给 4 个牵引电机供电。

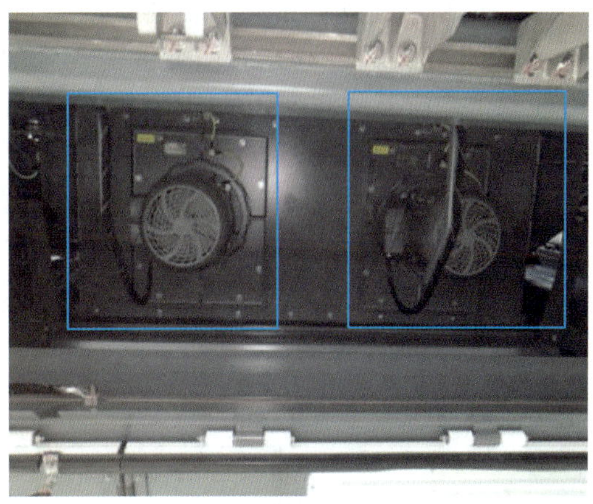

图 3-9　油泵和冷却风扇

每个动车有 1 个牵引变流器和 1 个牵引控制单元(TCU),4 个牵引电机并联提供牵引。每个牵引变流器主要由 2 个四象限斩波器,1 个带有串联谐振电路的中间直流电路,1 个制动斩波器和 1 个脉宽调制逆变器(PWMI)构成,如图 3-10 所示。

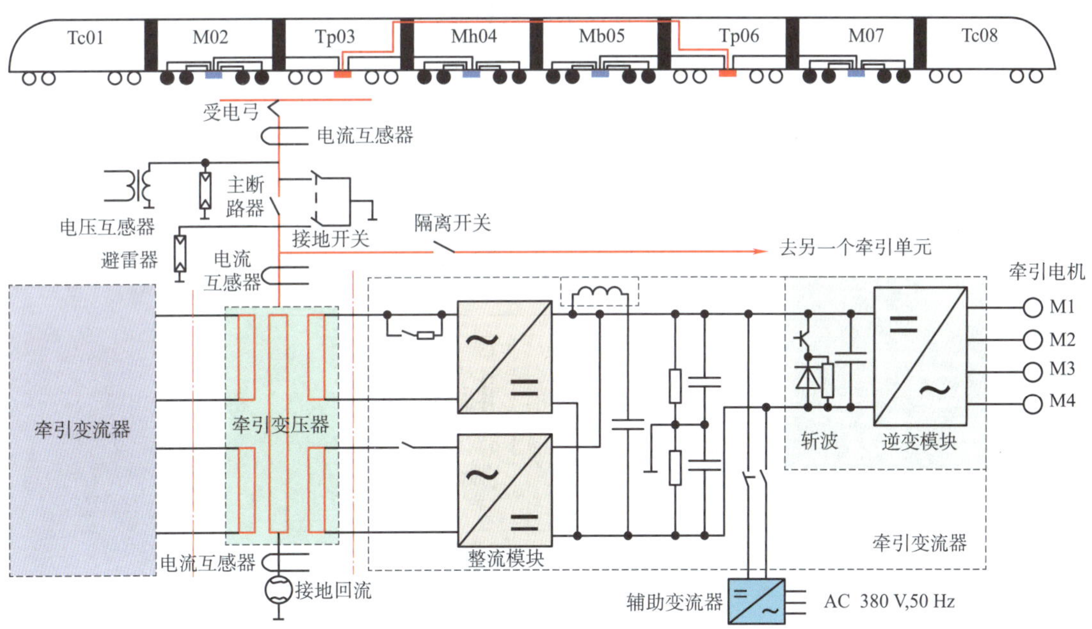

图 3-10　牵引控制单元

1. 牵引控制单元(TCU)

牵引控制单元是牵引系统核心控制部分,由外部 DC 110 V 供电,通过检测电压、电流、速度、温度、压力等状态,完成对牵引变流器的实时闭环控制,实现列车所需要的牵引功能。TCU 具备完整的牵引系统故障保护功能;具有符合列车通信网络(TCN)IEC 61375 标准的 MVB 通信接口,与中央控制单元等形成控制与通信系统。同时,具备当列车控制与诊断系统出现故障时,可用电路实现紧急牵引功能。

2. 线路断路器和预充电装置

线路断路器 Q1 位于牵引变流器和牵引变压器每个牵引绕组之间。此断路器有两个极，以便每个变流器的两个四象限斩波器可以一起开关。

预充电单元由预充电接触器 K4 和电阻器构成，以并联的形式连接到线路断路器上。在变流器投入运行时，变流器的直流母线电容器（支撑电容）通过预充电单元充电，这样可避免输入电压突然接到空的电容器上导致的较大瞬间峰值电流。在直流母线电压达到变压器二次电压的 95%以上后，Q1 闭合，K4 断开，如图 3-11 所示。

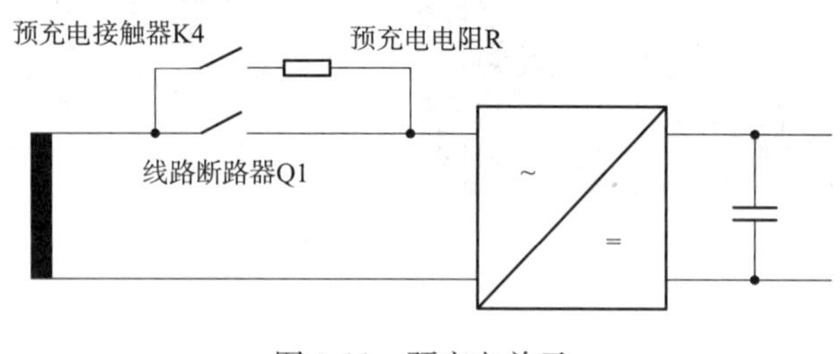

图 3-11　预充电单元

3. 四象限斩波器

四象限斩波器如图 3-12 所示，可执行以下双重功能：

（1）在牵引阶段，它可通过高压线路获取能量（通过牵引变压器），并以恒定电压供电。四象限斩波器将暂时执行整流器功能，然而却存在两个问题，即提高功率因数和降低谐波含量。这两个问题可通过在线电压和起动电流（无功功率实际为零）之间施加一个移相（几乎为零）来解决。高换向频率将减小返回至高压线路的谐波振幅。

（2）在电制动阶段，四象限斩波器暂时执行逆变器功能。它可收集由牵引电机（作为发电机运行）产生的能量，并通过牵引变压器反馈至高压线路。

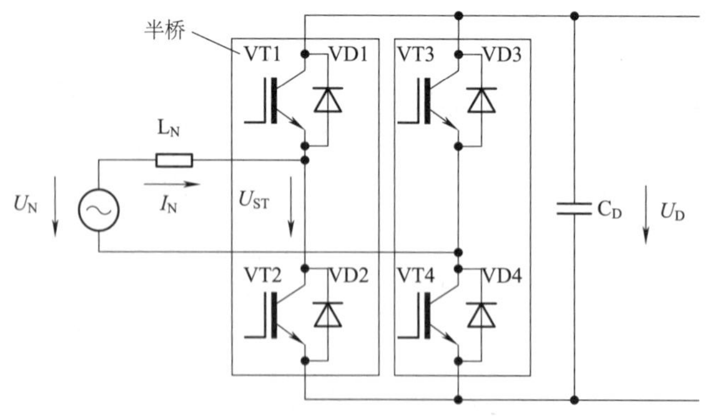

图 3-12　四象限斩波器

4. 中间直流环节支撑电容

电容器 C_1～C_4 作为中间环节支撑电容形成一个平滑并缓冲中间直流环节电压的储能电路。由于在短时间内能量的输入和输出是不相等的，因此这是必需的。也可理解为电容器可以满足驱动电路的电流变化，减小来自负载的耦合干扰。支撑电容由 4×0.75 mF 电容器构成，总共 3 mF，如图 3-13 所示。

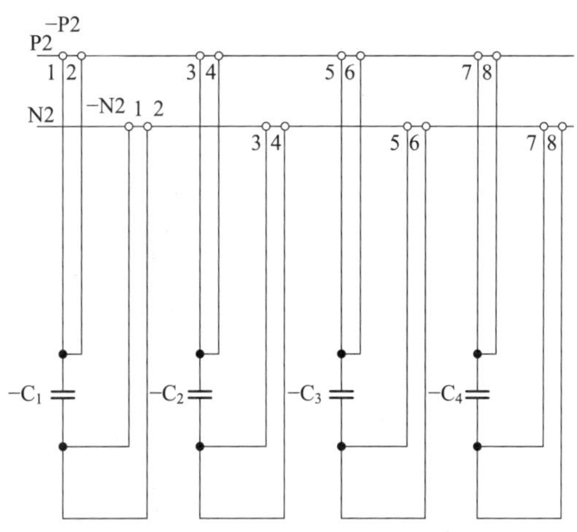

图 3-13　中间直流环节支撑电容

5. 谐振电路

谐振电路又称谐波吸收器，由电容器和一个外部扼流圈构成(不在牵引变流器的内部)。其分两次过滤掉由输入电压能流波动导致的直流母线中的波动。电路结构为串联谐波电路，谐振电路的电容值共有 $C_n=4.5$ mF。

谐振电路扼流圈的电感值和电容器的电容的制造必须带有限定的精度。配备固定值电容(C_{fix})和一个调谐电容器(C_{var1}，C_{var2}，C_{var3})，如图 3-14 所示。

6. 限压斩波器和限压电阻

限压斩波器和限压电阻构成过电压限制回路(图 3-15)，限压电阻放置在牵引变流器外部，因此，在牵引变流器中仅安装 IGBT 模块。在再生制动时，来自电机的能量提供给中间直流环节。当电制动所产生的能量不能被接触网吸收时，限压电阻器会及时将这些能量转换成热能。

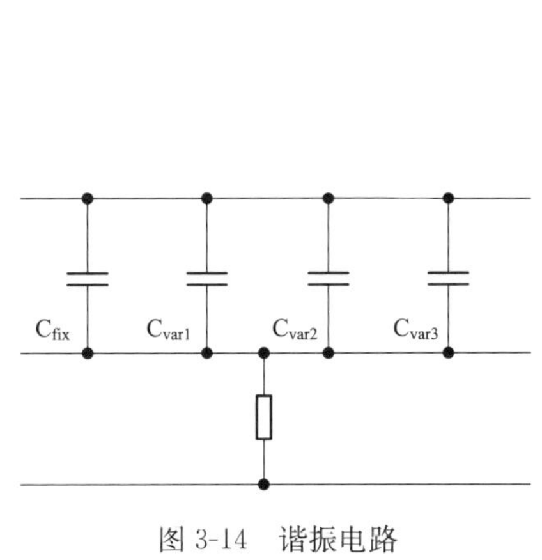

图 3-14　谐振电路

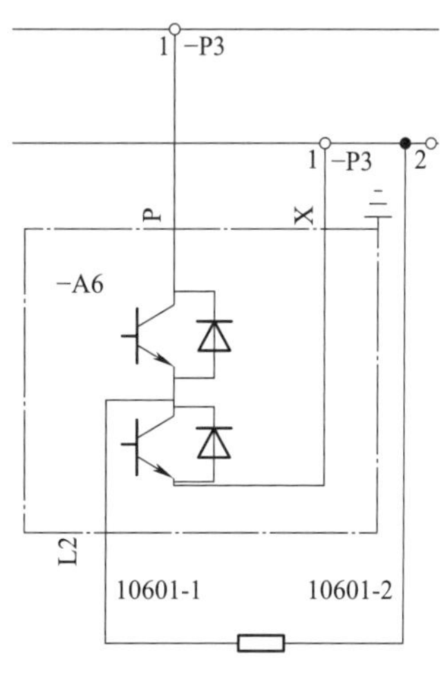

图 3-15　限压斩波器和限压电阻

7. 脉冲宽度调制逆变器

脉冲宽度调制逆变器包括一个全控桥，在每个模块上都带有一个续流二极管。逆变器提供给四个牵引电机供电的三相电压系统，如图 3-16 所示。

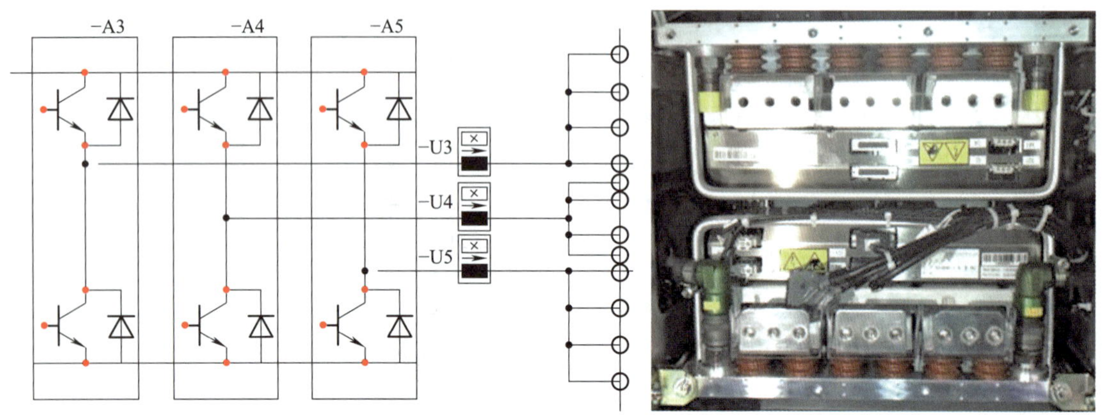

图 3-16　脉冲宽度调制逆变器

脉冲宽度调制逆变器可以设定电压振幅和频率。IGBT 可以描述为频率非常高的电子开关，按要求与中间直流环节电压的正极或负极相连接，选择开关状态以便在电机绕组中获得正弦电流，可以通过时钟脉冲运行 IGBT，降低输出电压的有效值。

在电制动期间，电机轴上的扭矩方向与旋转方向相反，电压和电流有较大的相偏移。通过提供基本电压，脉冲逆变能加强电压和电流之间的相偏移。

输出电压范围为 0～2 800 V；基波输出频率（驱动/制动）为 0～200 Hz；IGBT 最大开关频率为 460 Hz；牵引运行时的最大输出电流为 1×1 000 A（三相有效值）。

8. 电压和电流传感器（图 3-17）

牵引控制器通过电压、电流传感器监测牵引变流器的运行状态，并在牵引和电制动阶段调节牵引电机的输出转矩，对检测到的异常实施保护。

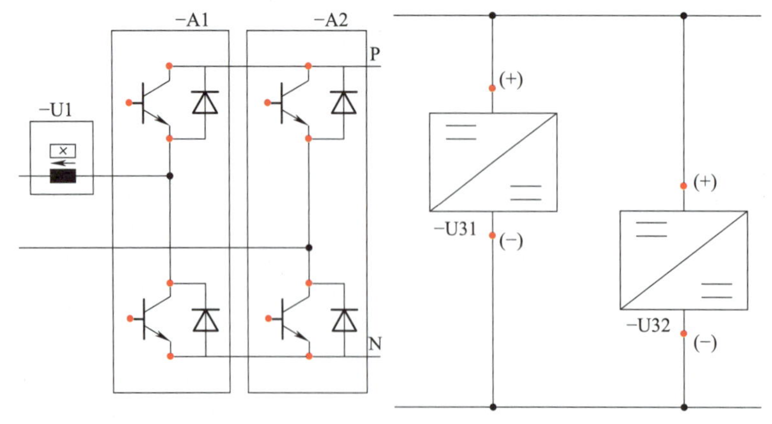

图 3-17　电压和电流传感器

9. 救援回送装置

当动车组救援回送时，救援行驶速度大于55 km/h，救援回送装置被激活，D80电源模块将DC 110 V升高到DC 600 V，供给牵引电机励磁。同时，逆变器和牵引电机进入再生发电工况，使中间直流环节电压升高，输出给辅助变流器，使其启动工作，从而实现给列车辅助系统供电，如图3-18所示。

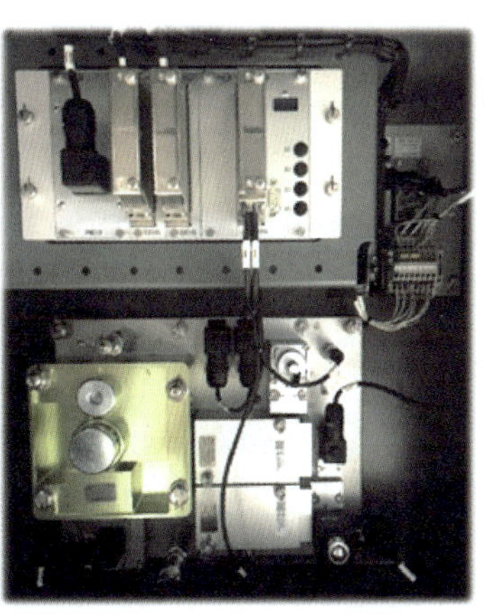

图3-18　救援回送装置

10. 牵引变流器冷却单元

牵引变流器冷却单元包括空气过滤器、散热器、风机组、膨胀水箱、电感、水泵、进水管、中间管和出水管等几个大部件。工作时，在风机的作用下，冷却空气从列车侧面被吸入，经过过滤器、散热器与散热器内腔中的冷却液进行热交换，一部分高温空气垂直排向车下，另外一部分空气经过中间风道后与电感进行热交换后排向车下。

冷却单元框架与动车车架通过弹性固定器连接到车辆底梁上，风机箱体、水泵和电感分别通过4个橡胶减振器连接在框架上。冷却单元进水管通过螺栓与变流器出水管相连，冷却单元出水管与变流器进水管相连。

冷却单元有2台风机(双速)、1台水泵通过X20接线盒由整车供电；冷却单元温度、电抗器内部温度、冷却液压力信号通过X16连接器输出信号；电抗器接口L01/1、L02/1、L01/2、L02/2。

牵引变流器冷却单元结构如图3-19所示。

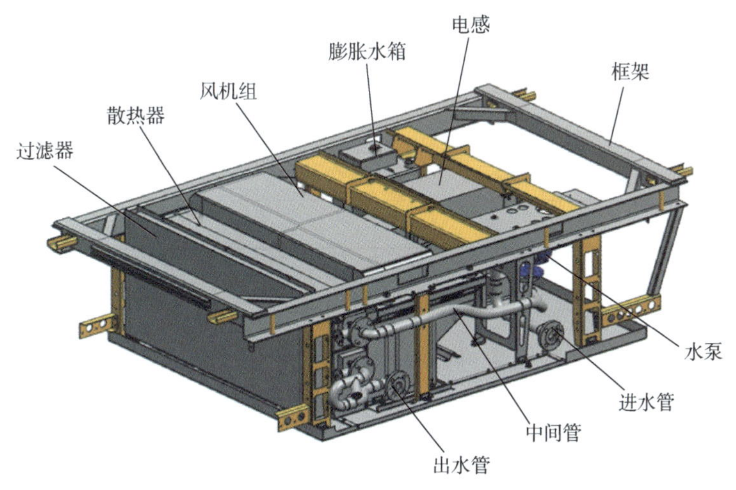

图3-19　牵引变流器冷却单元

任务评价

1. 自我评价(40分)

学生根据学习任务完成情况进行自我评价。

自我评价表

评价模块	配分	评分项点	得分
安全意识	10	1. 不按要求穿着工作服及防滑电工鞋。 2. 不按要求戴绝缘手套。 3. 不按要求进行带电或断电作业。 4. 不按安全要求规范使用工具。 5. 其他违反安全操作规范的行为	
技能操作	10	识别牵引变压器的一次绕组和二次绕组	
	10	识别牵引变压器的牵引变压器冷却单元和牵引控制单元	
	20	识别牵引变流器的线路断路器、预充电装置和四象限斩波器	
	10	识别牵引变流器的中间直流环节支撑电容和谐振电路	
	10	识别牵引变流器的限压斩波器、限压电阻和脉冲宽度调制逆变器	
	10	识别牵引变流器的电压和电流传感器	
	10	识别牵引变流器的救援回送装置和牵引变流器冷却单元	
职业规范和环境保护	10	1. 在工作过程中工具和器材摆放凌乱。 2. 不爱护设备、工具、不节省材料。 3. 在工作完成后不清理现场，在工作中产生的废弃物不按规定处置	
自我评分(总分×40%)=			

签名________　　　　________年________月________日

2. 小组评价(30 分)

同一实训小组同学进行互评。

小组评价表

评价项目	配分	得分
实训记录与自我评价情况	30	
相互帮助与协作能力	30	
安全、质量意识与责任心	40	
小组评分(总分×30%)=		

参评人员签名________　　　　________年________月________日

3. 教师评价(30 分)

指导教师结合自评与互评的结果进行综合评价。

教师总体评价意见：	
教师评分	
总评分=自我评分+小组评分+教师评分	

教师签名________　　　　________年________月________日

任务二　动车组牵引变压器和牵引变流器试验

任务描述

对牵引变压器和牵引变流器进行调试，按照试验前状态检查、输入参考车辆轴的直径、牵引手柄通道测试、紧急制动测试、牵引力测试、逆变器信号测试、设备切除及投入测试、风扇测试、牵引电机的旋转方向检验、故障清除这10个步骤进行。

知识链接

一、牵引变压器原理

1. 牵引变压器的工作过程

受电弓采集接触网的25 kV交流电，通过主断路器接入牵引变压器降压。牵引变压器二次绕组输出4组1 850 V交流电，供给相邻的两个动车的牵引变流器的四象限斩波器，如图3-20所示。

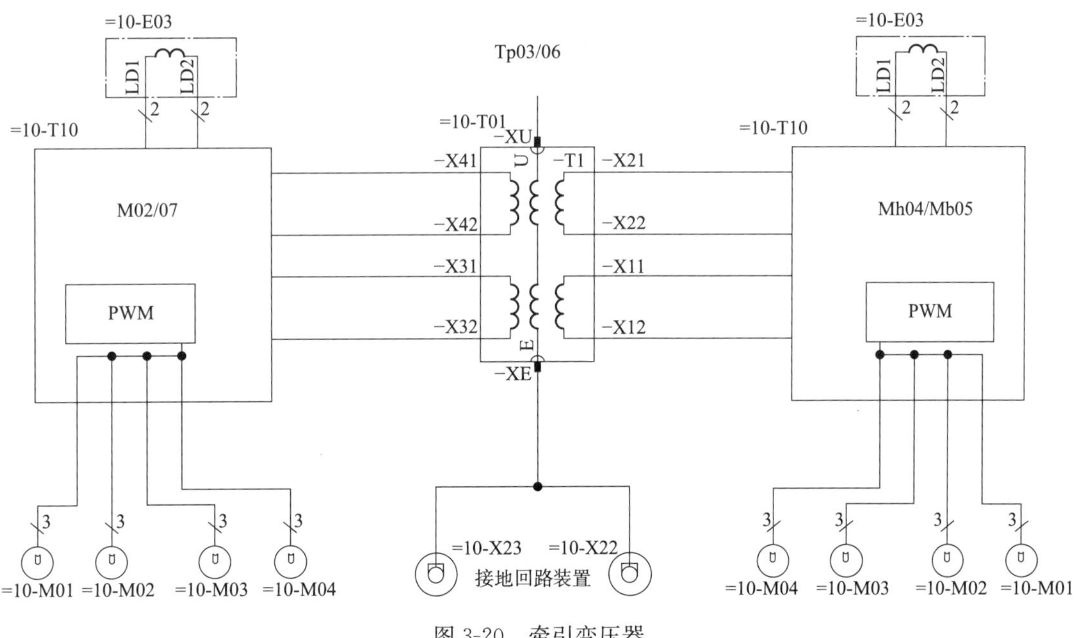

图3-20　牵引变压器

2. 牵引变压器冷却系统

由于大功率变压器工作时会产生大量热量，牵引变压器设计为油浸式，冷却油通过油泵进行循环，并通过冷却风机散热。

(1)油泵启动

当牵引变压器启动后，列车控制系统(TCMS)依照检测的冷却油温度，控制油泵启动，如图3-21所示。

①油泵的主电路：动车组中压母线的3AC 380 V通过三相断路器＝34-F10供电→经过接

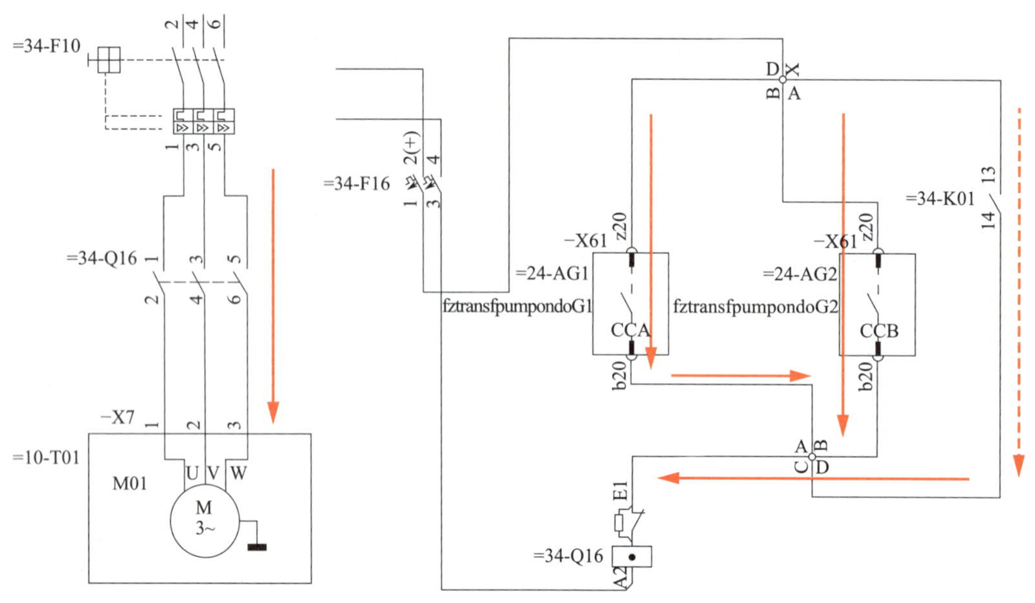

图 3-21 牵引变压器油泵控制

触器＝34-Q16 的主触点→变压器油泵电机＝10-T10-M01 得电启动。

②油泵控制电路：DC 110 V 通过 Tc03 车断路器＝34-F16 供电→经过高压控制单元＝24-AG1或＝24-AG2 的网络触点→接触器＝34-Q16 得电。

在紧急牵引模式时，DC 110 V 通过 Tc03 车断路器＝34-F16 供电→经过紧急牵引模式继电器＝34-K01 的 13-14 触点→接触器＝34-Q16 得电。

(2)冷却风机启动

列车控制系统(TCMS)依照检测的冷却油温度和动车组当前速度值，控制冷却风机启动。根据温度和速度值的变化，冷却风机可以运行在高速和低速两种模式。因此，冷却风机采用三相交流双速电机。双速电机的三个绕组有6 个接线抽头，如图 3-22 所示。电机低速运行时三相电源接入 U1-V1-W1，并且 U2-V2-W2开路，绕组角形连接；电机高速运行时三相电源接入 U2-V2-W2，并且 U1-V1-W1 互相短接，绕组双星形连接。

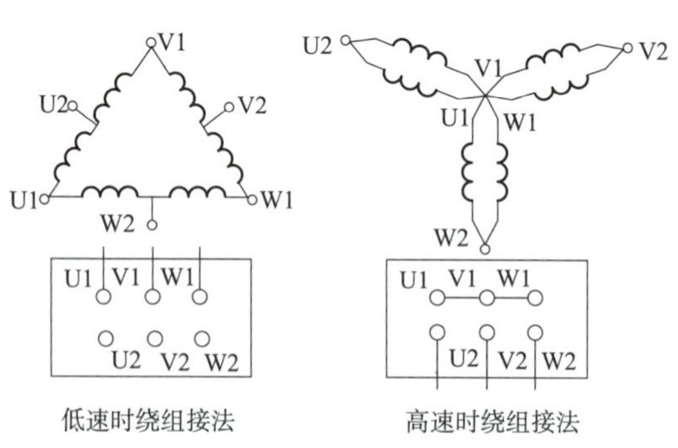

图 3-22 双速电机绕组

①冷却风机主电路

当选择冷却风机低速时，动车组中压母线的 3AC 380 V 通过三相断路器＝34-F07 供电→经过接触器＝34-Q12 的主触点闭合→变压器冷却风机＝10-T01-X20 的 1、2、3 针得电，冷却风机低速运行，如图 3-23 所示。

当选择冷却风机高速时，接触器＝34-Q11 闭合，使冷却风机通过＝10-T01-X20 的 1、2、3 针将 U1-V1-W1 短接；动车组中压母线的 3AC 380 V 通过三相断路器＝34-F06 供电→经过接触器＝34-Q10(得电)，主触点闭合→变压器油泵电机＝10-T01-X20 的 4、5、6 针得电，冷却风机高速运行。

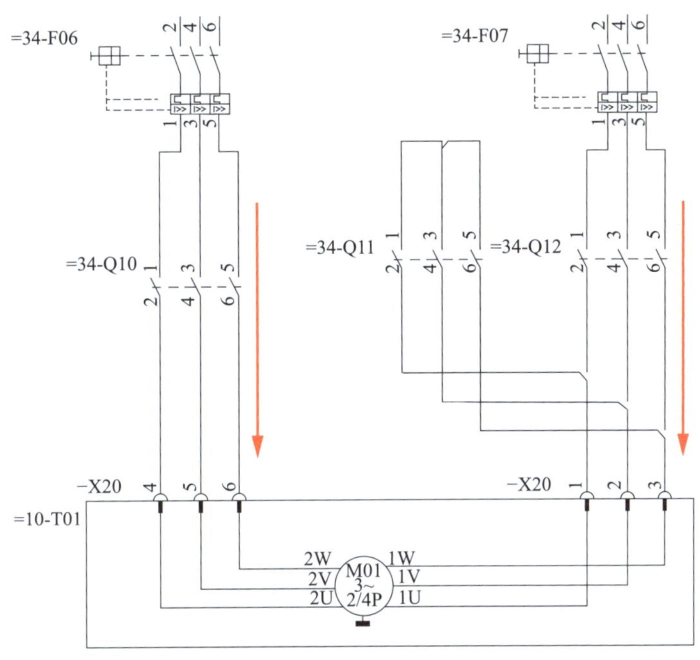

图 3-23　冷却风机主电路

②冷却风机控制电路

风机高速接触器＝34-Q10、＝34-Q11 和低速接触器＝34-Q12 组成互锁电路，避免同时得电造成主电路短路。

当选择冷却风机低速时，DC 110 V 通过高压控制单元＝24-AG1 或＝24-AG2 的网络触点→接触器＝34-Q11 的常闭触点 31-32→接触器＝34-Q10 的常闭触点 31-32→接触器＝34-Q12 得电，如图 3-24 蓝线所示。

当选择冷却风机高速时，DC 110 V 通过高压控制单元＝24-AG1 或＝24-AG2 的网络触点，或者在紧急牵引模式时通过时间继电器＝34-K02 的常开触点 18-15 触点→接触器＝34-Q12 的常闭触点→接触器＝34-Q11 得电→接触器＝34-Q11 的常开触点 43-44→接触器＝34-Q10 得电，如图 3-24 蓝线所示。

3. 牵引变压器保护

(1)牵引变压器的差流保护

牵引变压器一次绕组的输入端和输出端分别设置了电流互感器：即变压器电流互感器＝10-T04 以及回流互感器＝10-T05(图 3-25)，中央控制单元(CCU)通过检测两电流互感器检测值的差值，来判断牵引变压器是否发生过流或差流故障。当发生变压器过流或差流故障时，通过断开主断路器对牵引变压器进行保护。

(2)油流、油压保护

动车组控制监控系统通过检测变压器冷却油的压力和油流情况，来判断是否在高压接通情况下进行断主断和切除保护。变压器冷却油状态电路如图 3-26 所示。

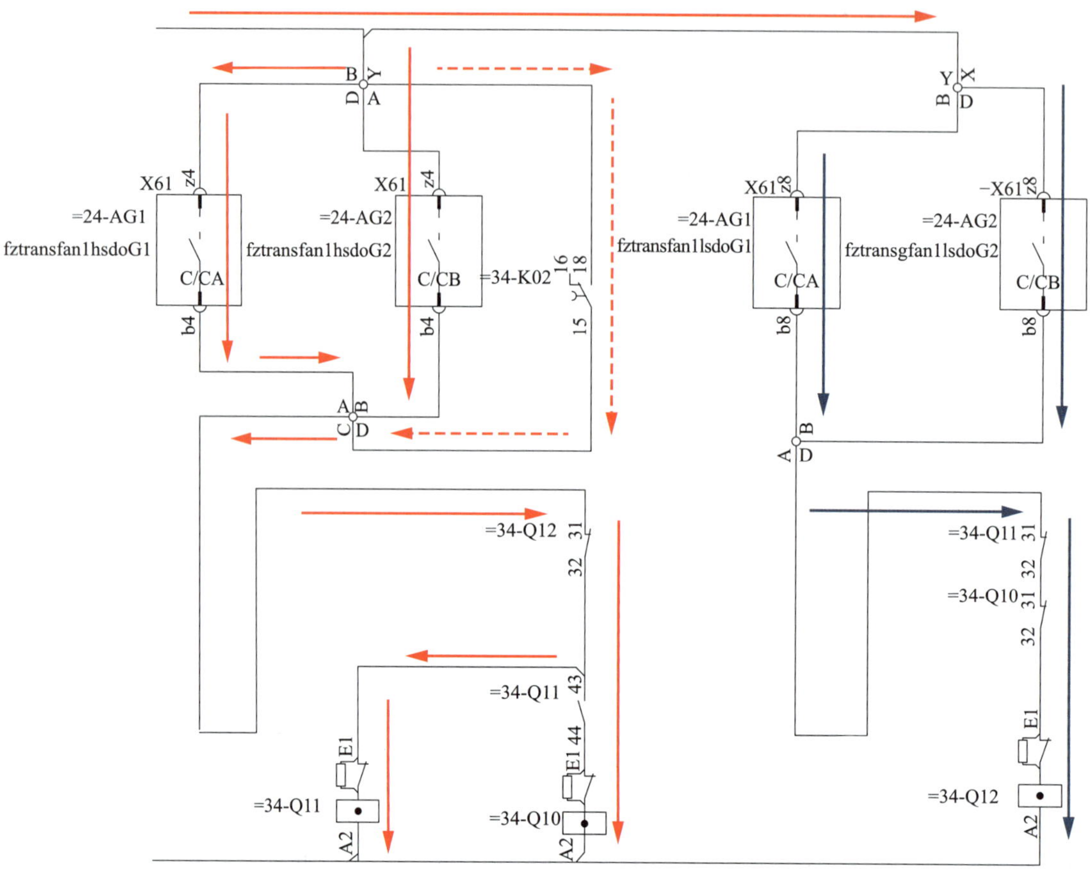

图 3-24　冷却风机控制电路

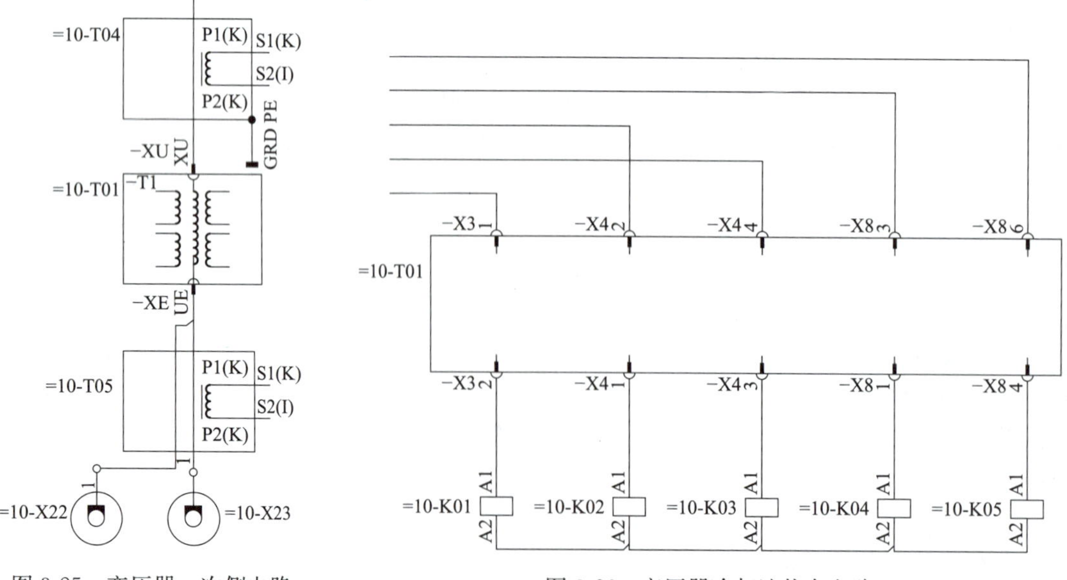

图 3-25　变压器一次侧电路

图 3-26　变压器冷却油状态电路

当油泵启动，管路中有冷却油流动时，继电器＝10-K01 得电。

当管路中压力传感器检测油压正常时，继电器＝10-K02 得电。

当管路中压力传感器检测油压异常时，继电器＝10-K03 得电。

当膨胀箱内油位低时，油位传感器动作，继电器＝10-K04 得电。

当膨胀箱内油位很低时，另一个油位传感器动作，继电器＝10-K05 得电。

以上继电器得电后，其辅助触点通过高压控制单元＝24-AG1 和＝24-AG2 反馈给动车组网络 TCMS。发生异常时 TCMS 做出相应断开主断路器或者切除牵引变压器的保护动作。

二、牵引变流器原理

1. 牵引变流器使能及供电信号

牵引变流器供电通过断路器＝23-F01 供电→牵引变流器＝10-T10-X1 的 11(＋)，16(－)。

牵引变流器的使能信号可以通过两种方式获得，网络启动和紧急牵引模式启动，如图 3-27 所示。

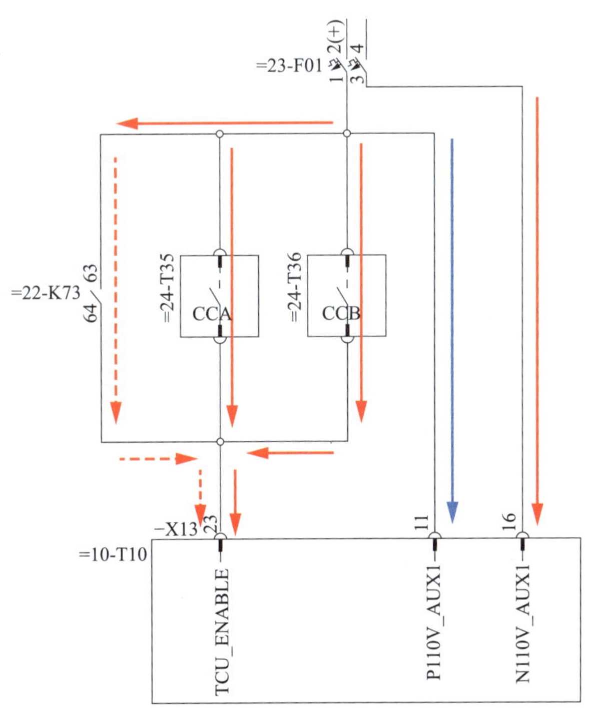

图 3-27　牵引控制单元使能信号

网络启动：使能信号通过断路器＝23-F01 供电→经过＝24-T35 和＝24-T36 并联的网络触点→牵引变流器＝10-T10-X1/23→牵引控制单元使能信号。

紧急牵引模式启动：使能信号通过断路器＝23-F01 供电→紧急牵引模式继电器＝22-K73 的 63-64 触点→牵引变流器＝10-T10-X1/23→牵引控制单元使能信号。

2. 主断路器和隔离开关信号

牵引控制单元(TCU)检测本单元和临单元主断路器状态和本单元隔离开关状态，用于判断本车牵引变流器是否启动，如图 3-28 所示。根据升弓车辆不同，本单元主断路器闭合，或者临单元主断路器闭合且车顶隔离开关闭合都可以作为本单元牵引变压器启动条件。

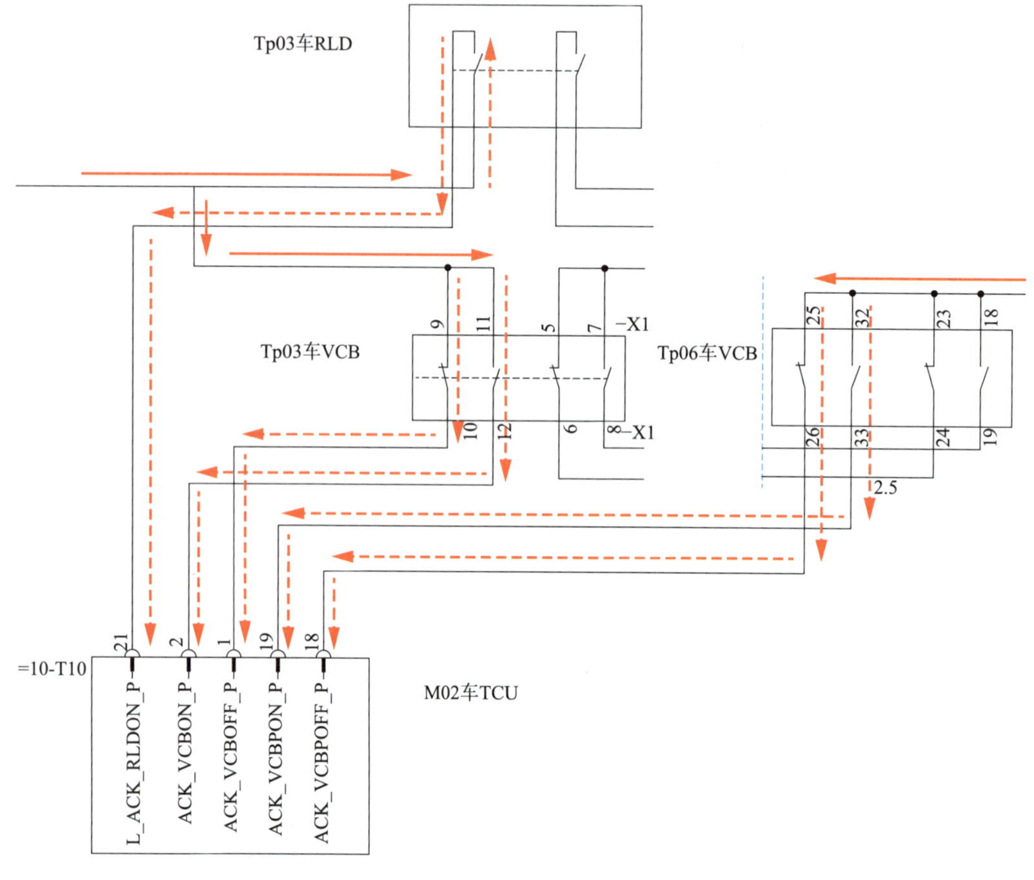

图 3-28　主断路器和隔离开关信号

3. 牵引变流器工作过程

(1)牵引变流器输入

牵引控制单元(TCU)判断本单元牵引变压器启动后,再检测牵引变流器输入端电压达到 AC 1 850 V 后,进行牵引变流器预充电。R31 与 K4 组成预充电电路(图 3-29),首先接通四象限斩波器 1(4QS1),直流电压给中间直流环节电容 FC 充电,2 s 后,直流母线电压达到变压器次边的 95%以上后,Q1 闭合,K4 断开,两个四象限斩波器并联工作,牵引变流器启动。

(2)牵引变流器输出

牵引变流器有两种输出,如图 3-30 所示,一种是将中间直流环节电路的直流电能输出给辅助变流器;另一种是通过脉宽调制逆变器(PWMI)将可变交流电输出给本车的 4 个牵引电机,提供牵引力。

4. 牵引控制

(1)正常模式

在正常情况下,列车控制系统(TCMS)获取司机台上的方向选择开关状态和牵引制动手柄的位置的信息。经过逻辑判断后,通过车辆 MVB 总线传给牵引控制单元(TCU)。

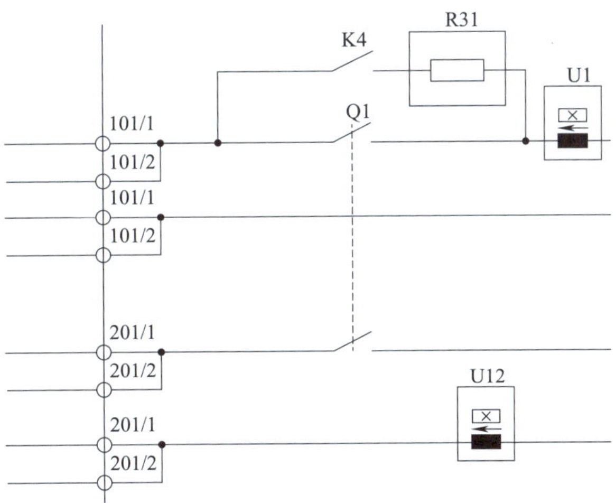

图 3-29　牵引变流器预充电电路

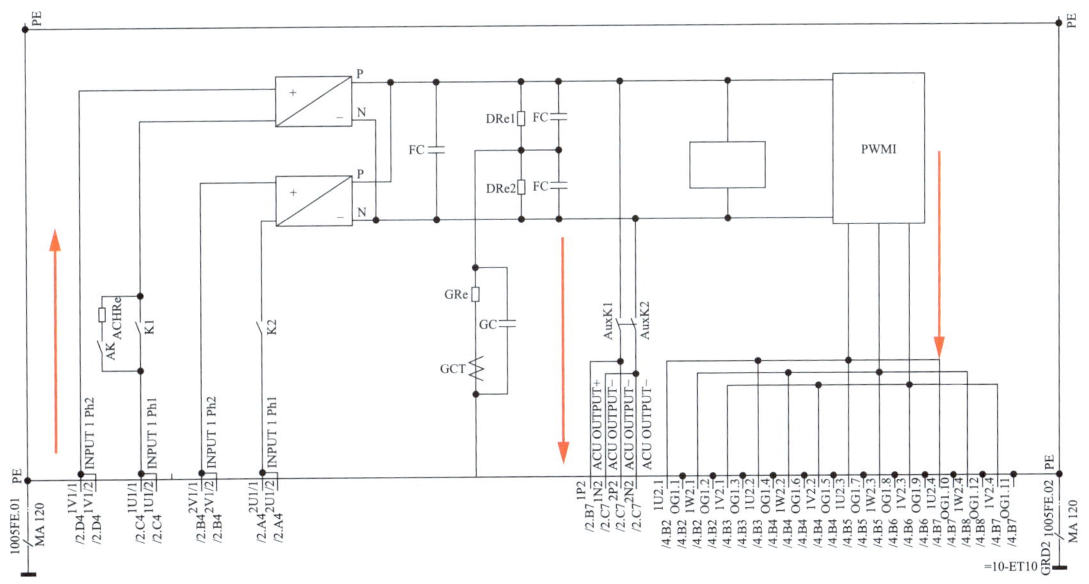

图 3-30　牵引变流器内部框图

①牵引方向

由于动车组中每节车的编组方向的原因，动车组两个牵引单元的方向相反，所以 TCU 判断牵引方向需要区分牵引单元的方向，即牵引单元 1 中 M02 和 Mh04 车方向相同，牵引单元 2 中 M07 和 Mb05 车方向与牵引单元 1 方向相反。例如，当 Tc01 车占用司机室，方向开关向前，则 M02 和 Mh04 车方向向前，M07 和 Mb05 车方向向后。

②牵引转矩

动车组有级位模式和速度模式两种操作模式，两种操作模式通过操作模式选择按钮切换，然后可以通过牵引制动手柄设定牵引级位或目标速度值。

级位模式下，由列车控制系统（TCMS）根据当前级位生成牵引力百分比指令，并将方向指令、牵引状态指令传给牵引控制单元（TCU），牵引控制单元（TCU）综合判断牵引变流器和外部状态（包括网压、限速指令等），根据各转向架的轮径值生成给定转矩。

速度模式下，由列车控制系统（TCMS）根据恒速控制要求及当前速度，生成并实时调整牵引力/电制动力百分比，并将方向指令、牵引状态指令传给牵引控制单元（TCU），牵引控制单元（TCU）综合判断牵引变流器和外部状态，根据各转向架的轮径值生成给定转矩。

TCU 根据生成的给定转矩，控制 PWMI 输出交流电的电压和频率。交流频率可以通过改变正弦调制波的频率来实现，而交流电压的变化可以通过调节正弦调制波的幅值来实现。最终使牵引电机达到给定转矩。牵引电机供电电路如图 3-31 所示。

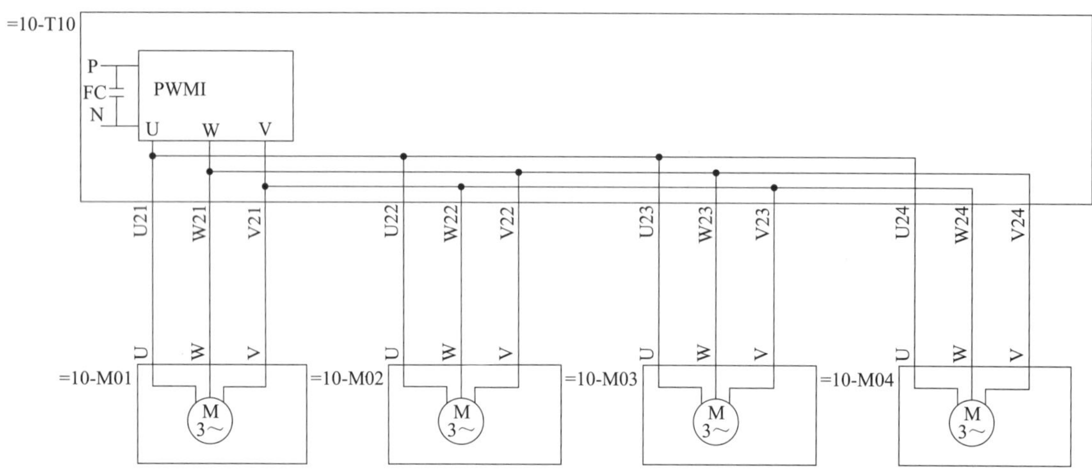

图 3-31　牵引电机供电电路

图 3-31 中，4 个牵引电机的接线相序是不同的，其中＝10-M01、＝10-M03 相序相同，＝10-M02、＝10-M04 与之相反，这是由于牵引电机的安装方向导致的，这种接线方式保证 4 个动轴驱动方向相同，如图 3-32 所示。

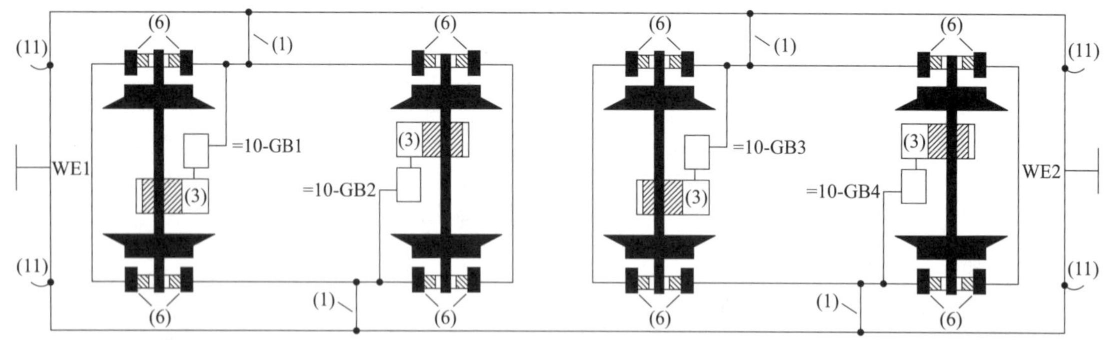

图 3-32　牵引电机安装方向

（2）紧急牵引模式

紧急牵引模式多用于动车组的列车控制系统（TCMS）发生严重故障（瘫痪，不可使用）的情况。动车组进入紧急牵引模式后，牵引控制单元（TCU）不再接收列车控制系统（TCMS）的信号，方向信号和紧急牵引信号（紧急牵引模式下的牵引有效信号）通过电路传输。

如图 3-33 所示，方向向前信号由方向向前继电器＝22-K83 的常开触点 23-24 提供，方向向后信号由方向向后继电器＝22-K82 的常开触点 23-24 提供。两个方向信号在 Mb05 车交叉，以保证两个牵引单元的牵引变流器获得正确的牵引方向。

牵引单元1
牵引单元2
紧急模式向后
紧急模式向前
紧急牵引
紧急模式
EMER_FR
EMER_BACK
EMER_TRAC
EMER_OV
=10-T10
-X12
=22-K73
=22-K75
=22-K76
=22-K72
43-K33
43-K34
=22-K82
=22-K83
=22-S01
P MAX
-X1

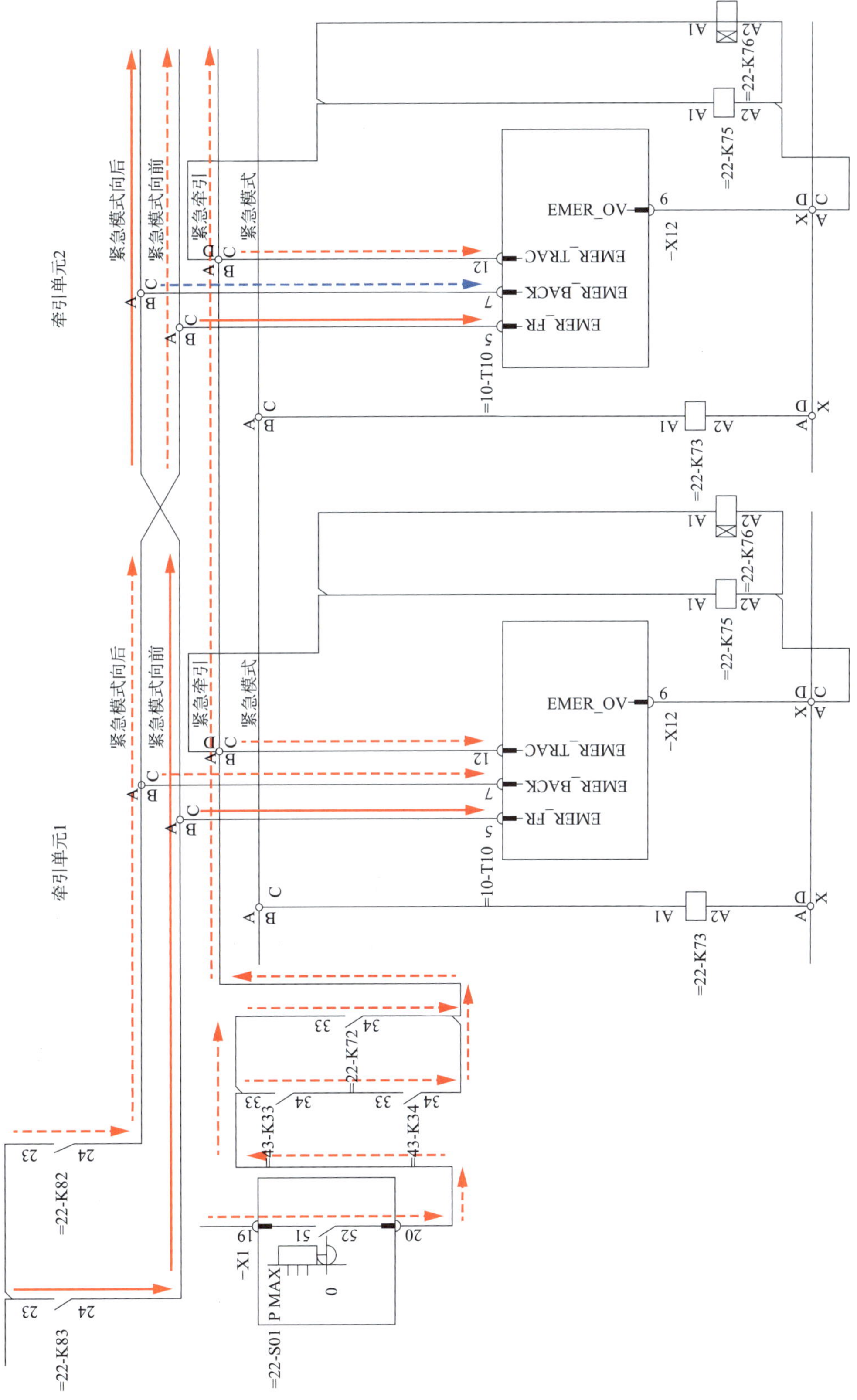

图 3-33　紧急牵引模式

紧急牵引信号通过牵引制动手柄＝22-S01的51-52触点(手柄在牵引扇区闭合)→紧急制动环路继电器＝43-K43和＝43-K44的常开触点33-34，或者紧急制动环路旁路继电器＝22-K72的常开触点33-34→紧急牵引信号贯通线。当牵引变流器获取紧急牵引信号时，控制牵引逆变器输出。在紧急牵引模式时，无牵引力控制，有紧急牵引信号时输出最大扭矩，自动限速80 km/h。

5. 速度值检测

动车组受气候条件、轨面状态等许多复杂因素的影响，轮轨间的物理黏着特性随时间、地点的不同而变化，并且这种变化无法预知。因此在轮轨间物理黏着特性不确定的情况下，使列车发挥的牵引力逼近轮轨间能够提供的最大黏着力，实现黏着力利用效率的最大化，并防止空转现象的发生，当车轮发生滑行时，在制动系统的控制下，执行防滑控制。以下介绍两种防滑控制方案：

(1)当本轴速度与同一节动车的其他轴的速度差大于设定阈值时，根据差值大小迅速减小电机的给定转矩，使动车组在发生空转和滑行时能够从这些状态中迅速退出并重新恢复黏着。

(2)本轴速度与列车参考速度间的速度差大于设定阈值时，根据差值大小迅速减小电机的给定转矩，使动车组在发生空转和滑行时能够从这些状态中迅速退出并重新恢复黏着。

由两种防滑控制方案可知，牵引变流器需要获取各动轴轴速和列车参考速度。

动车组的动轴轴速可以通过检测牵引电机转速获得，如图3-34所示。每个传感器除两根电源线外，1、3轴牵引电机速度传感器有两路信号，除了检测牵引电机转速外，还用于牵引控制单元(TCU)判断电机转向。

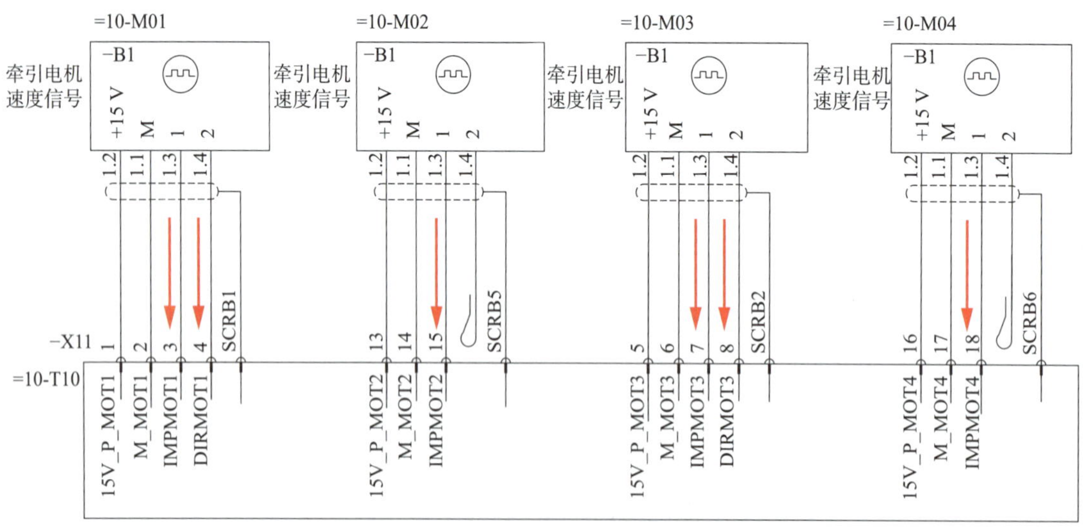

图3-34　牵引电机速度传感器

动车组的参考速度可以通过检测拖轴速度获得，如图3-35所示。这里的拖轴速度为Tp03/06车3轴速度。此轴位于拖车，没有牵引电机驱动，并且在非紧急制动的情况下不参与空气制动，因此，将此轴速度设定为动车组参考速度。

6. 电制动控制

牵引控制单元(TCU)根据制动控制单元(BCU)提供的制动指令、再生制动申请值(恒速控制、过分相和无动力回送除外),并综合判断牵引变流器和外部状态(包括网压、限速指令等),在牵引电机最大再生制动力范围内实现列车的再生制动功能。再生制动过程滑行由制动控制单元(BCU)进行控制,牵引控制单元(TCU)执行,列车速度 10 km/h 时,再生制动力完全退出。

制动控制单元(BCU)与牵引控制单元(TCU)的接口分为硬线和 MVB 总线通信两部分,以网络通信为主。硬线信号为“本车电制动可用”,其中高电平代表本车电制动可用,如图 3-36 所示。

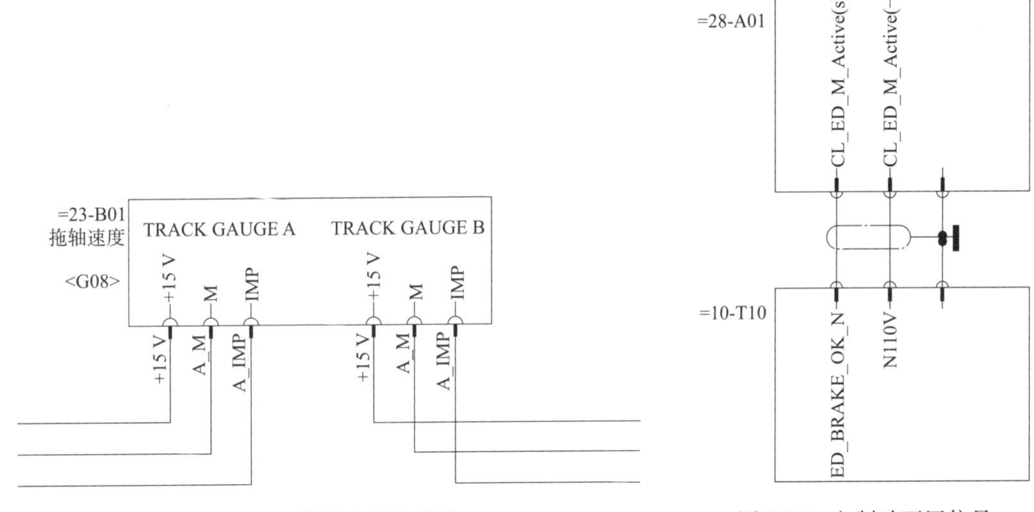

图 3-35　拖轴速度传感器

图 3-36　电制动可用信号

7. 牵引变流器、牵引电机冷却管理

(1)牵引变流器冷却

牵引变流器通过冷却液水泵和散热风机进行散热。每个牵引变流器设置 1 个水泵和 2 个冷却风机。其中冷却风机为双速电机,列车控制系统(TCMS)通过速度及温度条件对牵引变流器水泵和冷却风机的启停及风机高低速进行控制,控制方式与牵引变压器冷却控制方式相似。

(2)牵引电机冷却

动车组每个转向架设置 1 台牵引电机冷却风机,冷却风机为双速电机。每个牵引电机设置 5 个温度传感器,分别安装在电机驱动端轴承、非驱动端轴承、电机定子、齿轮箱大齿轮、齿轮箱小齿轮。列车控制系统(TCMS)通过动车组速度及温度条件对牵引电机冷却风机的启停和高低速进行控制,达到冷却牵引电机的目的。

8. 四象限斩波器移相策略

一列动车组共有 4 个牵引变流器,8 个四象限斩波器。如果同时启动会造成较大的起动电流和谐波干扰。因此,不同的四象限斩波器通过移相控制策略,分时启动,实现谐波有效抑制。这种控制是通过牵引变流器间的同步信号线实现的,如图 3-37 所示。

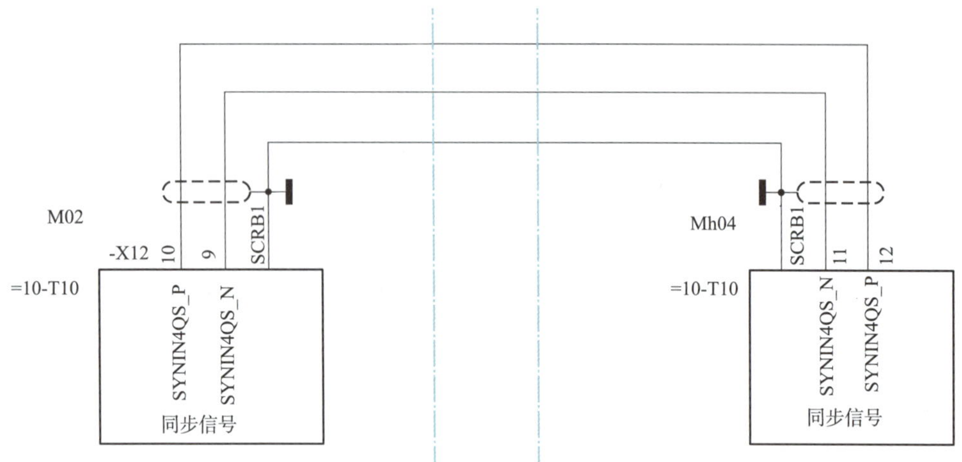

图 3-37　牵引同步信号

任务实施

1. 牵引变流器试验的前提条件

在 Tc01/08 司机室通过蓄电池开关＝32-S01 为车辆送电，投入 DC 110 V，待网络建立、司机室显示屏(HMI)正常工作后将＝22-S04 打至司机室占用位，占用司机室，通过开关＝28-S02 来施加停放制动。

2. 输入车轴直径

动车组速度参考轴是牵引单元的变压器车的 3 轴，如果轮对是新的话，则其直径为 920 mm。如图 3-38 所示，在 HMI 进入维护模式选择轮径值设置(由于互联互通需要，Tc01～Tc08 车轮径值均需设置)。

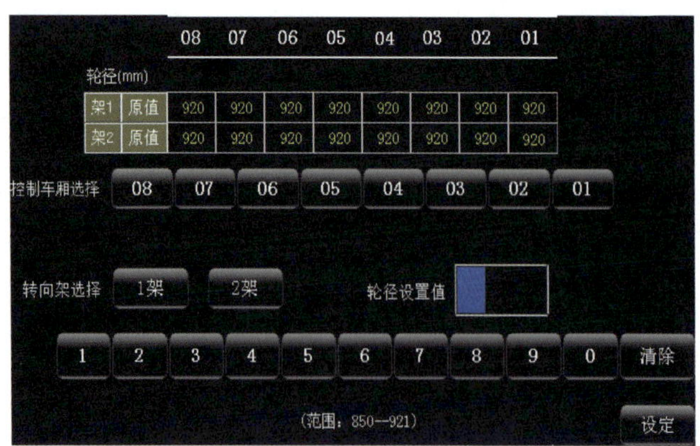

图 3-38　司机室显示屏(HMI)轮径设定

3. 牵引手柄通道测试

旋转主控钥匙＝22-S04 至占用位置，占用司机室，将方向开关＝22-S02 打至前位，确认受电弓没有升起，且车辆在静止状态。

如图 3-39 所示，在司机室显示屏(HMI)左屏，选择维护模式→输入密码→维护界面→列车测试→测试界面→手柄测试。

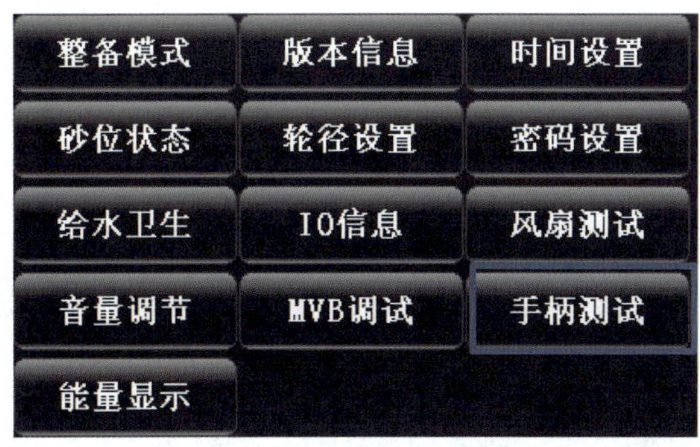

图 3-39　司机室显示屏(HMI)维护页面

将牵引制动手柄从 0 位逐级移动至最大牵引位；将牵引制动手柄从 0 位逐级移动至紧急制动 EB 位，查看手柄位置与司机室显示屏(HMI)手柄通道 1、2 显示应保持一致，如图 3-40 所示。

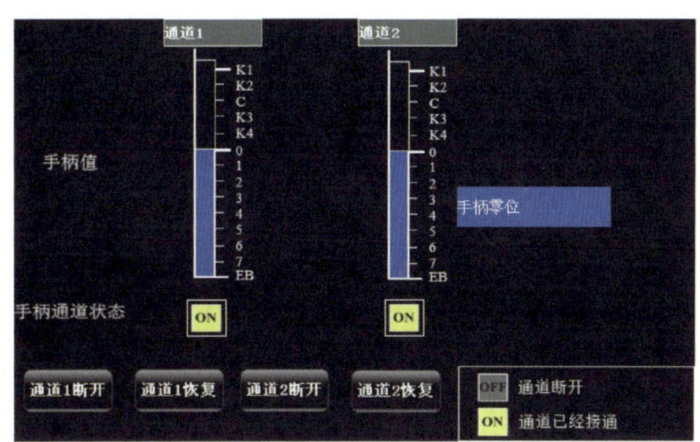

图 3-40　司机室显示屏(HMI)手柄测试页面

4. 紧急制动测试

使用 TKDMON 软件连接牵引变流器，检查变量 EB(SBNBBSBS)、UB(SBUBCMD)。通过施加 EB、UB 指令，检查牵引变流器内部接收的信号。EB 制动通过牵引制动手柄 EB 位施加，UB 制动通过按下紧急制动 UB 按钮=28-S01 施加。

以上变量的在线值为“TRUE”时说明收到 EB、UB 信号。TKDMON 软件显示的紧急制动变量如图 3-41 所示。

实例路径	变量名	数据类型	长度	规模	单元	存储属性	在线值	表格	
SGSIGNAL	SBNBBSBS	BOOL				Normal	FALSE		EBL紧急制动
SGSIGNAL	SBUBCMD	BOOL				Normal	FALSE		本车BCU_UB指令

图 3-41　TKDMON 软件紧急制动变量

5. 牵引力测试

主控钥匙=22-S04 打至司机室占用位，占用司机室；方向开关=22-S02 打至向前位；牵引制动手柄 B7 级制动位，将升弓开关＝21-S02 打到升弓位；通过主断路器开关＝21-S03 闭合主断路器。检查 HMI 所显示状态是否符合要求。

检查牵引变流器供电空开＝23-F01 及＝23-F02 闭合，在司机室显示屏（HMI）左屏测试界面进入牵引测试，通过点击“测试开始”，进行牵引变流器测试。各车牵引力测试中显示柱上升至 5%左右，待测试完成后，恢复 0%。

牵引测试结束后，所有牵引变流器显示绿色，如图 3-42 所示。

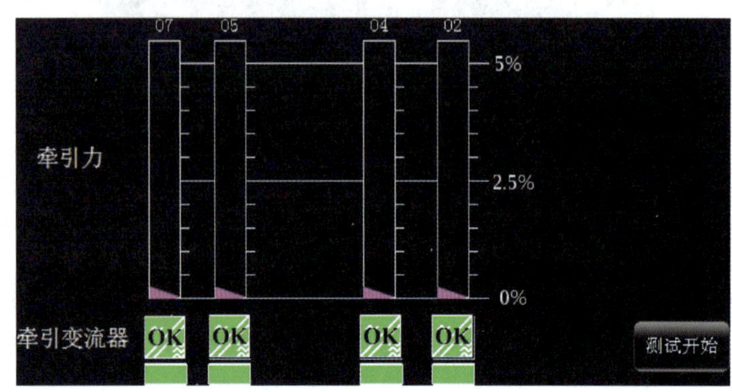

图 3-42　司机显示屏（HMI）牵引测试页面

6. 测试逆变器信号

在 Tc01/08 司机室将主控钥匙＝22-S04 打至司机室占用位，占用司机室，方向开关＝22-S02 在向前位，升起受电弓，闭合主断路器，使用 TKDMON 软件连接牵引变流器，检查变量 SBQHSACE、SBZSGRSR、SBZSGRSV、SUDISTG，如图 3-43 所示。

实例路径	变量名	数据类型	长度	规模	单元	存储属性	在线值	表格	
SGSIGNAL	SBQHSACE	BOOL				Normal	TRUE	☐	确认车组主断合
SGSIGNAL	SBZSGRSR	BOOL				Normal	FALSE	☐	本牵引单元方向_向后
SGSIGNAL	SBZSGRSV	BOOL				Normal	FALSE	☐	本牵引单元方向_向前
SGSIGNAL	SUDISTG	N2		2600	V	Normal	2654.431 V	☐	中间电压U31(200ms滤波)

图 3-43　TKDMON 软件方向信号

SBQHSACE：确认动车组主断路器闭合。

SBZSGRSV：本牵引单元方向向前。

SBZSGRSR：本牵引单元方向向后。

SUDISTG：中间直流环节电压，大于 2 000 V。

其中，SBQHSACE 为“TRUE”时说明车组主断闭合，SBZSGRSR 为“TRUE”时说明方向向后，SBZSGRSV 为“TRUE”时说明方向向前。SBZSGRSR 和 SBZSGRSV 不能同时为“TRUE”。

例如，占用 Tc01 车司机室方向信号检查，方向开关＝22-S02 在向前位，02、04 车 SBZSGRSV 为“TRUE”，SBZSGRSR 为“FALSE”；05、07 车 SBZSGRSR 为“TRUE”，BZSGRSV 为“FALSE”。方向开关＝22-S02 后位，02、04 车 SBZSGRSR 为“TRUE”；05、07 车 SBZSGRSV 为“TRUE”。

7. 设备切除及投入测试

将主控钥匙＝22-S04 置于司机室占用位，占用司机室，方向开关＝22-S02 在向前位，在司机室显示屏(HMI)左屏设备切除界面上切除车顶隔离开关和 Tp06 车受电弓,切除 Tc01 车辅助变流器,将受电弓开关=21-S02 置于升弓位;将主断路器开关=21-S03 置于闭合位,闭合主断路器。在 HMI 上确认未切除的牵引变流器和辅助设备状态正常,如图 3-44 所示。

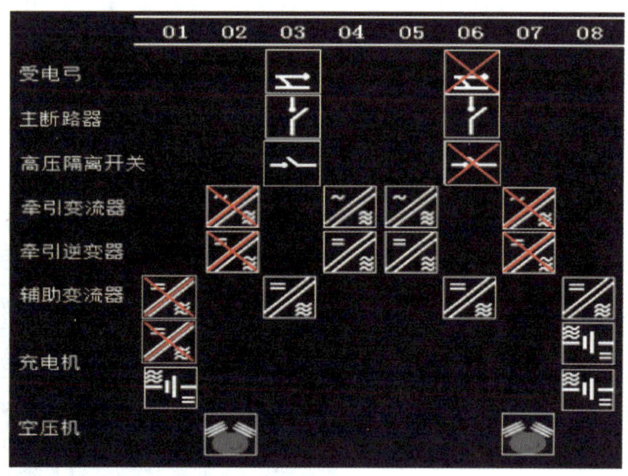

图 3-44　司机室显示屏(HMI)设备切除页面

断开主断路器,降下受电弓,恢复切除的辅助变流器和车顶隔离开关,并进行小复位操作,待小复位结束后,重新升起受电弓,闭合主断路器,司机室显示屏(HMI)上确认主断短暂闭合后跳开,再次闭合主断,在 HMI 上确认受电弓、隔离开关、牵引变流器和辅助设备状态正常。

8. 风扇测试

将主控钥匙=22-S04 置于司机室占用位,占用司机室,方向开关=22-S02 在向前位,将受电弓开关=21-S02 置于升弓位,将主断路器开关=21-S03 置于闭合位,闭合主断路器。在司机室显示屏(HMI)维护界面的风扇测试“风机半速测试页面操作”“风机全速测试”“风机停止测试”按钮,全列牵引变压器风机,牵引变流器风机及牵引电机风机按照指令动作,如图 3-45 所示。

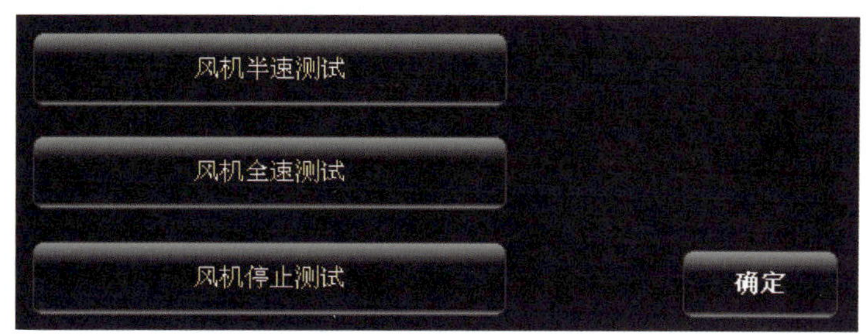

图 3-45　司机室显示屏(HMI)风扇测试页面

以半速测试为例,在司机室显示屏(HMI)上确认主断闭合,高压正常。在调试软件“monitor”中查看 fztracfan1hsdo35 = 1;fztracfan1hsdo39 = 1;fztracfan2hsdo35 = 1;fztracfan2hsdo39 = 1;fzmotfan1hsdo35 = 1;fzmotfan1hsdo39 = 1;fzmotfan2hsdo35 = 1;fzmotfan2hsdo39=1,如图 3-46 所示。在车下确认风扇低速启动,且无异响。

9. 检验牵引电机的旋转方向

检验牵引电机转向时，一次只检测一个动车的牵引电机旋转方向，通过司机室显示屏(HMI)切除其他车牵引变流器。用这一动车行驶工艺文件规定距离，在此期间，对单个牵引电机的速度予以检验。当行程完成时，通过 TKDMON 软件比较牵引电机的温度。

如果旋转方向正确，则牵引电机之间的最大温度差应为小于等于规定值。如果列车不行驶或者行驶困难，同时牵引电机之间的温度变大，那么至少一个牵引电机的旋转方向可能有错误，如图 3-47 所示。

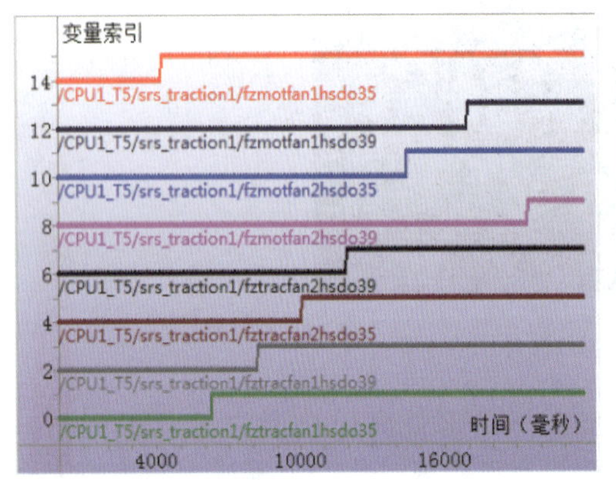

图 3-46　monitor 软件变量波形图

	08	07	06	05	04	03	02	01
电机1驱动端轴承		24		24	24		23	
电机1非驱动端轴承		24		24	24		23	
电机1定子		24		24	23		23	
电机2驱动端轴承		24		24	24		23	
电机2非驱动端轴承		24		24	24		23	
电机2定子		24		24	23		23	
电机3驱动端轴承		25		24	24		24	
电机3非驱动端轴承		24		24	24		24	
电机3定子		24		24	23		23	
电机4驱动端轴承		24		24	24		24	
电机4非驱动端轴承		24		24	24		24	
电机4定子		24		23	23		23	

图 3-47　司机室显示屏(HMI)电机温度页面

10. 故障清除

使用 TKDMON 软件连接牵引变流器，点击清空，清除牵引变流器内部的故障记录，如图 3-48 所示。

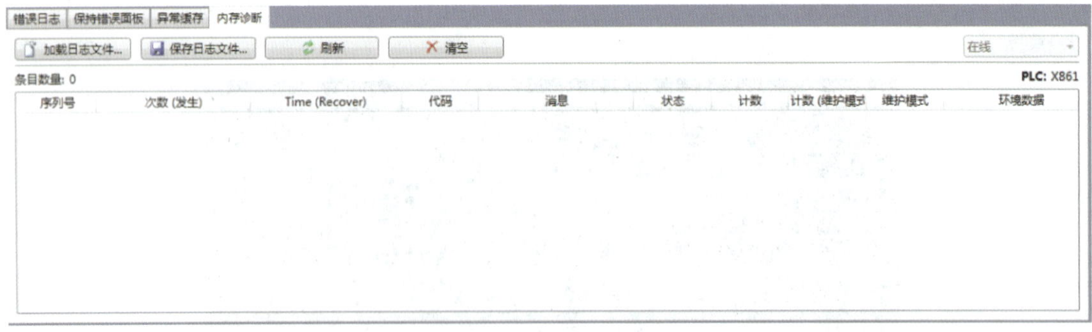

图 3-48　TKDMON 内存诊断页面

任务评价

1. 自我评价(40 分)

学生根据学习任务完成情况进行自我评价。

自我评价表

评价模块	配分	评分项点	得分
安全意识	10	1. 不按要求穿着工作服及防滑电工鞋。 2. 不按要求戴绝缘手套。 3. 不按要求进行带电或断电作业。 4. 不按安全要求规范使用工具。 5. 其他违反安全操作规范的行为	
技能操作	10	牵引变流器试验前准备	
	10	输入参考车辆轴的直径	
	15	牵引手柄通道测试	
	5	紧急制动测试	
	8	牵引力测试	
	5	测试逆变器信号	
	12	设备切除及投入测试	
	5	风扇测试	
	5	检验牵引电机的旋转方向	
	5	故障清除	
职业规范和环境保护	10	1. 在工作过程中工具和器材摆放凌乱。 2. 不爱护设备、工具、不节省材料。 3. 在工作完成后不清理现场，在工作中产生的废弃物不按规定处置	
		自我评分（总分×40%）＝	

签名________　　　　　　________年________月________日

2. 小组评价（30 分）

同一实训小组同学进行互评。

小组评价表

评价项目	配分	得分
实训记录与自我评价情况	30	
相互帮助与协作能力	30	
安全、质量意识与责任心	40	
	小组评分（总分×30%）＝	

参评人员签名________　　　　　　________年________月________日

3. 教师评价（30 分）

指导教师结合自评与互评的结果进行综合评价。

教师总体评价意见：	
教师评分	
总评分＝自我评分＋小组评分＋教师评分	

教师签名________　　　　　　________年________月________日

任务经验

牵引控制系统常用的方法

1. 动车组牵引变流器通信故障查找法

(1)检查断路器是否闭合

电气柜内＝23-F01 和＝23-F02 控制断路器，主要为牵引变流器内部提供控制电源，当任意一个断路器未闭合时，导致牵引变流器不能正常供电，如图 3-49 所示。

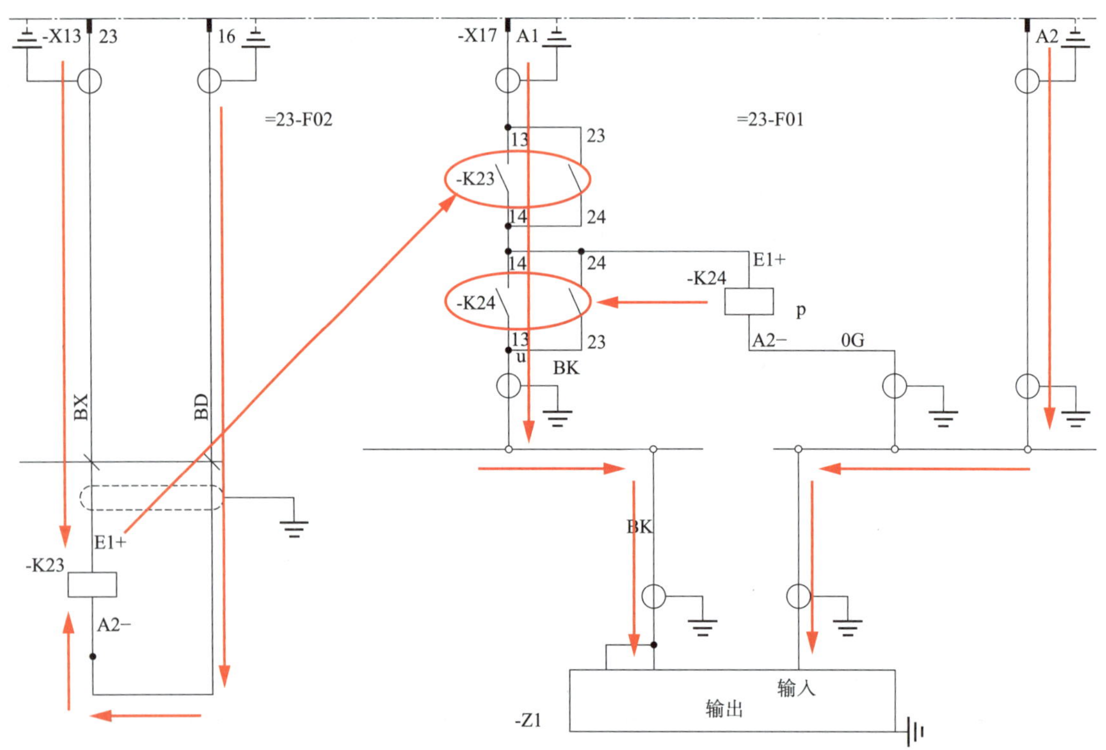

图 3-49　牵引变流器内部供电电路

(2)检查通信线路是否正常

中央控制单元(CCU)通过列车 WTB 总线及车辆 MVB 总线向牵引控制单元(TCU)传输指令信息，同时牵引控制单元(TCU)通过网络系统将牵引系统的状态信息、故障信息传递给中央控制单元(CCU)，从而实现网络系统对整车牵引系统的控制、监视和诊断功能。可通过 MBA 设备对通信线路进行检查，软件显示实时设备地址如图 3-50 所示。

(3)通过指示灯、服务软件判断中央控制单元和通信板卡是否正常。

牵引变流器中央控制单元(CP)板卡(图 3-51)：正常状态时，D1、D2、D4、D3 依次点亮，呈跑马灯状态；故障状态 D1、D2、D4、D3 不能依次点亮。

2. 动车组牵引电机 M1 速度传感器故障查找法

(1)电机 1 速度传感器故障

速度传感器(图 3-52)故障主要分为三类，速度传感短路故障、速度传感器绝缘故障、速度传感器检测面故障。短路和绝缘故障在出厂后很少见，检测面故障在动态运行时会出现偶发现象。发生传感器故障时，更换新传感器即可。

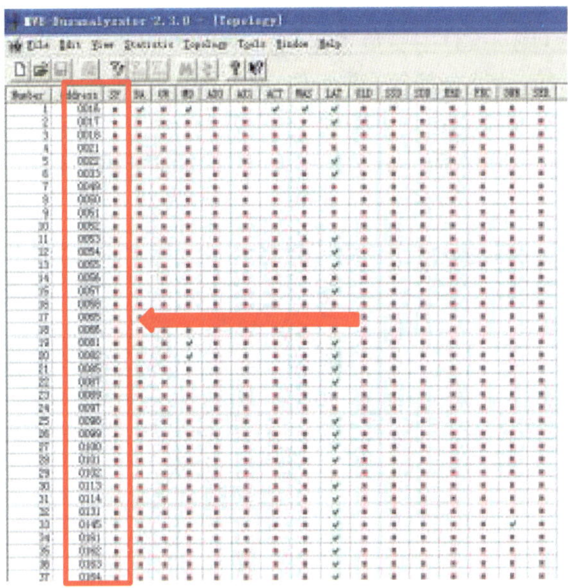

图 3-50　软件显示实时设备地址

图 3-51　牵引变流器板卡

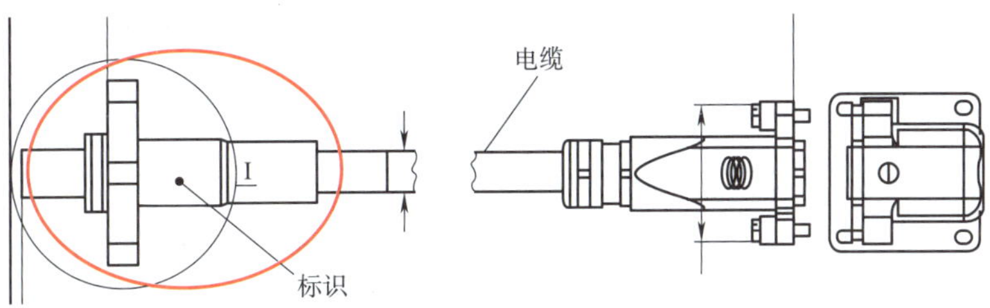

图 3-52　牵引电机速度传感器

(2)牵引控制单元(TCU)IOA1 板卡故障

输入/输出 IOA1 板(图 3-53)主要负责采集 1 轴和 3 轴牵引电机速度传感器信号,将模拟信号传递给 PWM 模块,信号进行换算,进而传递给牵引控制单元 CP 板卡进行监控和诊断,这些速度信号包括实时速度检测和电机转向信号,若两个速度信号的方向不一致或速度不同步时,牵引变流器报出故障,切除逆变器。发生故障时可通过更换板块进行处理。

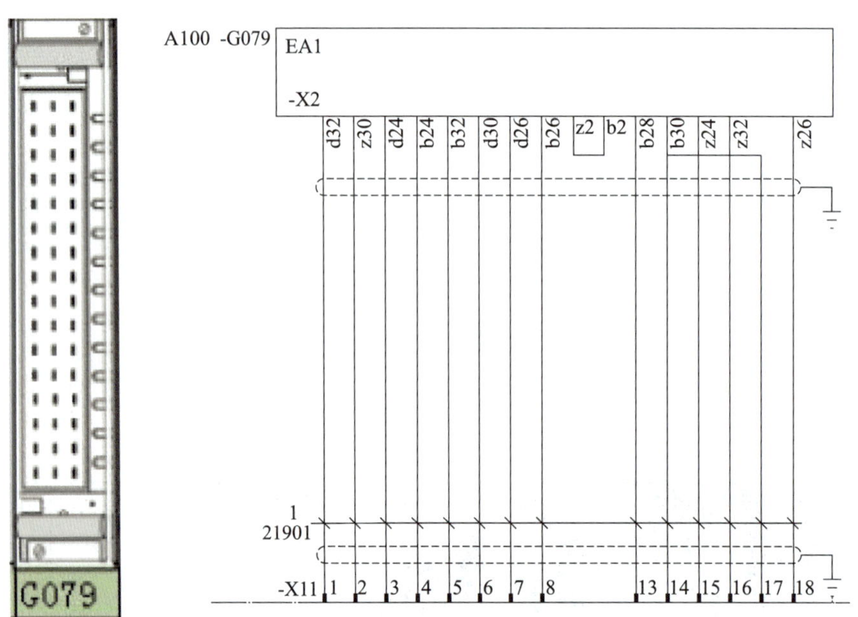

图 3-53　板卡实物图及接线图

(3)牵引控制单元(TCU)PWM 板卡故障

PWM 板卡(图 3-54)接收来自 IOA1 的速度模型信号,进行换算,将数字信号传递给牵引控制单元 CP 板卡,进行监控和诊断。PWM 板可可通过指示灯判断板卡的正确性,正常状态下,指示灯 D4 应该闪烁,表示板卡心跳正常;D5 灯亮时表示方向不一致;D3 灯亮时表示脉冲封锁,若板卡故障可通过更换板卡排除故障。

(4)牵引控制单元(TCU)背板故障

牵引控制单元前端插头负责接收信号,传递给各个控制单元板卡,每一个控制单元板卡与背板连接。背板主要负责给控制板卡供电,与其他板卡连接在一起相互传递信号,控制板卡取出可对背板进行检查,如图 3-55 所示。当背板故障时,板卡与板卡不能正常通信,可通过更换背板排除故障。

(5)连接线路故障

牵引变流器和速度传感器之间线路(图 3-56)存在故障。线路故障主要有线路的正确性,通过导通性进行测量;插头和插座连接的稳定性,目测观察插头和插座之间线路接触的牢固;线路对地绝缘性,可通过兆欧表验证对地绝缘性;线路之间的绝缘性,兆欧表验证线路和线路之间的绝缘,运营时间久的车辆,会发生线路故障的情况。

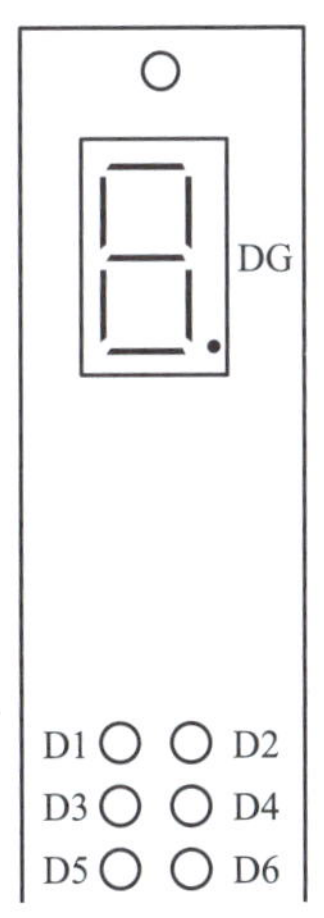

图 3-54　PWM 板卡实物

图 3-55　牵引变流器背板实物

(6)牵引电机故障

运行中的电机转动会带动测速齿轮转动,速度传感器(图 3-57 红框部分)通过检测测速齿轮单位时间内转过的齿数,发出脉冲信号,信号传递给牵引变流器,因此当电机测速齿轮存在故障时,导致速度传感器检测错误的信号,进而导致故障报出。

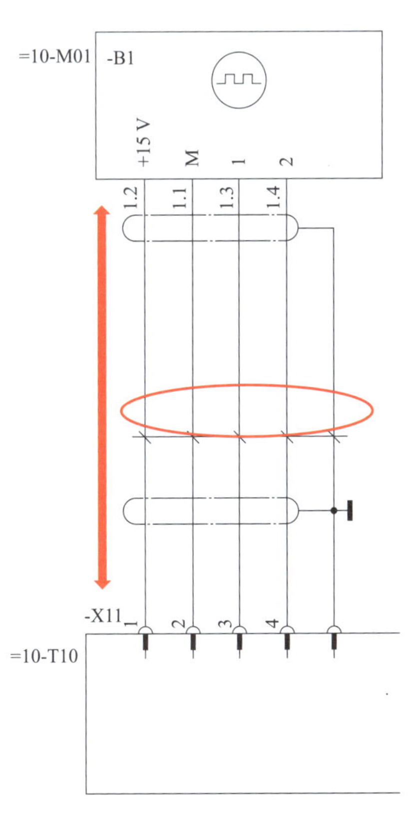

图 3-56　牵引变压器温度变量检测

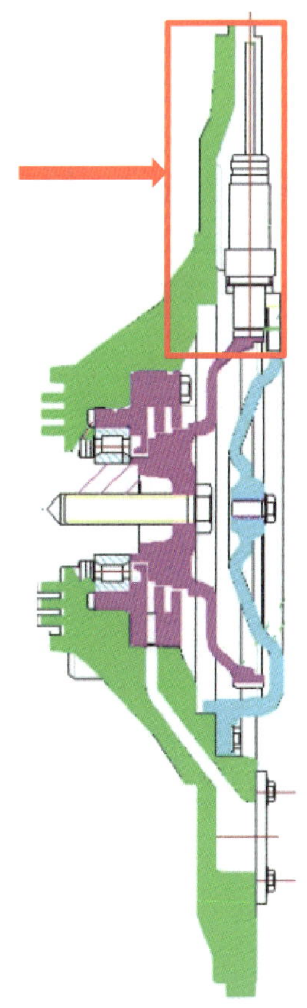

图 3-57　速度传感器和测速齿轮

巩固与练习

一、填空题

1. 牵引系统采用________设计。

2. 牵引变压器设置________和________监控和保护。

3. 每个动车有________个牵引变流器和________个牵引控制单元(TCU),________个牵引电机并联提供牵引。

4. 牵引控制单元(TCU)检测本单元和临单元________状态和本单元________状态。

5. 牵引变流器的使能信号可以通过________和________两种方式获得。

二、选择题

1. 一列动车组牵引系统由2个对称布置的牵引单元组成(　　)的结构。

A. 三动三拖　　B. 三动四拖　　C. 四动四拖　　D. 四动五拖

2. 每个牵引单元包含(　　)个动车、(　　)个头车和(　　)个变压器车。

A. 2;1;1　　B. 1;2;1　　C. 1;1;2　　D. 2;2;2

3. 牵引变压器将受电弓采集接触网的(　　)交流电。

A. 20 kV　　B. 25 kV　　C. 30 kV　　D. 50 kV

三、判断题

1. 牵引变压器二次侧输出2组1 850 V交流电。(　　)

2. 由于会产生大量热量,牵引变压器设计为油浸式变压器。(　　)

3. 脉宽调制逆变器的英文缩写是PWML。(　　)

四、简答题

1. 简述牵引变压器的工作过程。

2. 简述牵引变流器的工作过程。

项目四　动车组制动控制系统的原理及调试

学习目标

1. 知识目标

(1)熟悉动车组制动系统指令传输过程。

(2)熟悉制动控制模块工作过程。

(3)熟悉动车组制动系统组成、术语。

(4)熟悉制动系统的功能及工作原理。

2. 能力目标

(1)能复述制动各种制动指令的传输路径。

(2)能复述制动系统的组成。

(3)能进行单车和整车制动调试。

3. 素质目标

(1)具有独立自主的动手能力以及独立思考的能力。

(2)具有全局观念,建立化整为零和先易后难的思维方式。

任务一　单车制动调试

任务描述

对单车制动进行调试,按照确认软件版本、常用制动的功能测试、停放制动的功能测试、防滑控制这 4 个步骤进行。

知识链接

一、动车组制动系统指令传输过程

制动系统采用计算机控制的直通电空制动、电制动和弹簧储能式停放制动三种制动模式,适用于最高运行速度 350 km/h,最高试验速度 385 km/h 的动车组,可以在高速铁路线上运营,也可在新建或既有 200 km/h 及 200 km/h 以上铁路线上运营。

动车组制动系统具有常用制动、紧急制动 EB、紧急制动 UB、停放制动、保持制动、比例制动、清洁制动、乘客紧急制动、WSP、DNRA、撒砂、升弓供风、监测、诊断和故障记录、制动试验、回送和救援等功能。

其中,直通制动包括由计算机控制的空电复合的直通电空常用制动;由计算机控制的空电复合的直通电空紧急制动 EB;由紧急制动电磁阀失电控制的直通电空紧急制动 UB。

电制动是由牵引电机处于发电状态、牵引变流器四象限斩波器处于逆变状态将制动能量

将返回至接触网上时产生的制动。

弹簧储能式停放制动由硬线控制，在停放制动缸充风时克服弹簧压力实现停放制动缓解，停放制动缸排风时利用弹簧压力实现停放制动施加。

动车组每车均配置有一个制动控制单元，负责控制本车制动，制动单元布置如图 4-1 所示。

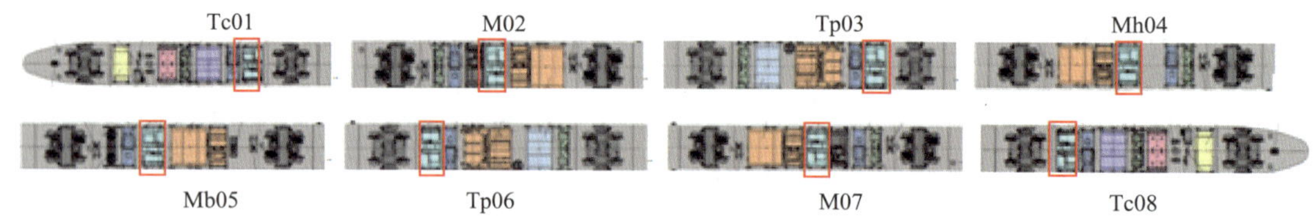

图 4-1　制动单元布置

1. 制动指令概述

列车正常运行时，牵引制动手柄（制动扇区具有缓解位、7 级常用制动位、紧急制动位 EB 位）、紧急制动按钮 UB、车载列车控制系统（ATP）、列车网络控制系统（TCMS）发出制动指令。

由牵引制动手柄和紧急制动按钮 UB 发出的制动指令通过硬线传输到所有车的制动控制单元（BCU）中，头车两个冗余的 BCU 对制动指令解析计算后，由主制动控制装置（TBM）发出制动指令。

由车载列车控制系统（ATP）、列车网络控制系统（TCMS）发出的制动指令通过车辆 MVB 总线。发送给主控端头车两个冗余的 BCU，两个冗余的 BCU 均对制动指令进行解析和运算，由 TBM 发出制动指令。

由 TBM 发出的制动指令通过车辆 WTB/MVB 网络发送给单元级主控 BCU，单元级主控 BCU 将制动指令通过车辆 MVB 总线发送给各单车 BCU，其中动车的 BCU 将把电制动指令发给本车牵引变流器（TCU）。

单车 BCU 在接收到制动指令后将空气制动力设定值转化为预控压力，BCU 通过控制模拟转换阀调节预控压力，预控压力通过减压阀到达中继阀，经中继阀后生成制动缸压力，制动缸压力至制动夹钳装置实施摩擦制动。制动指令传输过程如图 4-2 所示。

2. 车辆保护系统（ATP）控制

制动控制单元（BCU）可接受车辆保护系统（ATP）的 1、4、7 级硬线制动信号，并实施常用制动。ATP7 级最大常用制动列车线（指令线）贯通全列，主控端有效，进入各车 BCU，低电平有效。ATP1、ATP4 级制动指令线只在头车进入主制动控制装置 BCU（TBM）。

3. BP 救援回送

为实现动车组的回送和救援，分别在每个头车设置一套 BP 救援转换装置，并设置一根额定压力为 600 kPa 的列车管，通过检测列车管的压力变化来控制被救援和回送的动车组，BP 救援转换装置可识别和输出 7 个等级常用制动和紧急制动 UB 指令。

动车组在两端司机室内设有救援/被救援选择旋钮，司机通过操作连挂端司机室内的旋钮选择救援模式或被救援模式，随车机械师将连挂端车下的列车管截断塞门置于接通位，使动车组处于救援或被救援状态。

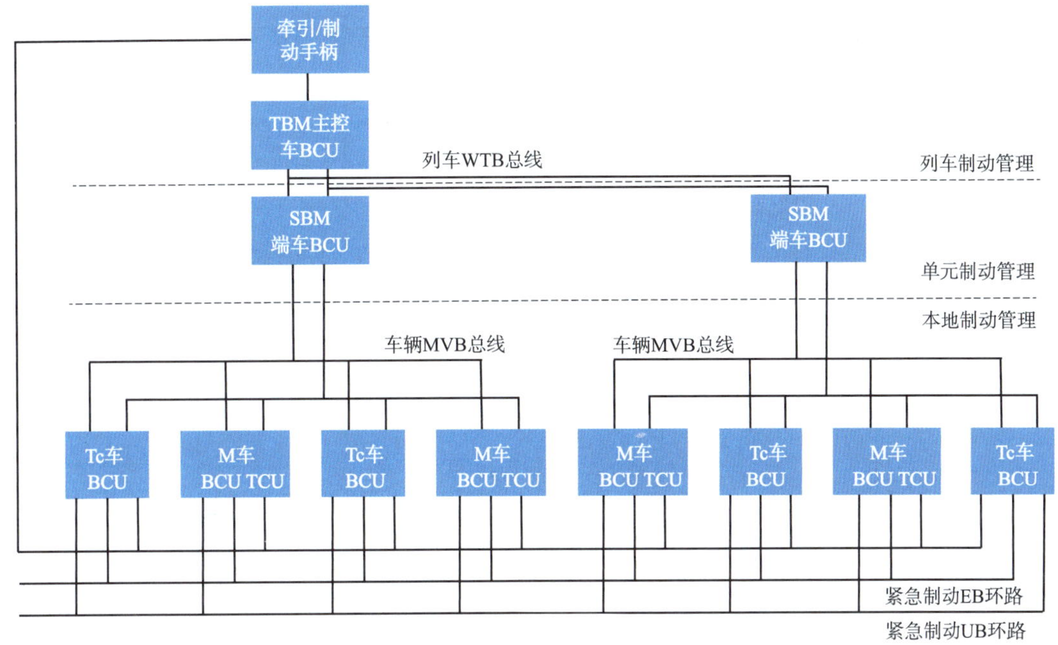

图 4-2　网络模式下制动原理

在救援模式下，BP 救援转换装置将本车的常用制动电气指令转换为 BP 压力。接收到紧急制动 UB 指令后，BP 救援转换装置内的紧急电磁阀失电，迅速将 BP 管压力排空。列车管减压量与电气制动指令级别对应关系见表 4-1。

表 4-1　列车管减压量与电气制动指令级别对应关系

列车管压力	电气制动指令级别
550 kPa	1
530 kPa	2
510 kPa	3
490 kPa	4
470 kPa	5
450 kPa	6
430 kPa	7
救援动车组	被救援动车组
列车管小于 380 kPa	紧急制动 UB
紧急制动 EB/UB	列车管压力低于 200 kPa

二、制动控制模块工作过程

1. 制动控制单元气路组成及接口定义

制动控制模块包括电—空转换阀、中继阀、称重限压阀、紧急制动电磁阀、压力开关、压力传感器等，受电子制动控制单元控制。制动控制模块原理如图 4-3 所示。

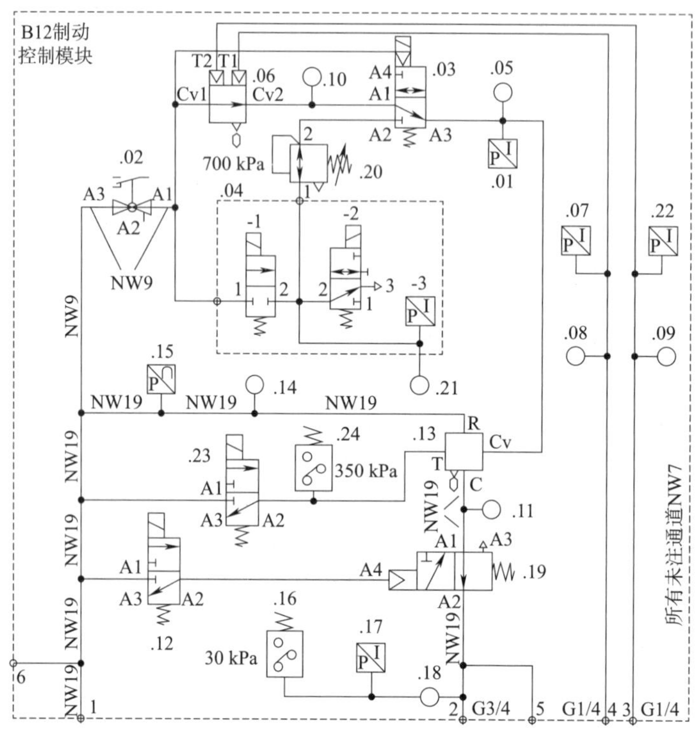

图 4-3　制动控制模块原理

其对外接口定义为：

B12.1-R 压力，连接车辆副风缸。

B12.2-C 压力，连接车辆制动缸。

B12.3-T2 压力，来自本车二位转向架空簧载荷压力。

B12.4-T1 压力，来自本车一位转向架空簧载荷压力。

2. 制动控制模块在非紧急制动 UB 时的工作过程

电空转换阀(B12.04)通过充风电磁阀(B12.04-1)及排风电磁阀(B12.04-2)将来自电子制动控制单元的制动指令信号转化成预控制压力信号。如果压力传感器(B12.04-3)检测到的压力信号与要求的压力信号不符，通过电子制动控制单元控制电磁阀(B12.04-1)充风或控制电磁阀(B12.04-2)排风来校正压力。

常用制动和紧急制动 EB 时，车辆一位转向架空簧载荷压力信号 T1 通过压力传感器(B12.07)获得，车辆位转向架空簧载荷压力信号 T2 通过压力传感器(B12.22)获得。电子制动控制单元根据制动指令和车辆载荷压力信号 T1 和 T2，通过电空转换阀(高速开关阀)(B12.04)[包括充风电磁阀(B12.04-1)、排风电磁阀(B12.04-2)和压力传感器(B12.04-3)]将 R 压力转化成预控压力 Cv。如果压力传感器(B12.04-3)检测到的压力信号与要求的压力信号不符，通过电子制动控制单元控制电磁阀(B12.04-1)充风或控制电磁阀(B12.04-2)排风来校正预控压力 Cv，预控压力 Cv 经紧急制动电磁阀(B12.03)(紧急制动电磁阀得电)A2-A3 通路到达中继阀(B12.13)。减压阀(B12.20)的设定值为 550 kPa，防止上游产生异常的过高压力，对下游部件进行保护。

3. 制动控制模块在紧急制动 UB 时的工作过程

紧急制动 UB 时，紧急制动 UB 安全环路断开，紧急电磁阀(B12. 03)失电，A1-A3 通路打开。R 压力经空重阀(B12. 06)(R 压力根据车辆载荷压力 T1 和 T2 限压后)转化成预控制压力 Cv，预控压力 Cv 经紧急制动电磁阀(B12. 03)A1-A3 通路到达中继阀(B12. 13)，中继阀(B12. 13)根据预控压力 Cv，将 R 口压缩空气按比例放大流量形成 C 压力。

为了防止超黏着并延长制动盘的使用寿命，紧急制动 UB 实行分阶段压力控制，分为高减速阶段和低减速阶段。高减速阶段和低减速阶段之间的切换通过电磁阀(B12. 23)实现，高低阶制动缸压力产生由中继阀实现。当电磁阀(B12. 23)得电时中继阀(B12. 13)的 T 口有压力输入，中继阀(B12. 13)输出低制动缸 C 压力；当电磁阀(B12. 23)失电时中继阀(B12. 13)的 T 口压力为零，中继阀(B12. 13)输出高制动缸 C 压力。

三、制动系统的组成

制动系统主要由制动控制装置、BP 救援转换装置、风源系统、停放制动装置、撒砂装置、基础制动装置、制动状态指示装置等组成，具体分布如图 4-4 所示。

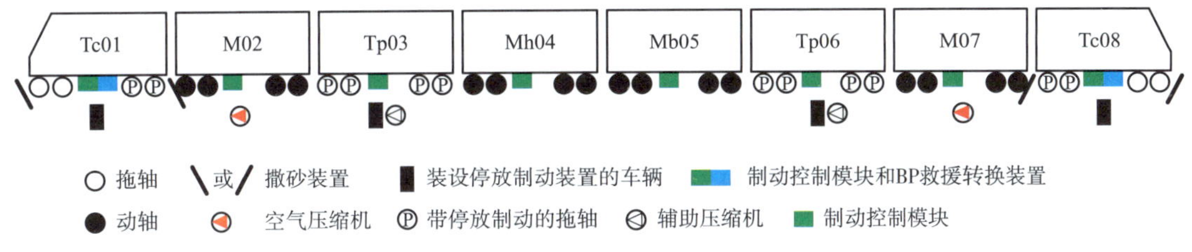

图 4-4　动车组制动系统分布

1. 制动控制装置

制动控制装置(EBCU)根据制动指令、车轮速度和车辆载重、再生电制动等信息进行空气制动力的计算、分配和控制，产生相应的空气制动压力。

气动制动控制单元(PBCU)包括电—空转换阀、中继阀、空重车调整阀、紧急制动电磁阀、压力开关、压力传感器等，受电子制动控制单元控制。制动系统将上述零部件集成在一个机电一体的装置中。

EBCU 接收与处理司机制动指令，并控制各车的制动。EBCU 采用微处理器控制，具有数字量输入输出接口、模拟量输入输出接口、驱动模块及电源模块等。

每辆车的 EBCU 通过列车网络或者硬线接收牵引制动手柄、相应的按钮开关产生的制动指令信号，同时采集车辆载荷信号，并根据车辆载荷自动调整制动力。载荷信号来源于空气弹簧压力，由压力传感器监测。

EBCU 与 PBCU 构成闭环计算机制动控制系统，使实际输出的制动缸压力偏差不超过 20 kPa，并保证在任何单个车辆的 EBCU 故障时不会导致其他车辆制动力丧失。

2. BP 救援转换装置

为实现动车组的回送和救援，分别在每个端车设置一套 BP 救援转换装置，并设置一根额定压力为 600 kPa 的列车管，通过检测列车管的压力变化来控制被救援和回送的动车组，回送模式可通过司机室内的开关激活。

3. 风源系统

风源系统(图 4-5)是为全列车制动系统及空气弹簧等使用压缩空气的装置提供压缩空气。每列车设有两套压缩机组,包括空气压缩机、干燥器、安全阀、压力开关等,空气压缩机采用螺杆式。动车组总风最大压力为 1 000 kPa,正常压力范围为 800～950 kPa。当救援或回送时总风管风压为 600 kPa,动车组制动系统应能正常工作。采用 3AC 380 V/50 Hz 三相交流电驱动,供气量满足系统用风要求;空压机组由空气入口系统、空压机主机、油分离器、油和空气后冷却器、加热装置等组成。风源系统气路如图 4-6 所示。

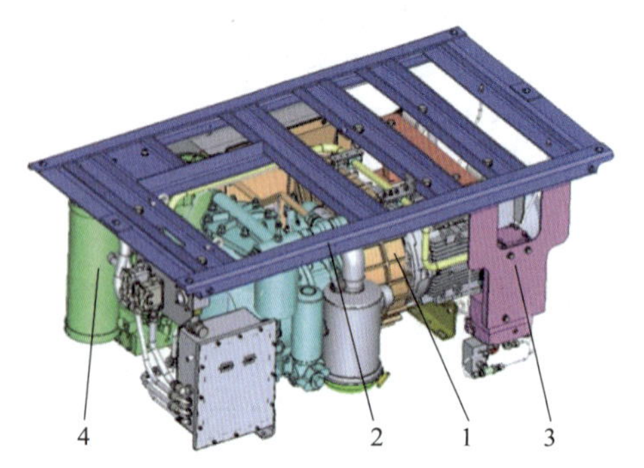

图 4-5　风源系统组成

1—空气压缩机组;2—整体吊架;
3—预过滤器;4—干燥器

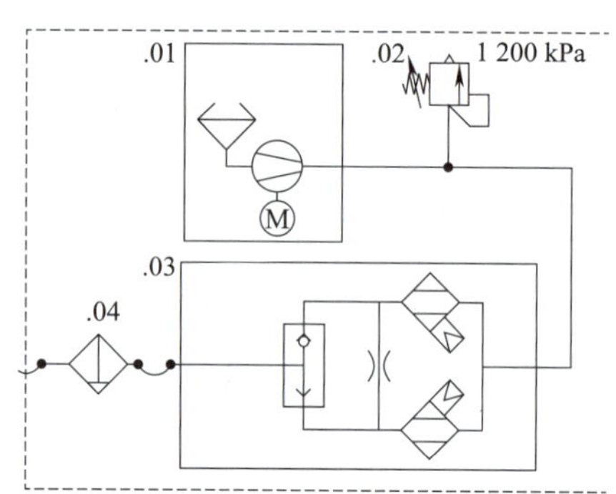

图 4-6　风源系统气路

风源系统可为制动、牵引、列车运行控制、空气悬挂等系统和风笛、塞拉门、集便器等用风装置提供压缩空气,满足各系统性能指标的要求。

4. 停放制动装置

停放制动是防止静置状态下的列车发生溜逸的制动方式。动车组制动系统具有停放制动监控功能,在列车运行速度 5 km/h 以上意外施加停放制动时,动车组实施紧急制动 EB 停车。每个带停放的夹钳单元须设两个手动缓解装置,通过手动缓解装置可以缓解该夹钳单元的停放制动。在设有停放制动的车辆上,车内均设有停放制动隔离塞门,通过停放制动隔离塞门和停放制动手动缓解拉手可切除或在紧急情况下缓解停放制动。

5. 撒砂装置

司机可通过操作撒砂扳键开关手动控制实施撒砂,操作信号通过网络传输给 EBCU,由 EBCU 控制撒砂电磁阀,实现撒砂功能。扳键开关向前为前撒砂,向后为全列撒砂。

6. 基础制动装置

基础制动装置用于将空气制动压力转换为对车轮的摩擦力,使车辆实施减速或停车。动车组基础制动装置采用铸钢制动盘和粉末冶金闸片,动车每轴设 2 套轮装制动盘,拖车每轴设 3 套轴装制动盘,如图 4-7 所示。其性能满足动车组制动能力的要求。部分拖轴上设有停放制动缸,停放制动缸设置的数量需满足动车组在定员载荷下停放具有不小于 1.2 倍的安全系数。

7. 制动状态指示装置

动车组制动系统配备带背光的双针压力表,以显示总风管及端车制动缸压力;配备背光的单针压力表以显示列车管压力。动车组救援回送时,需要在司机室显示屏(HMI)上显示列车管压力。

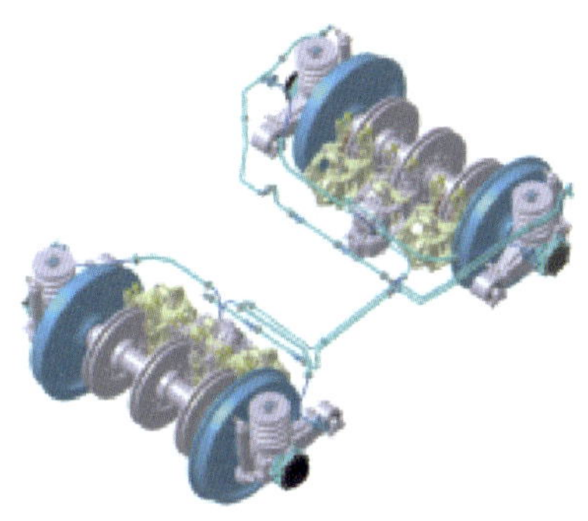

图 4-7　基础制动装置

动车组制动系统配备常用制动缓解指示器和停放制动缓解指示器。制动缓解指示器指示颜色分为红色和绿色两种，红色代表制动施加，绿色代表制动缓解。

8. 辅助供风单元

动车组制动系统在受电弓车配置了辅助供风单元。对辅助供风单元的控制由列车控制系统来实现，在总风欠压（总风压力低于 550 kPa）的情况下，辅助供风单元将启动，为辅助供风管路提供压缩空气，以满足受电弓升弓、主断路器和高压隔离开关动作所需的压缩空气，如图 4-8 所示。

图 4-8　辅助供风单元

9. 制动系统的网络控制

制动系统设有车辆 MVB 总线接口，可与列车控制系统等进行通信，与其他子系统共用列车 TCN 网络，全列 8 节车共分为 2 个牵引单元，在一个牵引单元内的通信由车辆总线 MVB 来完成，单元间的通信由列车总线 WTB 完成。

制动系统按预设的模式曲线控制列车减速或停车，设有与列车运行控制系统的车载设备的接口，并受其控制；具有冲动限制功能，可以确保乘客的乘坐舒适性。

四、制动系统的术语及定义

1. 常用制动

调节列车运行速度或使列车在预定地点停车的制动。

2. 停放制动

防止静置状态下的列车发生溜逸的制动方式。

3. 紧急制动 EB

空电复合紧急制动，紧急制动 EB 安全环路失电时制动系统按速度模式曲线方式进行空电复合制动控制。

4. 紧急制动 UB

纯空气紧急制动，由紧急制动 UB 安全环路失电控制紧急制动电磁阀实施的紧急制动。

5. 保持制动

防止列车在静置停车或起动时发生溜逸的制动方式。

6. 动力制动

牵引电机产生的制动方式。

7. 电空制动

电控制的空气制动方式。

8. 空电复合制动

动力制动和空气制动联合控制的制动方式。

9. 直通式电空制动

由制动控制单元(BCU)根据电气制动指令控制总风直接向制动缸充风的制动控制方式。

10. 响应时间

从制动指令发出到达到目标制动缸压力的 90%的时间。

11. 冲动限制

制动过程中对制动减速度的变化率进行控制，以满足旅客舒适度的要求。

12. 整备载荷

列车技术装备完整时的重量。

13. 定员载荷

列车在定员状态时的重量，应为整备载荷与定员人员重量之和。

14. 制动控制单元

安装在动车组每辆车上实现制动控制功能的装置。

15. 电子制动控制单元

采用计算机控制的电子模块集成式装置。

16. 气动制动控制单元

气动控制部件集成式装置。

五、常用制动的工作原理

1. 常用制动功能

由制动系统来进行动车组(含重联)制动力管理。制动系统具有列车级主控功能，实现全列车制动力管理、分配和计算，列车级主控功能应满足冗余要求。列车中的每个 MVB 网络单元(2 动 2 拖)内应具有单元主控功能的 EBCU，进行 MVB 网络单元内的制动力管理、分配和计算，单元主控功能应满足冗余要求。

常用制动时，制动系统根据牵引制动手柄级位、列车运行控制系统等给出的制动指令进行制动施加和缓解。使用牵引制动手柄控制所有常用制动级位:0 位为缓解位;制动扇区中 B1、B2、B3、B4、B5、B6、B7 位为常用制动级位,B7 位为最大常用制动位。

2. 常用制动的实现

各车制动控制装置(EBCU)图纸代号＝28-A01,根据获取的继电器＝28-K31、＝28-K32、＝28-K33 硬线状态信息判断并获得制动级位,如图 4-9 所示,制动级位对照见表 4-2。

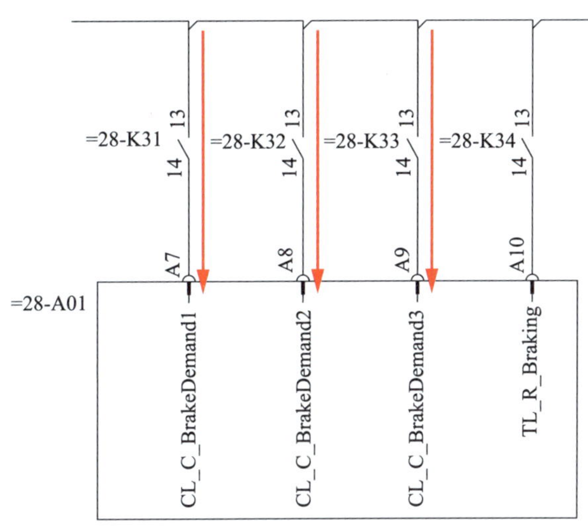

图 4-9　制动单元制动级位电路

表 4-2　制动级位对照表

级位	＝28-K31	＝28-K32	＝28-K33	＝28-K34
0	1	1	1	0
B1	1	0	1	1
B2	0	0	1	1
B3	0	1	1	1
B4	0	1	0	1
B5	1	1	0	1
B6	1	0	0	1
B7	0	0	0	1

常用制动中间控制继电器＝28-K41、＝28-K42、＝28-K43 得电路径是:闭合＝28-F29 制动指令供电断路器,经由＝22-K06 司机室占用继电器,救援开关＝28-S05 置于 0 位,经由二极管＝28-D03 向＝22-S01 触点提供 110 V 电源。司控器通过触点的闭合变化控制＝28-K41、＝28-K42、＝28-K43、＝28-K44 继电器线圈。＝28-K41、＝28-K42、＝28-K43 为控制控制指令 1、2、3,＝28-K44 在制动位时得电,如图 4-10 所示。

常用制动控制继电器＝28-K31,＝28-K32,＝28-K33 得电路径是:闭合 Tc01/00 车＝28-F32 断路器,经＝28-K52 继电器常开触点 23-24 得电或＝22-K06 继电器常开触点 73-74 得电

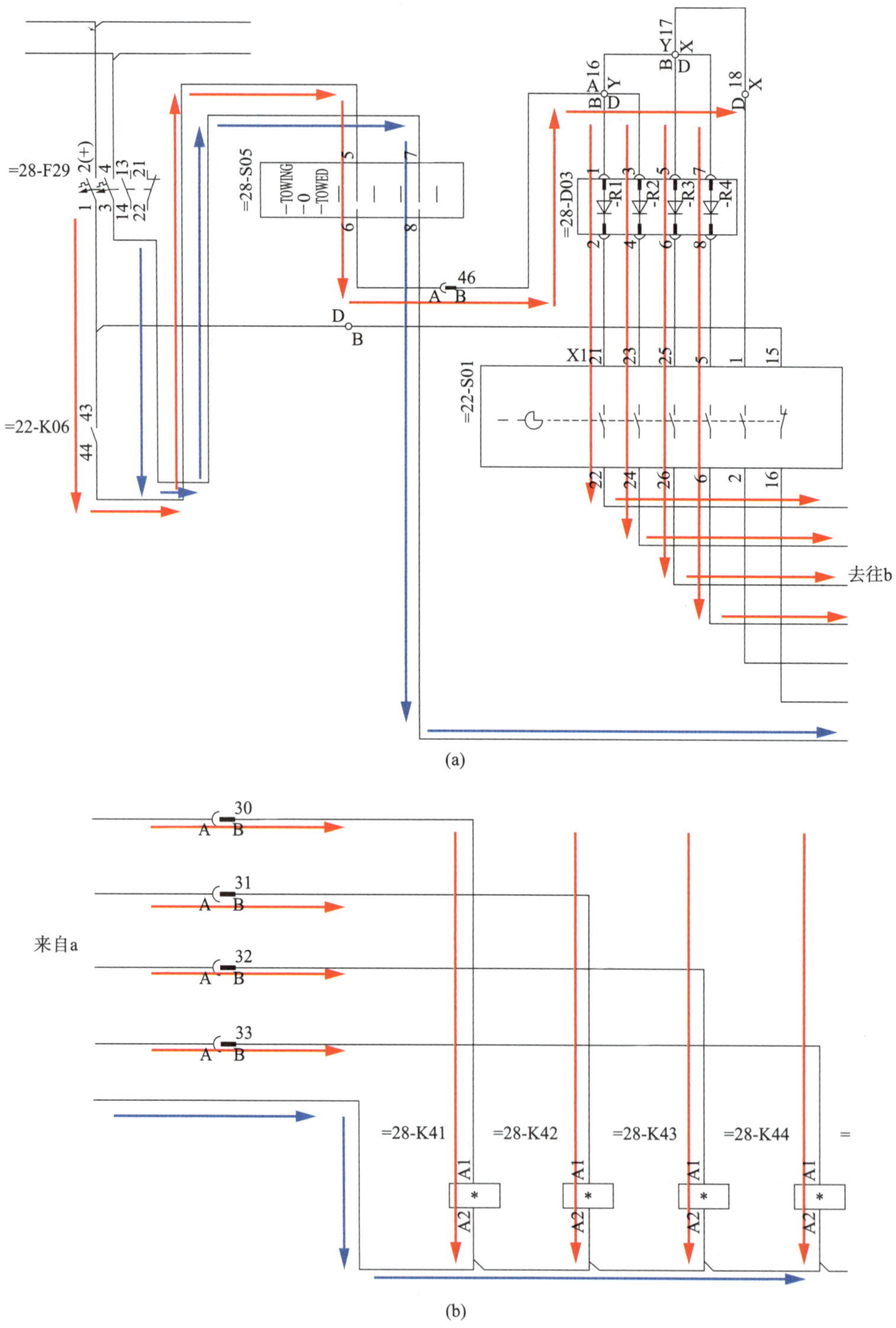

图 4-10　常用制动中间继电器原理

闭合，经＝96-D11 二极管经＝28-K41 继电器常开触点 13-14，＝28-K42 继电器常开触点 13-14，＝28-K43 继电器常开触点 13-14 得电吸合，使＝28-K31 继电器、＝28-K32 继电器、＝28-

K33 继电器得电吸合，经＝28-K31 继电器常开触点 13-14，＝28-K32 继电器常开触点 13-14，＝28-K33 继电器常开触点 13-14 将制动指令传输给制动控制单元(BCU)，实现车辆制动，如图 4-11 所示。

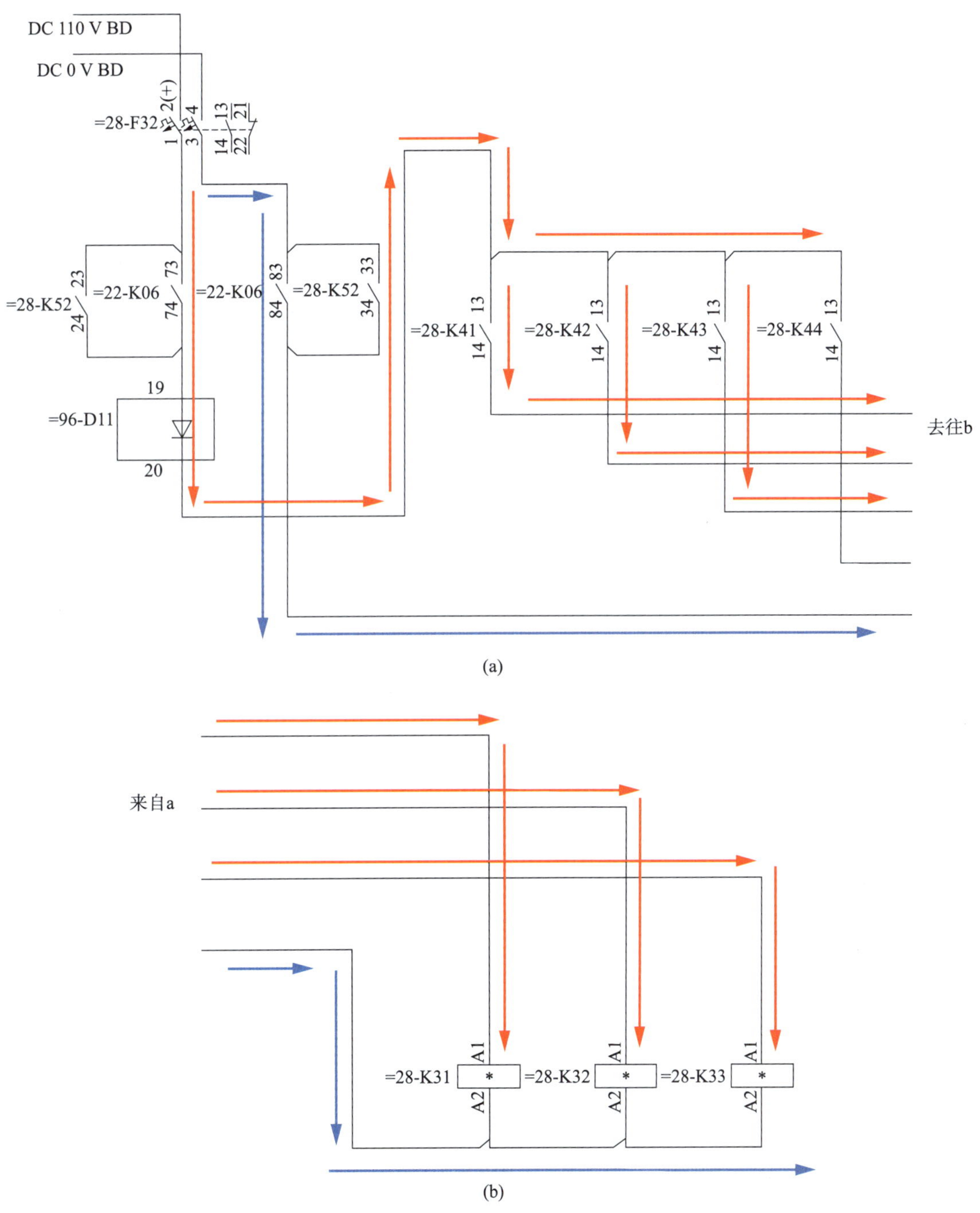

图 4-11　常用制动继电器原理

任务实施

1. 确认软件版本

由于制动的功能实现是由 BCU 软件进行逻辑控制，所以试验前通过带有制动软件的笔记本计算机连接 BCU，检查 BCU10 和 BCU20 每个板卡的软件版本，保证 BCU 的软件版本正确，逻辑控制功能正常。

2. 常用制动的功能测试

通过控制制动单元内部的气动元件来实现常用制动的施加和缓解功能。

(1)通过外接风源给主风缸供给 800～950 kPa 的压缩空气。

(2)通过控制 B12.16 制动压力开关，来检测制动缓解环路电路的正确性。

操作步骤：通过缓慢降低调压阀输出，最终让制动缸的压力降低，压力开关的压力<30 kPa(0.3 bar)(模拟制动已缓解，=28-A01/X1/C10-C12 触点闭合)，来检测制动缓解环路电路的正确性，=43-K26 吸合表示缓解环路建立，如图 4-12 所示。

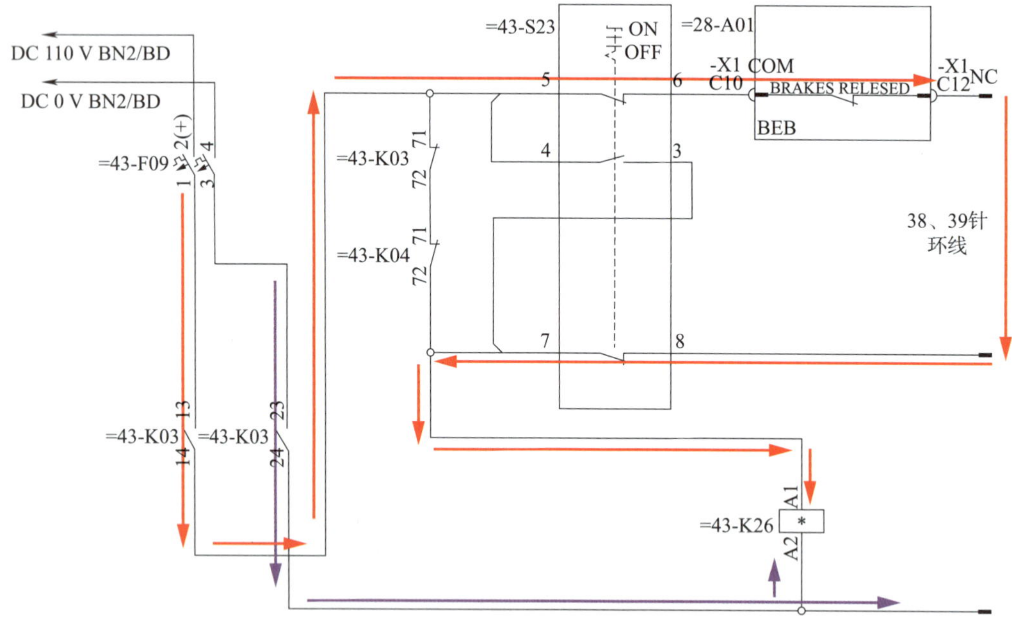

图 4-12　制动缓解环路建立原理

B12.16 为 BCU 内部的制动压力开关，用于检测制动是否缓解。当 B12.16 的压力为 0 时，表示制动缓解，=28-A01/X1/C10-C12 触点闭合。当 B12.16 的压力>30 kPa(0.3 bar)时，表示制动已施加，=28-A01/X1/C10-C12 触点断开。

(3)通过控制 B12.02 BCU 内部的制动截断塞门，检查常用制动气路。

操作步骤：关闭塞门 B12.02(图 4-13)，风压从 B12.02 的侧排口排出，制动环路风压排空，常用制动必须缓解。打开塞门 B12.02，常用制动环路充风，常用制动必须施加。

(4)通过控制 B32 的制动截断塞门，检查常用制动气路。

操作步骤：关闭塞门 B32(图 4-14)，风压从 B32 的侧排口排出，制动环路风压排空，常用制动必须缓解。打开塞门 B32，常用制动环路充风，常用制动必须施加。

3. 停放制动的功能测试

(1)通过手动控制 BCU 内部的停放制动双稳态电磁阀(图 4-15)，测试停放制动缸的施加(排风)或缓解(充风)。

操作步骤：手动控制双稳态电磁阀 B15.03，检查 B15.04 压力。当手动控制 B15.03 缓解时，进行充风停放制动缓解。当手动控制 B15.03 施加时，进行排风停放制动施加。

图 4-13　B12.02 截断塞门

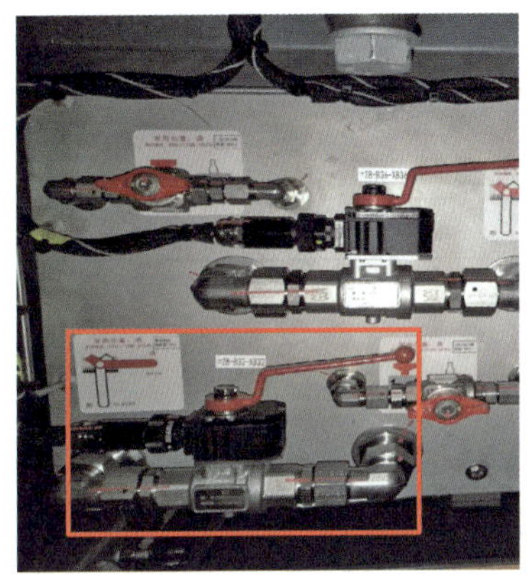

图 4-14　B32 截断塞门

图 4-15　停放制动双稳态电磁阀

(2)关闭 B37 塞门，检查停放制动缸，测试停放制动缸的施加(排风)或缓解(充风)。

操作步骤：手动关闭 B37 塞门(图 4-16)，风压从 B37 的侧排口排出，停放制动环路风压排空，停放制动施加。当恢复 B37 塞门时，停放制动环路充风，停放制动缓解。

4. 防滑控制

(1)拆下 1～4 轴的速度传感器，分别用速度模拟器模拟 1～4 轴的速度，然后通过制动服务软件分别连接 BCU10、BCU20 检查其速度是否满足要求。

(2)通过制动服务软件，分别测试 1～4 轴的防滑功能。以 1 轴为例，首先通过制动服务软件，设置变量 WSP1_Y_Holding=0。无排气声音，制动施加。然后通过制动服务软件，设置变量 WSP1_Y_Holding=1、WSP1_Y_Venting = 1，有排气声音，制动缓解。

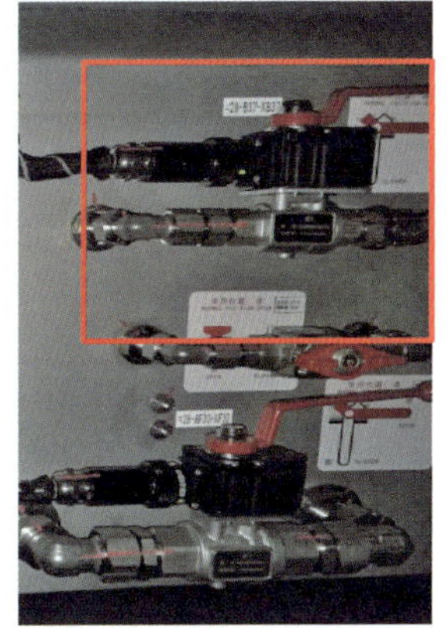

图 4-16　B37 截断塞门

任务评价

1. 自我评价(40 分)

学生根据学习任务完成情况进行自我评价。

自我评价表

评价模块	配分	评分项点	得分
安全意识	10	1. 不按要求穿着工作服及防滑电工鞋。 2. 不按要求戴绝缘手套。 3. 不按要求进行带电或断电作业。 4. 不按安全要求规范使用工具。 5. 其他违反安全操作规范的行为	
技能操作	10	检查软件版本	
	30	常用制动的功能测试	
	20	停放制动的功能测试	
	20	防滑控制	
职业规范和环境保护	10	1. 在工作过程中工具和器材摆放凌乱。 2. 不爱护设备、工具、不节省材料。 3. 在工作完成后不清理现场，在工作中产生的废弃物不按规定处置	
		自我评分(总分×40%)＝	

签名________ ________年________月________日

2. 小组评价(30分)

同一实训小组同学进行互评。

小组评价表

评价项目	配分	得分
实训记录与自我评价情况	30	
相互帮助与协作能力	30	
安全、质量意识与责任心	40	
		小组评分(总分×30%)＝

参评人员签名________ ________年________月________日

3. 教师评价(30分)

指导教师结合自评与互评的结果进行综合评价。

教师总体评价意见：	
教师评分	
总评分＝自我评分＋小组评分＋教师评分	

教师签名________ ________年________月________日

任务二　整车制动调试

任务描述

对整车制动进行控制，按照确认软件版本、辅助空压机及升弓控制、主空压机控制、保持制动控制、停放制动控制、环路检查、常用制动控制这 7 个步骤进行。

知识链接

一、紧急制动 EB 的工作原理

1. 紧急制动 EB 功能

紧急制动 EB 是空电复合紧急制动，在制动系统设备正常情况下实施的紧急制动，按速度模式曲线控制方式实施制动控制。列车设置紧急制动 EB 环路，EBCU 通过检测紧急制动 EB 环路状态和网络信号触发紧急制动 EB。紧急制动 EB 时，制动系统应能使空气制动随时与电制动进行自动配合，实现空电复合制动，充分利用动力制动。

紧急制动 EB 由各车独立控制，减少制动响应时间。单车 BCU 同时通过列车网络和硬线获得紧急制动 EB 指令，控制模拟转换阀输出紧急制动 EB 预控压力，预控压力经中继阀放大后，生成制动缸压力。紧急制动 EB 时，当主 EBCU 检测到动车组紧急制动 EB 减速度不足时，将自动触发紧急制动 UB。

紧急制动 EB 环路断开的触发条件：

(1)当牵引制动手柄在紧急制动 EB 位。

(2)客室及乘务员室触发乘客紧急制动设施。

(3)列车非静止条件(速度>5 km/h)下停放制动意外施加。

(4)司机警惕装置触发紧急制动请求。

(5)无司机室占用时。

2. 紧急制动 EB 原理

(1)通过牵引制动手柄触发紧急制动 EB

紧急制动 EB 可以通过牵引制动手柄执行。通过牵引制动手柄施加的 EB 紧急制动是触发 EB 紧急制动的一种方式。对于 EB 紧急制动取决于手柄的位置，将手柄置于 EB 紧急制动位。

将牵引制动手柄置于 K1～B7 任何一个位置时，S4.1 与 S4.2 触点导通，S4.3 与 S4.4 触点断开，即 X1 的 13 与 14 针导通，15 与 16 针断开。将牵引制动手柄置于 EB 位置时，S4.1 与 S4.2 触点断开，S4.3 与 S4.4 触点闭合，即 X1 的 13 与 14 针断开，15 与 16 针导通，如图 4-17 所示。

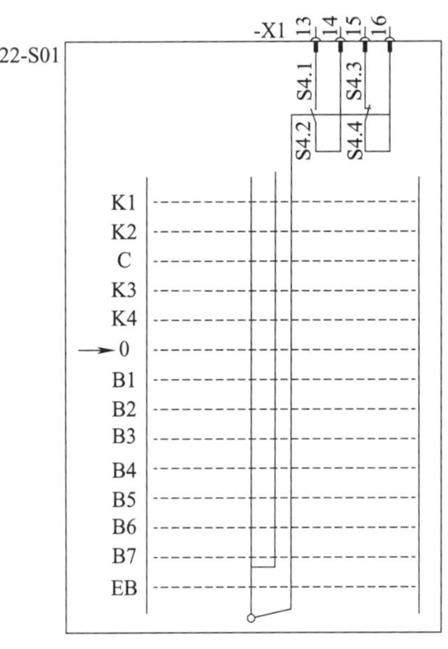

图 4-17　牵引制动手柄 EB 位触点状态表

牵引制动手柄置于 EB 位时，牵引制动手柄连接器-X1 的 15 与 16 导通，=28-K45 得电。将=28-K45 的反馈信号发送给中央控制单元(CCU)，经过 CCU 的逻辑运算，从而向每节车的 BCU 发出触发 EB 紧急制动的指令，如图 4-18 所示。

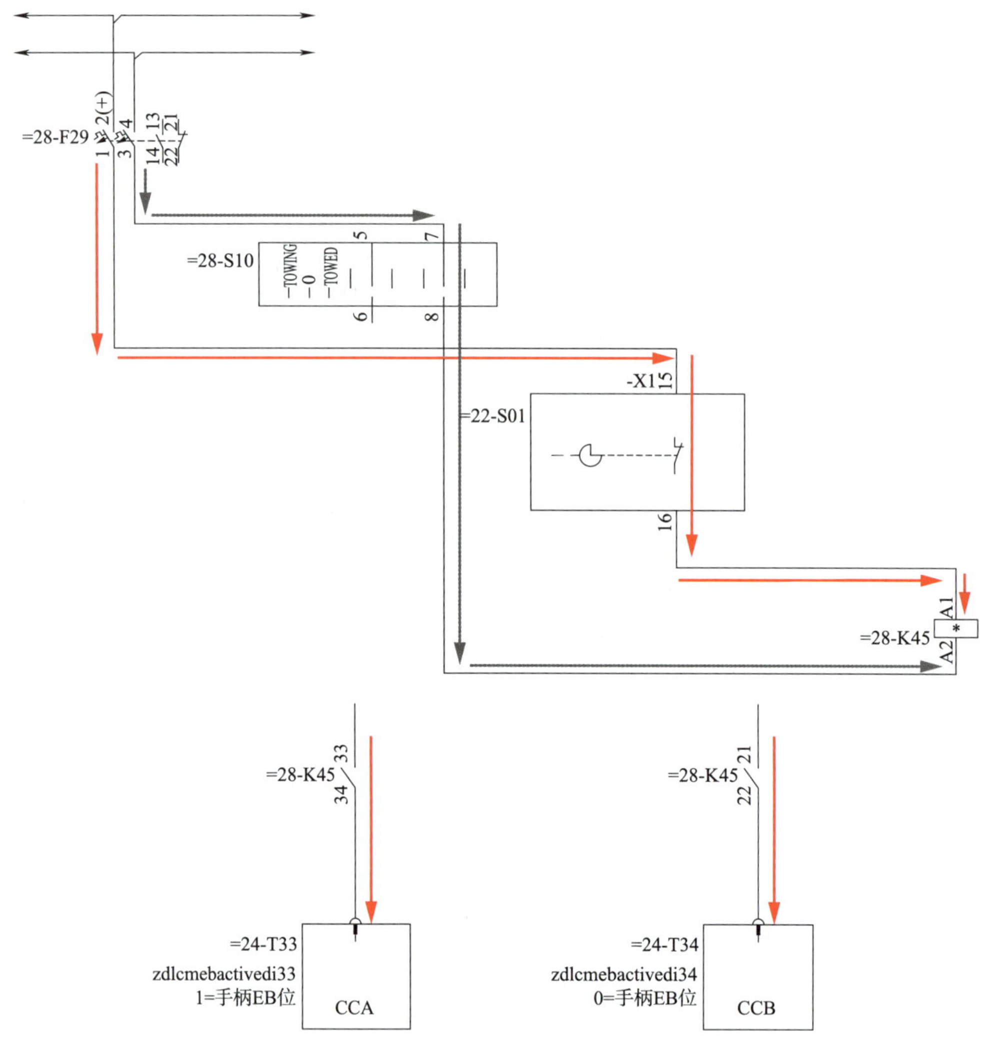

图 4-18　牵引制动手柄在 EB 紧急制动位的网络反馈电路

当 EB 环路建立时=43-K74 得电，=43-K74 由=43-K35 控制。即=43-K74 是紧急制动 EB 环路状态继电器，=43-K35 是紧急制动 EB 环路控制继电器。

(2)停放制动环路状态、司机警惕系统状态、乘客报警状态触发紧急制动 EB

当牵引制动手柄在非 EB 位置时，由=43-F04 供电→被救援继电器=43-K43，没有被救援时=43-K43 不得电 51-52 触点闭合→停放制动环路建立=43-K27 得电 13-14 触点闭合→ASD 司机警惕系统，ASD 司机警惕未激活，=43-K41 未得电 21-22 触点闭合→乘客紧急制动环路建立=43-K25 得电 13-14 触点闭合→牵引制动手柄的 13-14 触点闭合→=43-K35 得电，如图 4-19 所示。由于=43-K01、=43-K02 为头继电器(受=22-K01 控制)，故头车该继电器 71-72 触点断开。

停放环路状态→司机警惕→乘客报警→牵引制动手柄 EB 位→状态继电器=43-K35 得电后，通过=43-K35 控制的环路 EB 紧急制动环路继电器=43-K74 得电。因此，停放施加、司机警惕不正常、乘客报警出现均会导致紧急制动 EB 的触发。

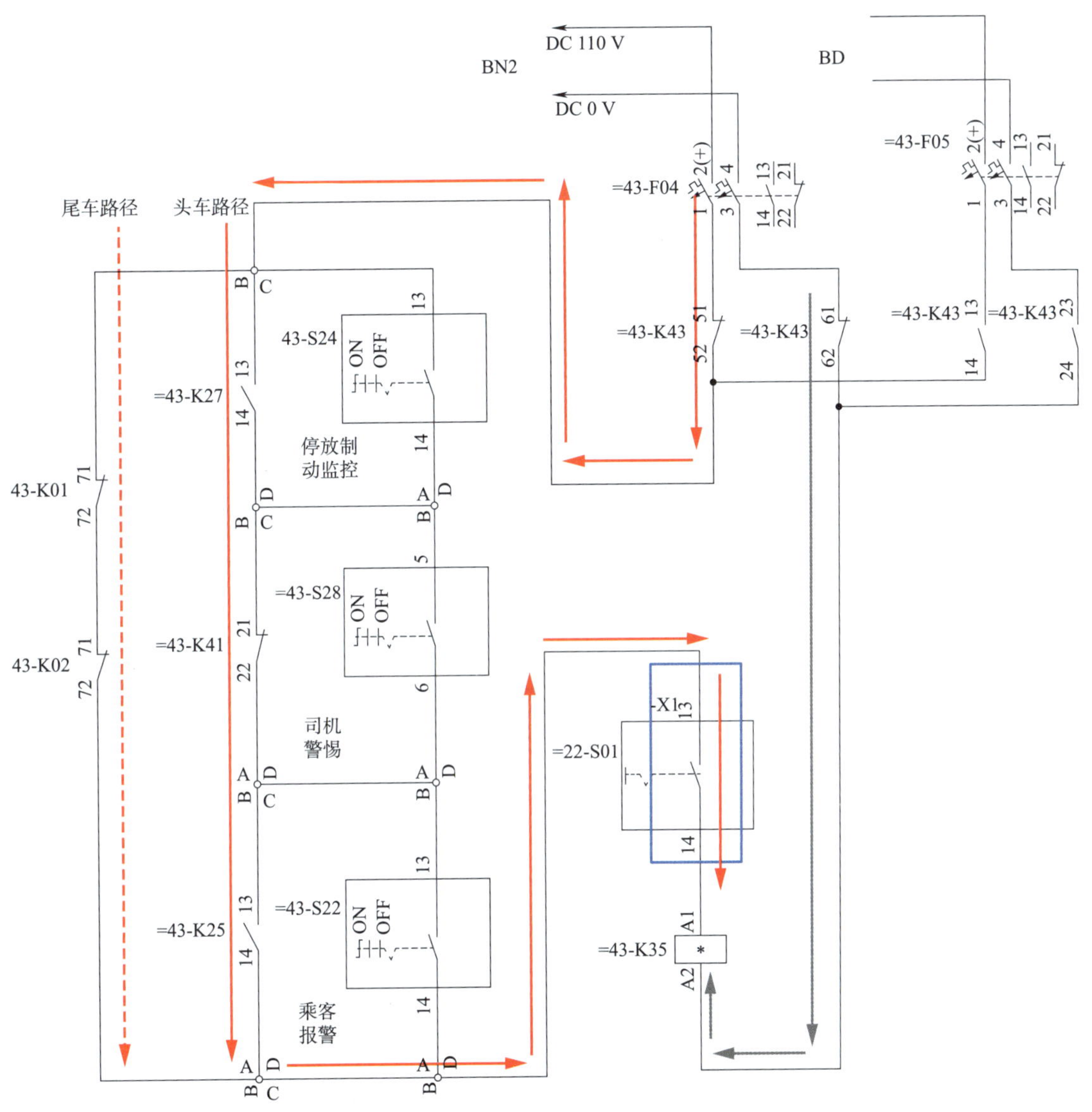

图 4-19　状态继电器=43-K35 得电原理

(3)紧急制动 EB 环路

紧急制动 EB 环路状态继电器=43-K74 得电过程:DC 110 V 由 EB 紧急制动环路供电断路器=43-F06 提供→头继电器=43-K01 常开触点 13-14,由于占用端的=43-K01 得电,触点 13-14 闭合→头车 =43-K35,由于=43-K35 未有停放制动、司机警惕(ASD)、乘客等报警所以得电,触点 13-14 闭合→头车 EB 紧急制动旁路开关=43-S31,正常位时触点 5-6 导通→中间车贯通线→尾车的 EB 紧急制动旁路开关=43-S31,正常位时触点 5-6 导通→尾车=43-K02,=43-K05(头继电器)不得电,触点 51-52 闭合→尾车=43-S31 的触点 7-8 导通→尾车=43-K35 得电,触点 13-14 闭合→尾车=43-K74 得电→中间车=43-K74 得电→头车=43-K35 得电,触点 33-34 闭合→头车=43-K74 得电,如图 4-20 所示。

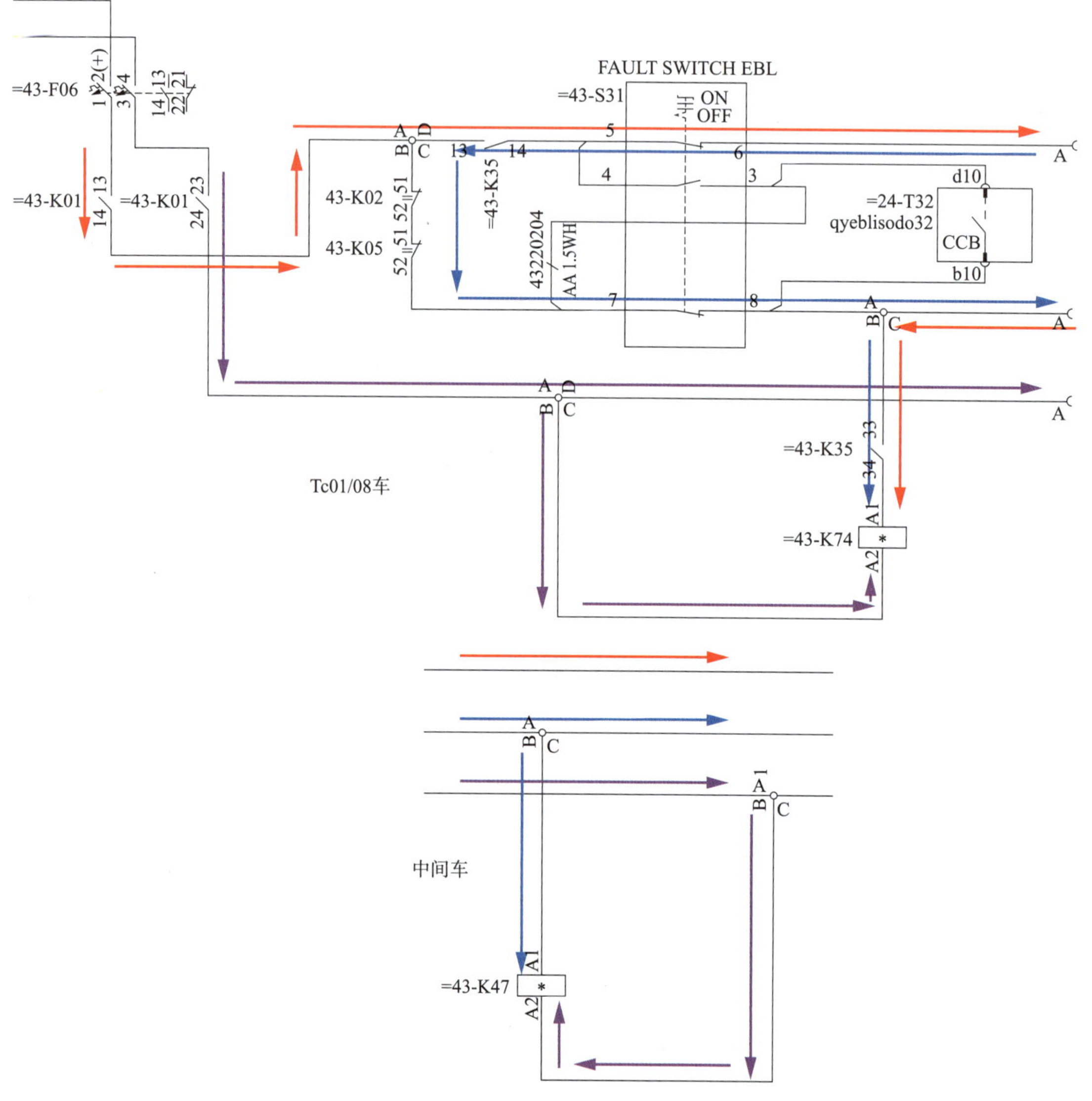

图 4-20　紧急制动 EB 继电器=43-K74 得电原理

由继电器=43-K35 的得电过程可以看出，牵引制动手柄置于 EB 位、停放制动环路断开=43-K27 失电、司机警惕系统被激活=43-K41 得电、乘客报警环路断开=43-K25 失电，任何一个条件被触发，都可以让=43-K35 失电，从而导致紧急制动环路断开，=43-K74（紧急制动环路状态集电器）失电。

当=43-K74 失电，DC 110 V 由 BCU=28-A01 的 B4 针供电→=28-S10 救援开关在 0 位，被救援继电器=43-K42 失电，触点 61-62 闭合→非紧急牵引模式=22-K73 失电，触点 01-02 闭合→紧急制动 EB 环路没有旁路时 EBL 旁路继电器=43-K73 失电，触点 61-62 闭合→紧急制动 EB 环路断开=43-K74 失电，触点 71-72 闭合→BCU 的 B10 针收到高电平信号，BCU 施加紧急制动 EB，输出最大制动力，如图 4-21 所示。

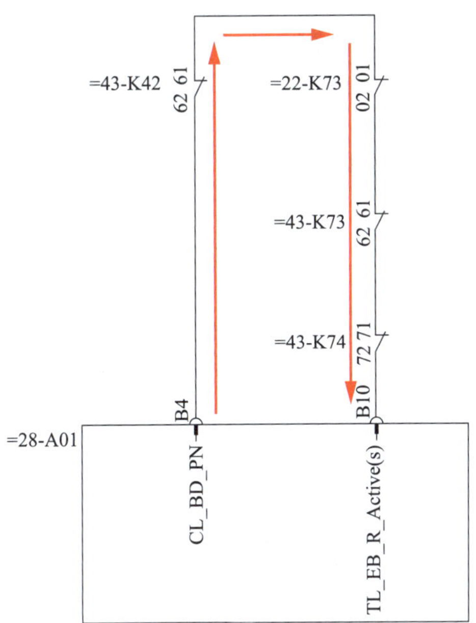

图 4-21　BCU 触发 EB 紧急制动电路

二、紧急制动 UB 的工作原理

1. 紧急制动 UB 功能

紧急制动 UB 是纯空气紧急制动，由紧急制动 UB 环路失电控制紧急制动电磁阀失电实施的紧急制动。

施加紧急制动 UB 时，紧急制动 UB 环路断开(故障导向安全原则)，单车紧急制动电磁阀失电，总风压力经过称重限压阀由其根据车重情况生成最大紧急制动预控压力，预控压力经紧急制动电磁阀，通过中继阀后生成制动缸压力，实施摩擦制动。

紧急制动 UB 环路断开的触发条件：

(1)车载列车控制系统发出紧急制动。

(2)列车分离。

(3)紧急制动 UB 环路断开或失电。

(4)列车失电。

(5)紧急制动按钮 UB 被按下。

(6)紧急制动 EB 制动力不足。

(7)总风压力低。

2. 紧急制动 UB 原理

紧急制动 UB 可以通过紧急制动 UB 按钮＝28-S01 执行。通过紧急制动 UB 按钮＝28-S01 施加的紧急制动 UB 是触发 UB 紧急制动的方式之一。对于紧急制动 UB，在列车完全停止前不允许缓解。紧急制动 UB 按钮及紧急复位按钮如图 4-22 所示。

紧急制动 UB 施加后，可以通过紧急复位按钮＝43-S37 对紧急制动 UB 进行复位缓解。当列车完全停止后，首先将牵引制动手柄置于任意常用制动位，按下紧急复位按钮＝43-S37，

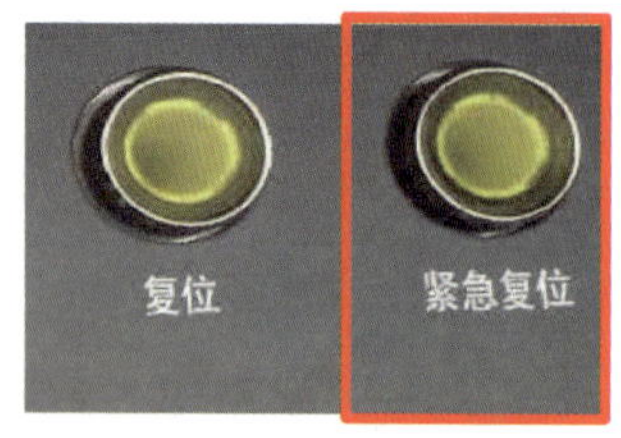

图 4-22　紧急制动 UB 按钮及紧急复位按钮

然后将牵引制动手柄置于 0 位，紧急制动 UB 缓解。

紧急制动 UB 保持继电器＝43-K61 的得电过程：DC 110 V 由＝43-F03 提供→取消网络触点 qyubresdo33 和 qyubresdo34→接通→＝43-K61 得电，如图 4-23 所示。

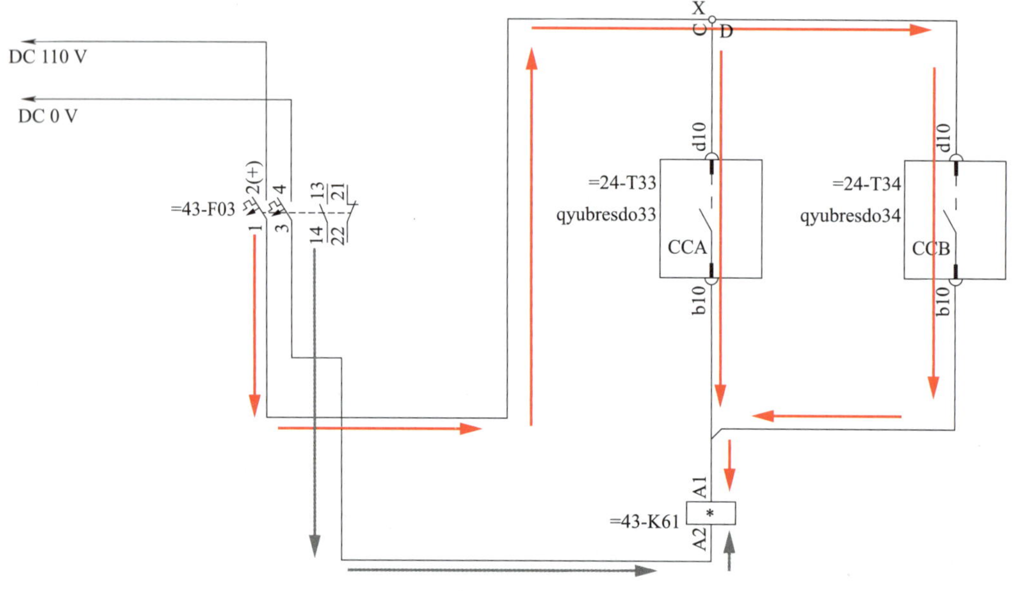

图 4-23　＝43-K61 得电原理

当 UB 环路建立时＝43-K24 紧急制动 UB 环路状态继电器得电，而＝43-K24 由＝43-K33、＝43-K34 控制。＝43-K33、＝43-K34 是紧急制动 UB 环路控制继电器。

以 Tc01 车为头车为例：继电器＝43-K01 至＝43-K07 均为头尾继电器，受＝22-K01 控制。当 Tc01 车被占用后为头车，＝43-K01 至＝43-K07 得电，尾车＝43-K01 至＝43-K07 失电。

Tc01 车 DC 110 V 由＝43-F04(BN2)或＝43-F05(BD)供电，＝43-K43 为被救援继电器，当车辆没有处于“被救援”时，＝43-K43 失电，由＝43-F04 供电→＝43-K61 失电(＝28-S01 没有被触发)，触点 21-22 闭合→当 EB 紧急制动环路建立时＝43-K35 得电，触点 23-24 闭合。[牵引制动手柄在紧急制动 EB 位；客室及乘务员室触发乘客紧急制动设施；列车非静止条件(速度＞5 km/h)下停放制动意外施加；司机警惕装置触发紧急制动请求；无司机室占用]。当车辆处于静止时，继电器＝28-K60 得电→＝28-S01 的 11-12 触点闭合→连接器 1、2、3、4 针供电，如图 4-24 所示。

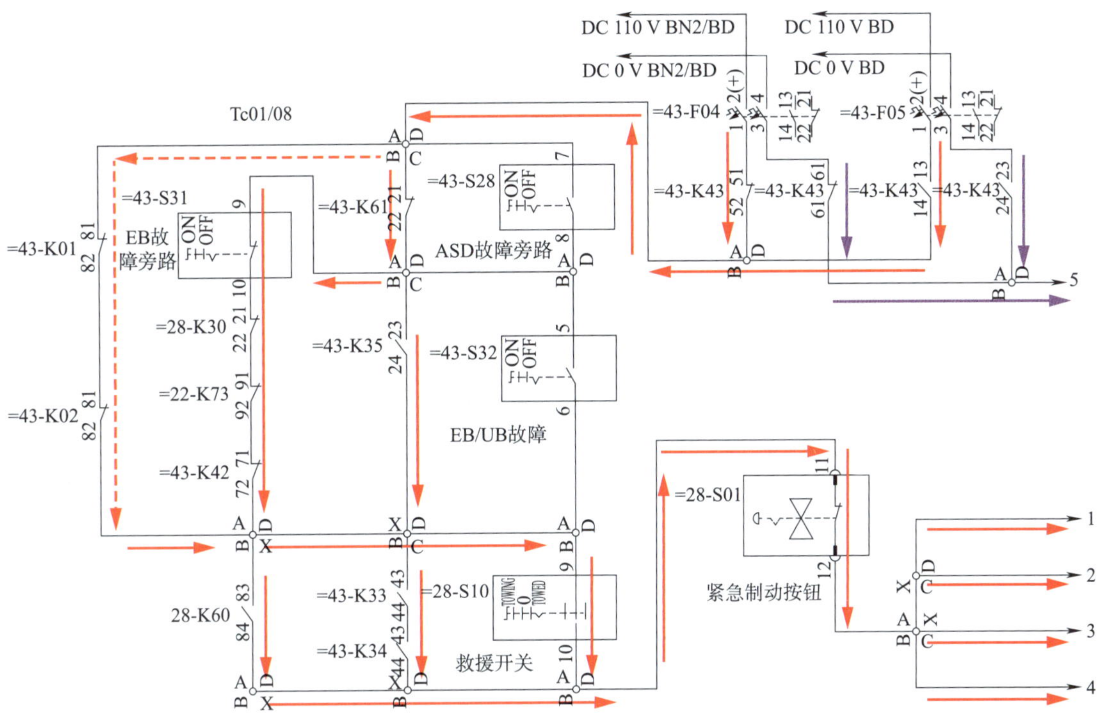

图 4-24　UBL 建立的中间电路

以=43-K33 得电过程为例：

头车：DC 110 V 由 2 针提供→ATP 处于“运行位”时，主机=44-A01 的 43-45 触点闭合；ATP 处于“隔离位”时，=44-S02 的触点 1-2 导通，将主机=44-A01 的 43-45 触点旁路→头继电器=43-K06，=43-K07 得电，触点 13-14 闭合→头车的紧急制动 UB 控制继电器=43-K33 得电。

尾车：DC 110 V 由连接器 1 针提供→头继电器=43-K06、=43-K07 在尾车不得电，触点 51-52 闭合状态→=43-K33 得电，如图 4-25 所示。

=43-K33 与=43-K34 的得电过程一致。

紧急制动环路 UB 控制继电器=43-K33、=43-K34 得电后，会控制由=43-K33、=43-K34 触点组成的紧急制动 UB 环路，使继电器=43-K24 得电。

=43-K24 得电过程：DC 110 V 由=43-F07 提供→头继电器=43-K02 得电触点 13-14 闭合→头车=43-K33、=43-K34 得电，触点 13-14 闭合→头车 UBL 旁路开关=43-S21 置于正常位，触点 5-6 闭合→中间车贯通线→尾车 UBL 旁路开关=43-S21 置于正常位，触点 5-6 闭合→尾车=43-K33、=43-K34 得电，触点 13-14 闭合→尾车的头继电器=43-K02、=43-K05 不得电，触点 61-62 闭合→尾车=43-K33 得电，触点 23-24 闭合→尾车=43-K24 得电→尾车 UBL 旁路开关=43-S21 置于正常位，触点 7-8 闭合→中间车=43-K24 得电→头车 UBL 旁路开关=43-S21 置于正常位，触点 7-8 闭合→头车=43-K33 得电，触点 23-24 闭合→头车=43-K24 得电，如图 4-26 所示。

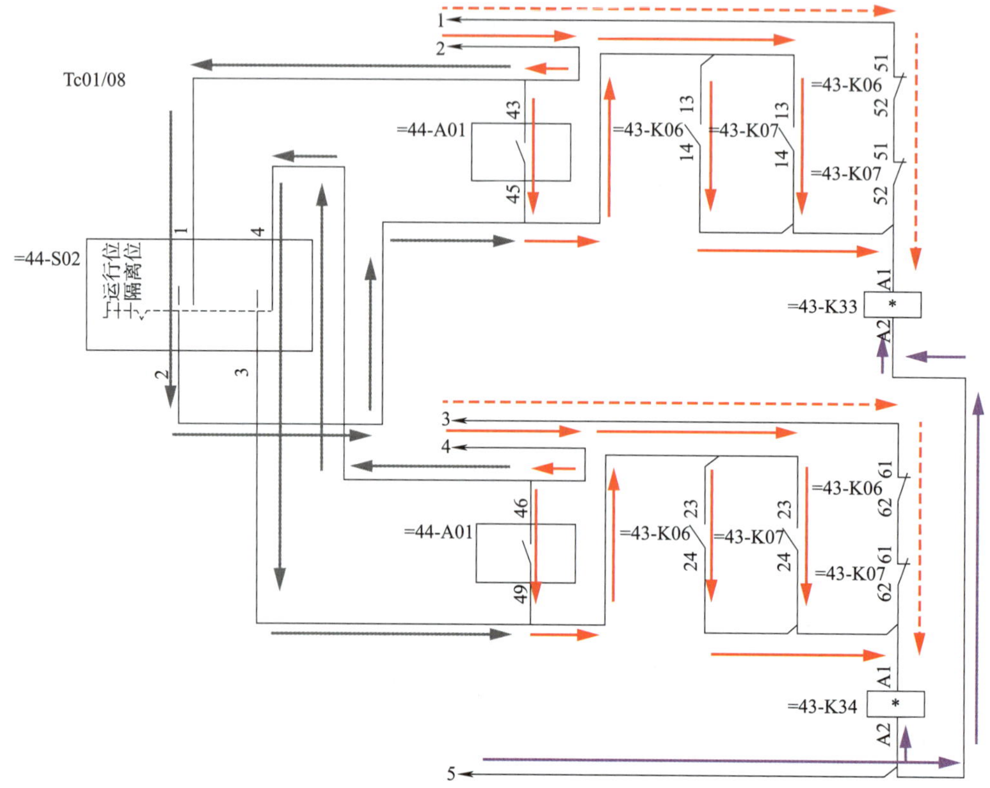

图 4-25　=43-K33、=43-K34 得电原理

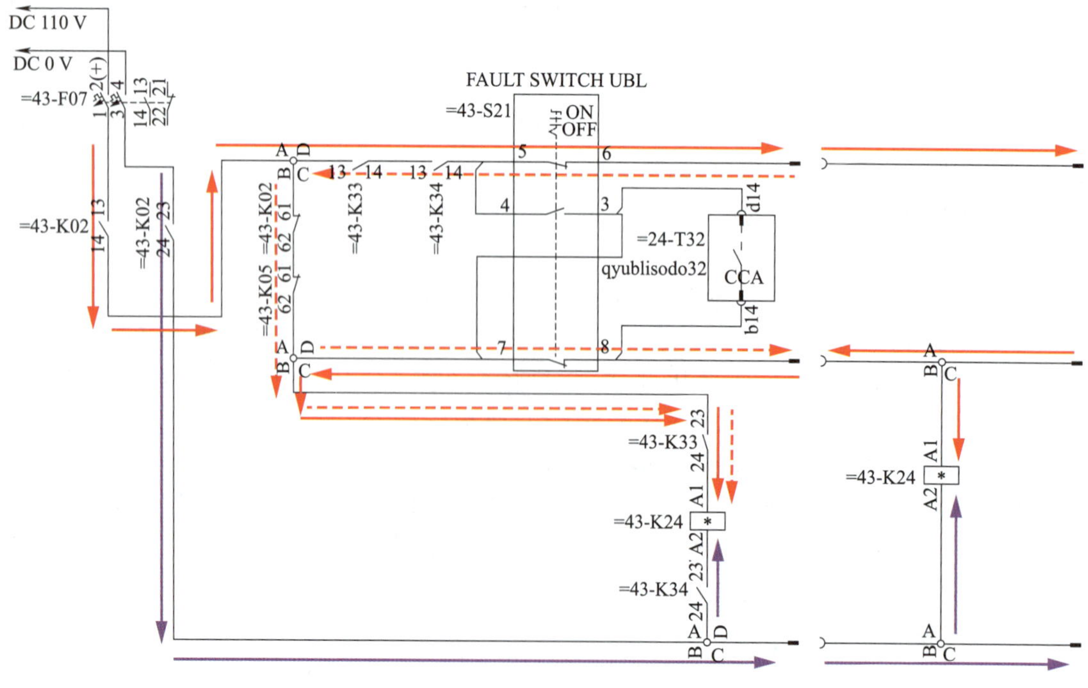

图 4-26　=43-K24 得电原理

当=43-K24得电，触点23-24闭合→BCU=28-A01的X2-E3针为高电平，BCU的紧急电磁阀得电，紧急制动UB不触发。

当=43-K24失电，触点23-24断开→BCU=28-A01的X2-E3针为低电平，BCU的紧急电磁阀失电，紧急制动UB触发。

=43-K13是=43-K24的旁路继电器。受UBL旁路开关=43-S21控制，可以通过旁路继电器=43-K13得电，触点13-14闭合→=28-A01的X2-E3针为高电平，BCU的UB紧急电磁阀得电，UB制动不触发，如图4-27所示。

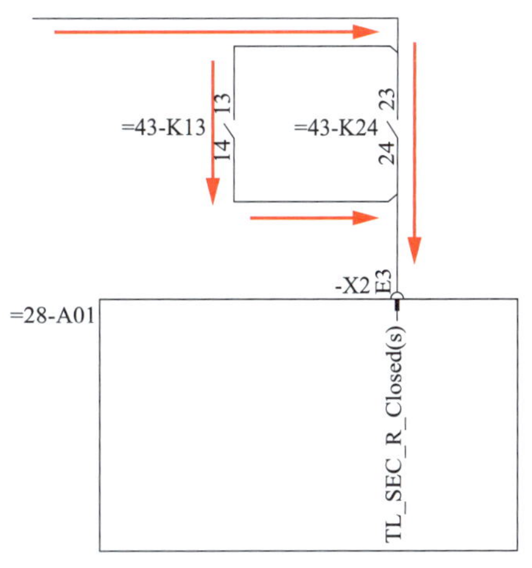

图4-27　=43-K24激活制动单元的紧急制动UB

三、停放制动的工作原理

1. 停放制动功能

停放制动是防止静置状态下的列车发生溜逸的制动方式。停放制动能力满足动车组在定员载荷下在20‰的坡度上停放。

制动系统设弹簧储能方式的停放制动装置，充风缓解、排风制动。应设置防止空气制动力和停放制动力叠加的装置。制动系统具有停放制动状态检测及诊断功能。停放制动的施加、缓解由贯穿列车的硬线控制。

司机通过停放制动按钮（施加/缓解）控制停放制动双稳态电磁阀，实现停放制动缸的排风（施加）或充风（缓解）。停放制动由贯穿全列车的硬线直接控制单车制动单元（BCU）内的停放制动控制模块上的双稳态电磁阀控制停放制动的施加和缓解。

施加停放制动时，双稳态电磁阀将停放制动管中的压缩空气排出，当缓解停放制动时，双稳态电磁阀将压缩空气充入停放制动管中；停放制动双稳态电磁阀具有手动操作功能。

制动系统应具有停放制动监控功能，在列车运行速度5 km/h以上意外施加停放制动时，动车组实施紧急制动EB停车。每个带停放的夹钳单元须设两个手动缓解装置，通过手动缓解装置可以缓解该夹钳单元的停放制动。

在设有停放制动的车辆上，车内均设有停放制动隔离塞门，通过停放制动隔离塞门和停放制动手动缓解拉手可切除或在紧急情况下缓解停放制动。

2. 停放制动工作原理

（1）停放制动自动施加继电器=28-K96

自动施加时=28-K96得电，DC 110 V由=28-F28提供→当网络满足停放制动自动施加的条件是，网络变量zdpbapplydo33=1，=24-T33触点闭合→速度<5 km/h，=28-K60得电，触点33-34闭合→非紧急牵引模式=22-K73失电，触点71-72闭合→=28-K96得电。

（2）停放制动手动控制继电器=28-K97

DC 110 V由=28-F28提供→司机室占用=22-K06得电，触点23-24闭合→速度<5 km/h，=28-K60得电，触点23-24闭合→=28-K97得电。

（3）救援开关=28-S10

DC 110 V由=28-F28提供→救援开关=28-S10置于“被救援”位，触点15-16闭合→车速<5 km/h，=28-K60 得电，触点 23-24 闭合→=28-K97 得电。

(4)DC 110 V 由=28-F28 提供→为 1、2、3 针供电，如图 4-28 所示。

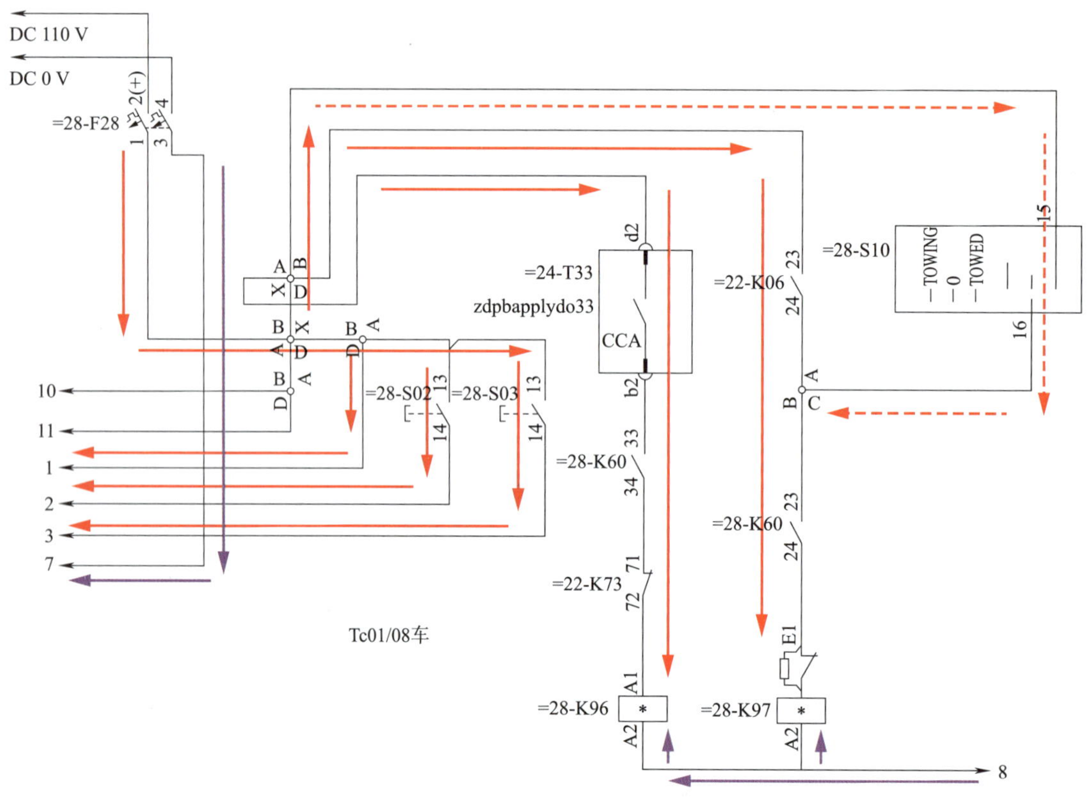

图 4-28　自动和手动施加停放制动原理

(5)停放制动自动施加过程

DC 110 V 由 1 针提供→停放制动自动施加=28-K96 得电，触点 13-14 闭合→头车停放制动施加继电器=28-K91 得电→Tp03/06 车的停放制动施加继电器=28-K91 得电→尾车的停放制动施加继电器=28-K91 得电。

(6)手动施加停放制动过程

DC110 V 由 2 针提供→停放制动手动控制继电器=28-K97 得电，触点 13-14 闭合→头车停放制动施加继电器=28-K91 得电→Tp03/06 车的停放制动施加继电器=28-K91 得电→尾车的停放制动施加继电器=28-K91 得电。

(7)手动缓解停放制动过程

DC 110 V 由 3 针提供→停放制动手动控制继电器=28-K97 得电，触点 73-74 闭合→头车停放制动缓解继电器=28-K92 得电→Tp03/06 车的停放制动缓解继电器=28-K92 得电→尾车的停放制动缓解继电器=28-K92 得电。

停放制动施加、缓解继电器得电过程如图 4-29 所示。

停放制动自动施加过程：

DC 110 V 由 1 针提供→停放制动自动施加=28-K96 得电，触点 13-14 闭合→头车停放制

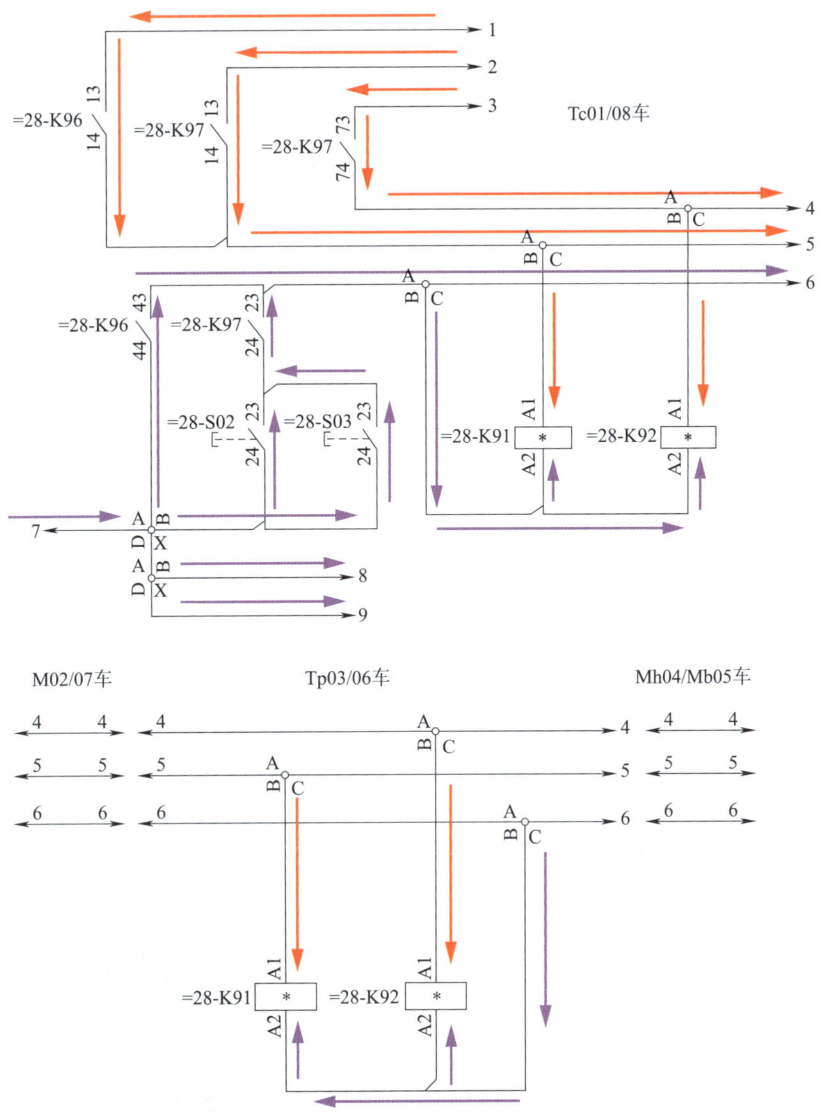

图 4-29　停放制动施加缓解继电器得电原理

动施加继电器=28-K91 得电→Tp03/06 车的停放制动施加继电器=28-K91 得电→尾车的停放制动施加继电器=28-K91 得电。

手动施加停放制动过程：

DC 110 V 由 2 针提供→停放制动手动控制继电器=28-K97 得电，触点 13-14 闭合→头车停放制动施加继电器=28-K91 得电→Tp03/06 车的停放制动施加继电器=28-K91 得电→尾车的停放制动施加继电器=28-K91 得电。

手动缓解停放制动过程：

DC 110 V 由 3 针提供→停放制动手动控制继电器=28-K97 得电，触点 73-74 闭合→头车停放制动缓解继电器=28-K92 得电→Tp03/06 车的停放制动缓解继电器=28-K92 得电→尾车的停放制动缓解继电器=28-K92 得电。

当停放制动施加时，=28-K91 停放制动施加继电器得电，触点 13-14 闭合，给停放制动双稳态电磁阀的施加线圈供电，让停放制动管路排风，施加停放。

当停放制动缓解时，=28-K92 停放制动缓解继电器得电，触点 13-14 闭合，给停放制动双稳态电磁阀的缓解线圈供电，让停放制动管路充风，缓解停放，如图 4-30 所示。

四、清洁制动和保持制动的工作原理

1. 清洁制动

(1)清洁制动功能

为了改善冰雪潮湿天气下制动盘和闸片的摩擦系数，司机可通过清洁制动按钮=28-S07 手动施加清洁制动，此时每辆车均施加 70 kPa 的空气制动力。

司机台上设有清洁制动按钮=28-S07，如图 4-31 所示。=28-S07 为自复位按钮，按下保持有效(当该按钮被按下时，自动施加清洁制动，按钮释放后，清洁制动缓解)。信号通过列车控制系统(TCMS)发送给主制动控制单元(TBM)，头车主制动控制单元(TBM)发出指令，通过车辆 MVB 总线、列车 WTB 总线传递至全列车，施加清洁制动。

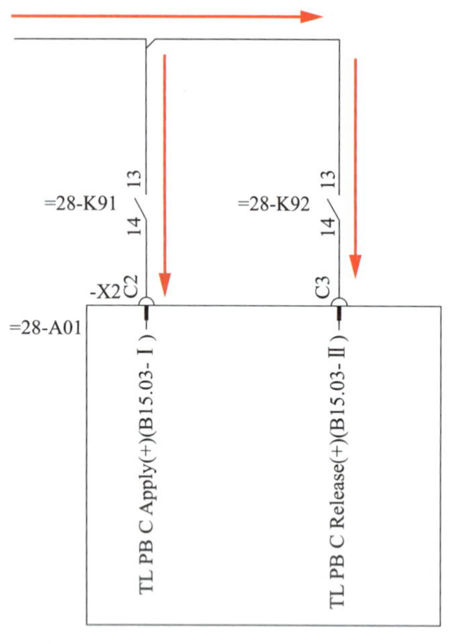

图 4-30　停放制动控制指令电路

图 4-31　清洁制动按钮

(2)清洁制动原理

当位于司机台上的清洁制动按钮=28-S07 被按下，=28-S07 触点状态反馈 zdcleaningdi31 =1、zdcleaningdi32 =1。此信号发送给中央控制单元(CCU)，经过中央控制单元(CCU)的逻辑运算，通过列车 WTB 总线发布信号给制动控制单元(EBCU)，最终制动控制单元(EBCU)接收到施加清洁制动的指令，全列施加清洁制动，如图 4-32 所示。

2. 保持制动

(1)保持制动功能

保持制动是防止列车在静置停车和起动时发生溜逸的制动方式。保持制动力应满足定员载荷状态的动车组在一定坡道上静止和起动而不溜逸的要求。

司机通过保持制动施加按钮和贯穿列车的硬线控制制动控制单元(EBCU)实现施加。由各车单独控制，不进行全列的分配，各车施加固定(相当于常用制动 4 级)的空气制动力。

保持制动为自动施加，可以通过司机台上的保持制动缓解按钮=28-S05(图 4-33)缓解保持制动，也可以通过位于故障开关操作面板上的保持制动隔离开关=28-S11(图 4-34)将保持制动功能进行隔离，禁止车辆施加保持制动。

当头车主制动单元(TBM)接收到列车网络控制系统发送的缓解指令后缓解保持制动。

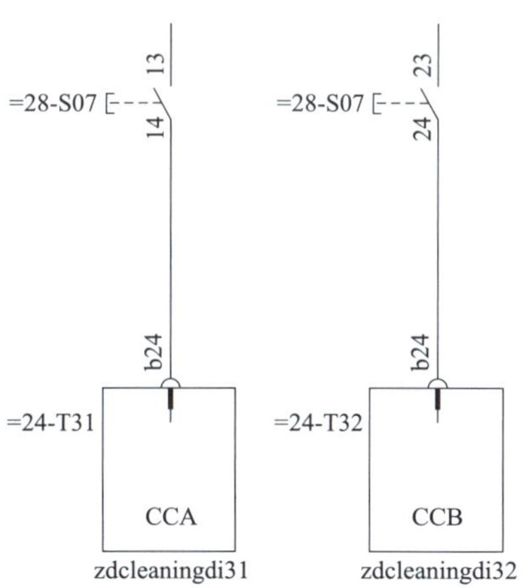

图 4-32　清洁制动指令电路

图 4-33　保持制动缓解按钮

图 4-34　保持制动隔离开关

(2)保持制动原理

保持制动缓解按钮=28-S05 为自复位按钮，按下保持有效(当该按钮被按下时，缓解保持制动，按钮释放后，自动施加保持制动)。保持制动缓解按钮=28-S05 被按下，=28-S05 反馈 zdholdingapplydi31=1、zdholdingapplydi32=1。此信号发送给中央控制单元(CCU)，经过中央控制单元(CCU)的逻辑运算，通过列车 WTB 总线发布信号给制动控制单元(EBCU)，制动控制单元(EBCU)接收到施加清洁制动的指令，全列施加清洁制动，如图 4-35 所示。

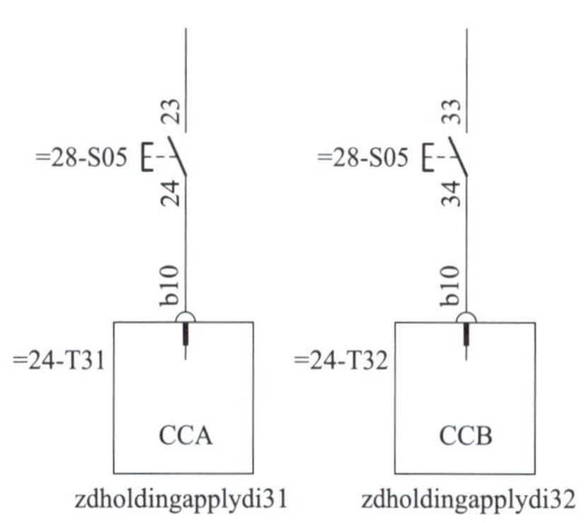

图 4-35　保持制动缓解指令电路

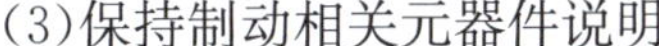

(3)保持制动相关元器件说明

=28-K93：保持制动缓解继电器。

=28-K94：保持制动缓解控制继电器。

=28-S11：保持制动隔离开关，可以通过激活=28-S11，隔离保持制动，让保持制动的功能消除。

(4)保持制动缓解的电路工作原理

=28-K93 保持制动缓解继电器得电过程如图 4-36 所示。

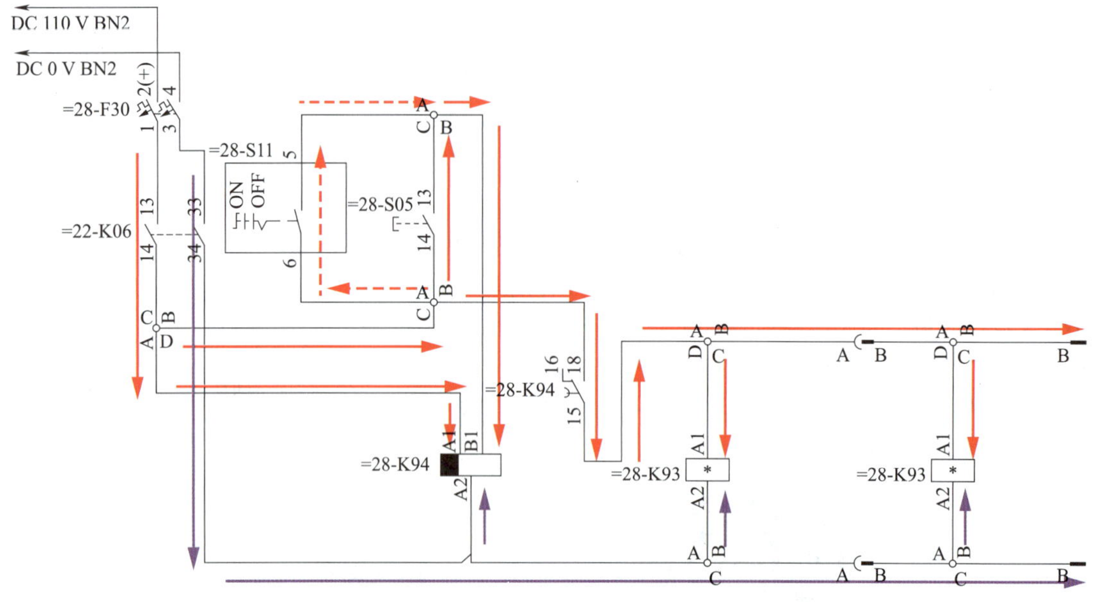

图 4-36　保持制动缓解继电器

=28-S05 保持制动缓解按钮：DC 110 V 供电由=28-F30 提供→司机室占用=22-K06 得电，触点 13-14 闭合→保持制动缓解按钮=28-S05 被按下，触点 13-14 闭合→延时继电器=28-K94 得电，触点 15-18 瞬时闭合，延时断开→每节车的保持制动缓解继电器=28-K93 得电。

=28-K94 为时间继电器，延时 5 s 断开，可以在保持制动施加的情况下，按下=28-S05 保持制动缓解按钮，保持制动缓解 5 s，5 s 后自动施加。

=28-S11 保持制动隔离开关：DC 110 V 供电由=28-F30 断路器提供→司机室占用=22-K06 得电，触点 13-14 闭合→保持制动隔离开关=28-S11 置于隔离位，触点 5-6 闭合→延时继电器=28-K94 得电，触点 15-18 瞬时闭合，延时断开→每节车的保持制动缓解继电器=28-K93 得电。

(5)保持制动缓解激活

当=28-A01 制动控制单元(BCU)接收到=28-K93 的高电平信号时，BCU 缓解保持制动，如图 4-37 所示。

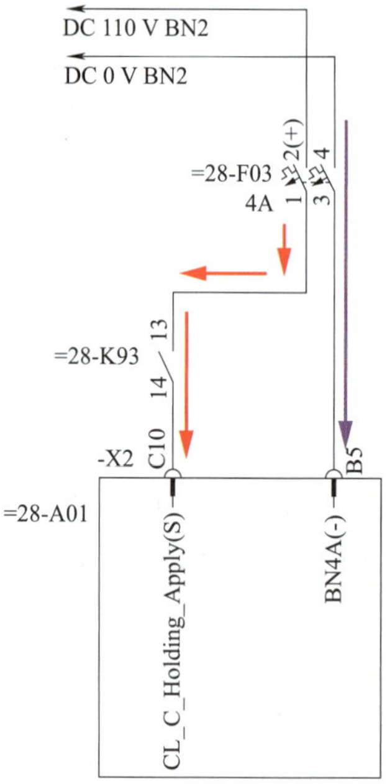

图 4-37　保持制动缓解激活

任务实施

1. 确认软件版本

试验前通过带有制动软件的笔记本计算机，连接 BCU 读取并记录每节车 BCU 的软件版本，确保软件版本正确，保证制动系统的控制功能正常工作。

通过制动服务软件连接制动单元，检查制动单元安装的软件版本。记录每节车的制动单元的软件版本,保证软件版本的正确性。

2. 辅助空压机及升弓控制

由于辅助空压机与受电弓同时安装在 Tp03 和 Tp06。动车组首先升后弓,Tc01(Tc08)车占用,优先升 Tp06(Tp03)车受电弓。试验步骤以 Tc01 车占用为例,受电弓扳键开关与截断塞门位置如图 4-38 所示。

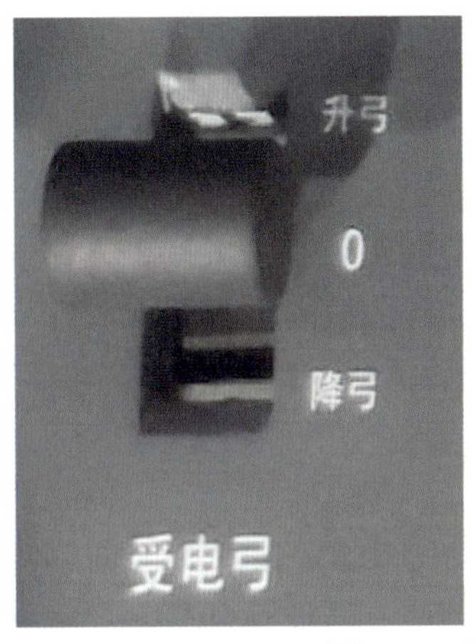

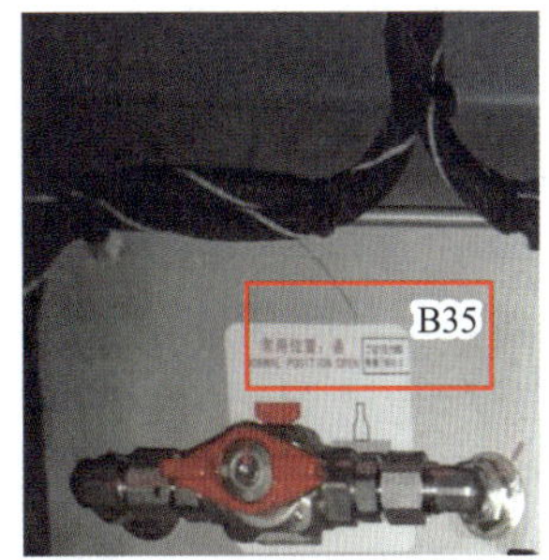

图 4-38　受电弓与截断塞门

(1)关闭 B51、B31 截断塞门,排空辅助供风单元和升弓控制模块管路的压缩空气。

(2)通过升弓按钮=21-S01 推至升弓位,激活辅助空压机,辅助空压机启动充风,风压>700 kPa(7.0 bar)辅助空压机停止启动。

(3)通过升弓按钮=21-S01 推至降弓位,再次关闭 B51、B31 截断塞门,排空辅助供风单元和升弓控制模块管路的压缩空气。

3. 主空压机控制

对全列车空压机启动和停止进行统一控制管理。

制动系统应具有主空压机控制的功能,协调并控制列车中的各空压机为动车组提供压缩空气,各台空压机应错开启动,避免同时启动造成瞬间电流过大。

控制方式:空压机所在车的 EBCU 将本车检测的总风 MR 压力通过列车网络传送到头车主控 EBCU,由头车主控 EBCU 通过列车网络统一控制主空压机的启停。

以 Tc01 车占用为例,介绍此步试验的步骤。

(1)将 BCU 内部的截断塞门 B13.08 旋转至 45°,主风缸排风,塞门位置如图 4-39 所示。

(2)由于总风缸排风,直到风压下降至某一数值时,BCU 控制主空压机启动,给总风缸充风,风压升至某一数值时,空压机停止工作。

图 4-39　截断塞门旋转至 45°

(3)测试整列两个空压机的启动。将 BCU 内部的截断塞门 B13.08 旋转至 45°,主风缸排风至某一数值时,两个空压机依次启动。当风压升至某一数值时,两个空压机停止启动。

4. 保持制动控制

保持制动为自动施加，可以通过司机台上的保持制动缓解按钮＝28-S05 缓解保持制动，也可以通过保持制动隔离开关＝28-S11 将保持制动功能进行隔离，禁止车辆施加保持制动。

当头车主制动单元(TBM)接收到列车网络控制系统发送的缓解指令后缓解保持制动。

以 Tc01 车占用为例，介绍此步试验的步骤。

(1)操作保持制动隔离开关＝28-S11 或保持制动缓解按钮＝28-S05，用动车组制动系统服务终端软件记录变量的状态 EX02B-A8-FI2＝1、CL_C_Holding_Apply＝1。数据记录后恢复＝28-S11 和＝28-S05 的初始状态。

(2)由于保持制动是自动施加的，在不操作保持制动隔离开关＝28-S11 或保持制动缓解按钮＝28-S05 的情况下，通过 HMI 检查各车的制动压力值满足要求。

(3)操作保持制动隔离开关＝28-S11 或保持制动缓解按钮＝28-S05 的情况下，通过 HMI 检查全列制动缓解。

5. 停放制动控制

司机通过停放制动按钮(施加/缓解)控制停放制动双稳态电磁阀，实现停放制动缸的排风(施加)或充风(缓解)。停放制动由贯穿全列车的硬线直接控制单车 BCU 内的停放制动控制模块上的双稳态电磁阀控制停放制动的施加和缓解。

以 Tc01 车占用为例，介绍此步试验的步骤。

(1)在占用端 Tc01 车激活停放制动施加按钮＝28-S02，通过 HMI 检查全列停放制动施加，并且＝28-S02 点亮。

(2)激活全列车紧急牵引模式，停放制动不受影响，保持停放制动施加。

(3)在占用端 Tc01 车激活停放制动缓解按钮＝28-S03，通过 HMI 检查全列停放制动缓解。

6. 环路检查

(1)EB 紧急制动环路(EBL)检查

首先，通过牵引制动手柄置于 EB 紧急制动位，通过制动服务软件检查制动单元的变量 TL_EB_R_Active＝1，表示 EB 紧急制动激活，同时通过 HMI 检查各车的制动缸压力值满足要求。

其次，激活紧急牵引模式，全列紧急制动 EB 转换为紧急制动 UB。恢复紧急牵引模式。

最后，通过牵引制动手柄置于 0 位，全列 EB 紧急制动缓解。

(2)UB 紧急制动环路(UBL)检查

首先，按下＝28-S01 紧急制动蘑菇按钮，通过制动服务软件检查全列制动单元的变量 TL_UB_R_NotActive ＝0，同时通过 HMI 检查各车的制动缸压力值满足要求。

其次，激活紧急牵引模式，UB 紧急制动无变化。

最后，释放＝28-S01 紧急制动蘑菇按钮，通过牵引制动手柄施加任意常用制动并且按下＝43-S37 紧急制动复位按钮，全列 UB 紧急制动缓解。并且全列制动单元的变量 TL_UB_R_NotActive ＝1，然后将牵引制动手柄置于 0 位。

(3)制动缓解环路(BRL)

首先，保证全列制动缓解，制动缓解环路建立，继电器＝43-K26 得电。

其次，按下=28-S01紧急制动蘑菇按钮，制动缓解环路断开，继电器=43-K26失电。

最后，释放=28-S01紧急制动蘑菇按钮，施加任意常用制动并且按下=43-S37紧急制动复位按钮，全列UB紧急制动缓解，制动缓解环路建立，继电器=43-K26得电，然后将牵引制动手柄置于0位。

(4)停放制动监控环路(PBML)

按下=28-S02停放制动施加按钮、=28-S03停放制动缓解按钮，实现全列的停放制动的施加和缓解，通过HMI观察全列的停放制动的状态。

(5)乘客紧急制动环路(PEBL)

首先，保证全列制动缓解，乘客紧急制动环路建立，继电器=43-K25得电。

其次，下拉任意一节车的=28-S51乘客紧急制动手柄(图4-40)，乘客紧急制动环路断开，继电器=43-K25失电，车辆触发紧急制动EB，制动单元变量TL_EB_R_Active=1。

最后，恢复=28-S51乘客紧急制动手柄，乘客紧急制动环路建立，继电器=43-K25得电，通过HMI确认全列制动缓解。

图4-40　乘客紧急制动手柄

7. 常用制动控制

常用制动时，制动系统根据牵引制动手柄级位、列车运行控制系统等给出的制动指令进行制动施加和缓解。使用牵引制动手柄控制所有常用制动级位。

以Tc01车占用为例，介绍此步试验的步骤。

(1)正常模式(网络)制动指令

操作牵引制动手柄将手柄依次置于B1～B7级制动位，通过中央控制单元的监控软件检查B1～B7级制动位对应的变量，见表4-3。

表4-3　制动级位变量对照表

制动级位	zd_bravedemand1rx61	zd_bravedemand2rx61	zd_bravedemand3rx61
7	1	1	1
6	0	1	1
5	1	0	1
4	0	0	1
3	1	1	0
2	0	1	0
1	1	0	0
0	0	0	0

(2)硬线模式(紧急牵引)制动指令

操作牵引制动手柄将手柄依次置于B1～B7级制动位，通过中央控制单元的监控软件检查B1～B7级制动位对应的变量，见表4-4。

表 4-4　紧急牵引级位对照表

制动位	硬线状态			
	CL_C_BrakeDemandl1	CL_C_BrakeDemandl2	CL_C_BrakeDemandl3	制动位
0	1	1	1	0
B1	1	0	1	1
B2	0	0	1	1
B3	0	1	1	1
B4	0	1	0	1
B5	1	1	0	1
B6	1	0	0	1
B7	0	0	0	1

任务评价

1. 自我评价(40 分)

学生根据学习任务完成情况进行自我评价。

自我评价表

评价模块	配分	评分项点	得分
安全意识	10	1. 不按要求穿着工作服及防滑电工鞋。 2. 不按要求戴绝缘手套。 3. 不按要求进行带电或断电作业。 4. 不按安全要求规范使用工具。 5. 其他违反安全操作规范的行为	
技能操作	10	检查确认软件版本	
	15	辅助空压机及升弓控制	
	15	主空压机控制	
	10	保持制动控制	
	15	停放制动控制	
	10	环路检查	
	5	常用制动控制	
职业规范和环境保护	10	1. 在工作过程中工具和器材摆放凌乱。 2. 不爱护设备、工具、不节省材料。 3. 在工作完成后不清理现场,在工作中产生的废弃物不按规定处置	
自我评分(总分×40%)=			

签名________　　　　________年________月________日

2. 小组评价(30 分)

同一实训小组同学进行互评。

小组评价表

评价项目	配分	得分
实训记录与自我评价情况	30	
相互帮助与协作能力	30	
安全、质量意识与责任心	40	
		小组评分(总分×30%)=

参评人员签名________　　________年________月________日

3. 教师评价(30 分)

指导教师结合自评与互评的结果进行综合评价。

教师总体评价意见:	
教师评分	
总评分=自我评分+小组评分+教师评分	

教师签名________　　________年________月________日

任务经验

制动系统常用的方法

1. 动车组单车制动力硬线控制失效故障排除法

(1)动车组进入硬线控制模式

将故障开关面板上的紧急牵引模式开关打到开位,车辆退出网络控制模式,车辆进入硬线控制模式。

(2)分析故障车

通过操作占用司机室的牵引制动手柄,将手柄移动到各个制动级位,同时在司机室显示屏(HMI)观察各个车制动力变化(图 4-41),筛选出制动力不随制动手柄级位变化,而相应变化的车即为故障车。

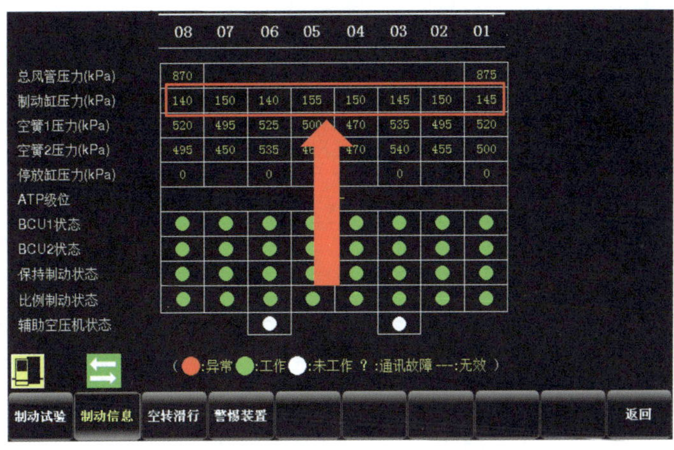

图 4-41　司机室显示屏(HMI)制动信息页面

(3)确认查找故障点方向

查看故障车继电器=28-K31、=28-K32、=28-K33,如图4-42所示。当操作牵引制动手柄,将手柄移动到各个制动级位时,手柄内部常触点动作,控制相关继电器得电;如果发现任意继电器不动作,查看继电器接线是否正确,如果接线正确,继续下一步测量继电器线圈是否有正负电压,如果电压正确,继电器未吸合,则判断继电器故障进行更换,如上述操作都已检查完毕,则进行下一步排查。

图4-42 制动状态继电器

(4)通过监控制动软件分析数据

通过制动软件监控变量Brake-1、Brake-2、Brake-3是否跟随=28-K31、=28-K32、=28-K33继电器变化而变化,见表4-5。如果变化不一致则检查电气柜到制动控制单元接线,如变化一致则进行操作法下一步排查。

表4-5 制动段位变量状态表

制动级位	硬线状态		
	CL_C_Brakemand1	CL_C_Brakemand2	CL_C_Brakemand3
0	1	1	1
B1	1	0	1
B2	0	0	1
B3	0	1	1
B4	0	1	0
B5	1	1	0
B6	1	0	0
B7	0	0	0

(5)检查制动控制单元板卡

检查制动板卡EX02B-A8(图4-43)功能是否正常,如果功能不正常则进行更换,如功能正常则更换主板卡MC02A-A4,故障消除。

图 4-43　制动板卡

2. 动车组全列停放状态不一致故障查找法

(1)查看司机室显示屏(HMI)当前故障显示,并下载列车中央控制单元(CCU)内历史故障进行分析,查看动车组在送电后,存在几个车停放制动无法施加,历史故障显示见表 4-6。

表 4-6　中央控制单元历史故障显示记录

外部	车号	状态	模式	故障码	注释
5841	1	已消失	运行	3855	停放制动施加按钮被按下
573A	1	已消失	运行	3634	全列停放状态不一致

(2)下载 MVB 数据并进行分析(图 4-44)

若是闪报故障在动车组在送电后,下载 MVB 数据分析,例如:数据显示 20:50:29 操作停放制动按钮,同时停放制动施加继电器 28-K91 动作,其他车停放制动缸压力下降至 0,停放制动施加;Tc01 车停放制动缸压力有下降趋势,但未下降至 0,停放制动未施加;01 车停放制动未施加,其他车停放制动施加,是报出此故障的原因,进行下一步查找。

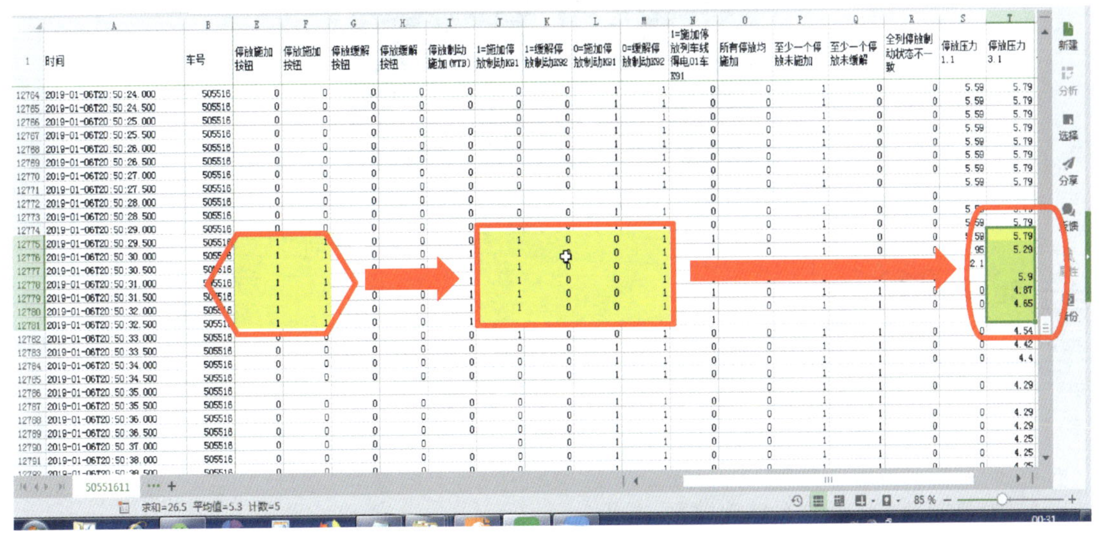

图 4-44　故障时的 MVB 数据截图

(3)继电器查看

动车组在送电后,操作停放制动按钮,查看 Tc01 车电气柜停放制动施加继电器=28-K91 继电器,接线无松动现象,继电器状态正常,如果正常进行下一步操作,如图 4-45 所示。

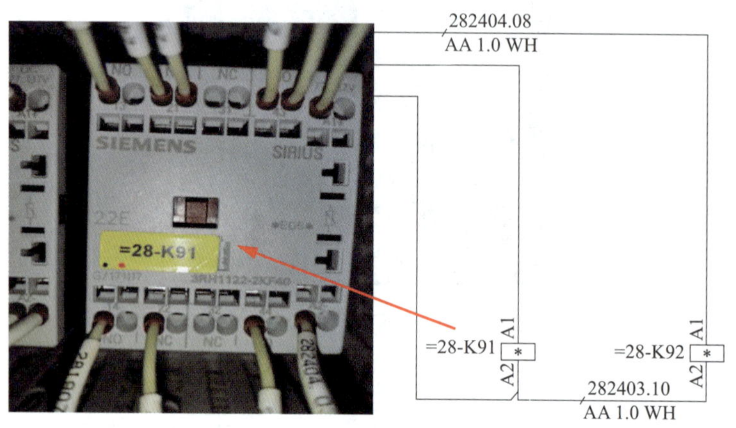

图 4-45　停放制动继电器及电气原理

(4)停放制动电磁阀检查

操作停放制动按钮施加停放制动,检查故障车停放制动电磁阀动作状态,插头无松动现象。多次操作停放制动施加和缓解按钮后,停放制动电磁阀状态是否正常;在给出施加指令时,检查停放制动电磁阀处于缓解状态,若处于缓解状态需要更换电磁阀,如图 4-46 所示。

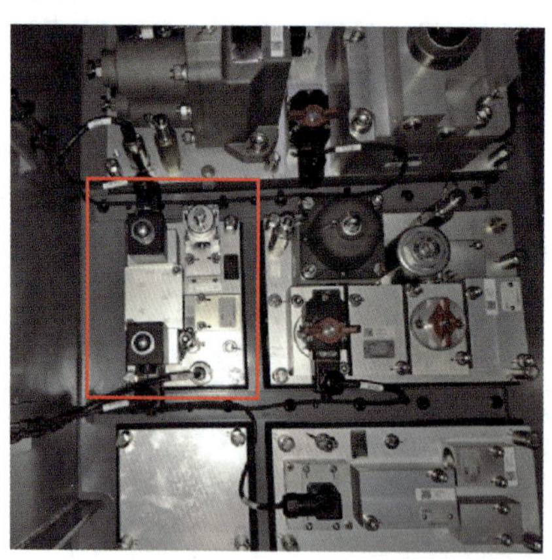

图 4-46　停放制动电磁阀

巩固与练习

一、填空题

1. 制动系统采用计算机控制的________、________和________三种制动模式。
2. 制动控制装置英文缩写________。
3. 紧急制动 EB 由各车独立控制,减少________。
4. 停放制动能力满足动车组在定员载荷下在________的坡度上停放。

5. 保持制动是防止列车在________和________时发生溜逸的制动方式。

二、选择题

1. 以下不属于制动系统采用的三种制动模式的是(　　)。

A. 直通电空制动　　B. 电制动

C. 弹簧储能式停放制动　　D. 能耗制动

2. 牵引制动手柄常用(　　)级制动位。

A. 5　　B. 6　　C. 7　　D. 8

3. 停放制动能力满足动车组在定员载荷下在(　　)的坡度上停放。

A. 20‰　　B. 20%　　C. 30‰　　D. 30%

三、判断题

1. 停放制动双稳态电磁阀不具有手动操作功能。(　　)

2. 在列车运行速度 5 km/h 以上意外施加停放制动时，动车组实施紧急制动 EB 停车。(　　)

3. 制动系统具有列车级主控功能，实现全列车制动力管理、分配和计算。(　　)

四、简答题

1. 简述气动制动控制单元组成，并分析其与制动控制装置构成的闭环计算机制动控制系统的工作原理。

2. 简述紧急制动 EB 功能。

项目五　动车组安全环路的原理及调试

学习目标

1. 知识目标

(1)熟悉安全环路中的各种继电器。

(2)熟悉停放制动监控环路工作原理。

(3)熟悉乘客紧急制动环路工作原理。

(4)熟悉整列安全环路试验内容。

(5)熟悉整列安全环路试验各项目的操作步骤。

2. 能力目标

(1)能复述停放制动监控环路的建立线路。

(2)会正确进行整列安全环路试验。

(3)会进行整列安全环路典型故障的诊断和排除。

3. 素质目标

(1)具有协同合作的团队精神,并有良好的组织纪律性。

(2)具有安全意识和责任意识,树立良好的职业道德素养。

任务一　整列安全环路试验

任务描述

对整列安全环路进行调试,按照检查安全环路头继电器是否受控、停放制动监控环路(PBML)、乘客紧急制动环路(PEBL)、紧急制动 EB 环路(EBL)、紧急制动 UB 环路(UBL)、制动缓解环路(BRL)这 6 个步骤进行。

知识链接

一、安全环路头继电器

1. 安全环路中的头继电器

当主控钥匙＝22-S04 置于司机室占用位时,所在的司机室被占用,头继电器＝22-K01、＝22-K02、＝22-K03、＝22-K04、＝22-K05、＝22-K06 得电。

DC 110 V 由断路器＝22-F01 提供→当＝22-S04 置于司机室占用位时,触点 3-4 闭合→头继电器＝22-K01、＝22-K02、＝22-K03、＝22-K04、＝22-K05、＝22-K06 得电,如图 5-1 所示。

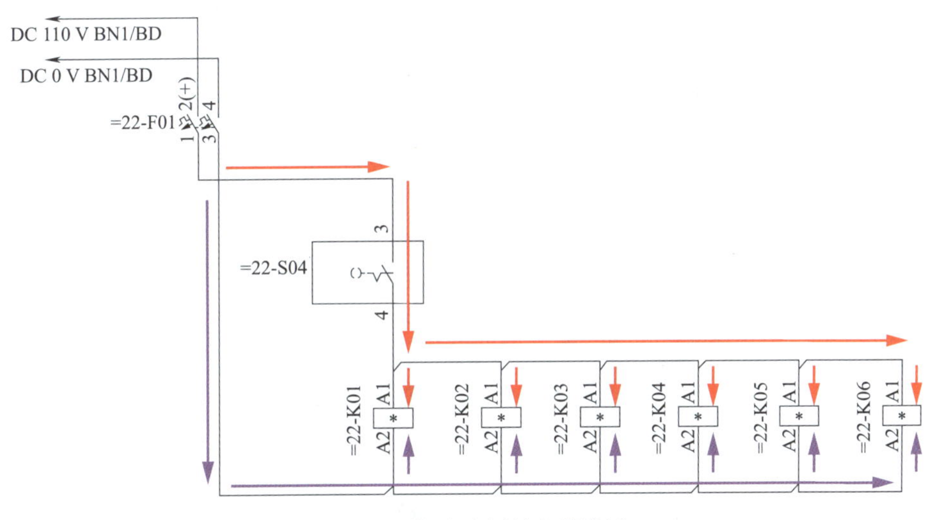

图 5-1　司机室占用继电器激活

2. 安全环路中头继电器

安全环路头继电器(图 5-2)决定了各个环路供电的走向,安全环路头继电器包括=43-K01、=43-K02、=43-K03、=43-K04、=43-K05、=43-K06、=43-K07、=43-K45。

图 5-2　安全环路头继电器

=22-K01 为头继电器,受=22-S04 主控钥匙控制。

=28-S10 为救援开关,分为救援位、0 位、被救援位,如图 5-3 所示。

现在以 Tc01 车被占用(头车)为例,需要说明的是本项目中 Tc01 车均为头车,以 Tc08 车为尾车。当 Tc08 车被占用时,Tc08 车为头车,Tc01 车为尾车,所涉及的功能原理相同。

=22-S04 置于司机室占用位后→=22-K01 得电,触点 33-34 闭合→时间继电器=43-K45 得电,触点 15-18 瞬时闭合→=43-K06、=43-K07 得电,=43-K06 的触点 33-34 闭合→=43-K01、=43-K02、=43-K03 得电,=43-K03 的触点 33、34 闭合→=43-K04、=43-K05 得电,如图 5-4 所示。

如果任意头车的=28-S10 救援开关置于被救援位,=43-K01、=43-K02、=43-K03 得电,=43-K03 的触点 33-34 闭合→=43-K04、=43-K05 得电。

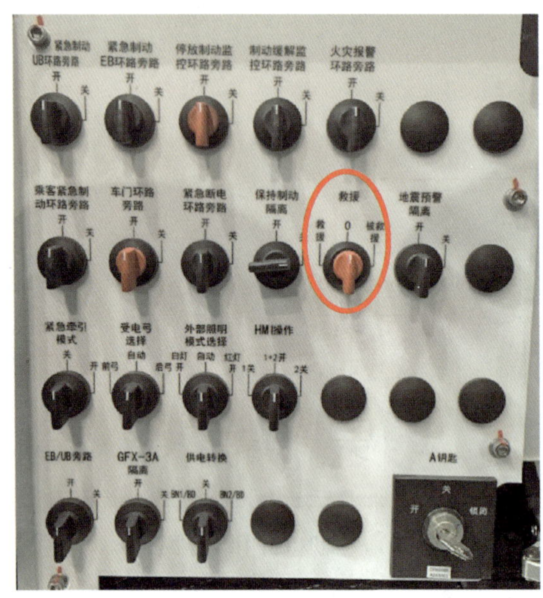

图 5-3　救援开关

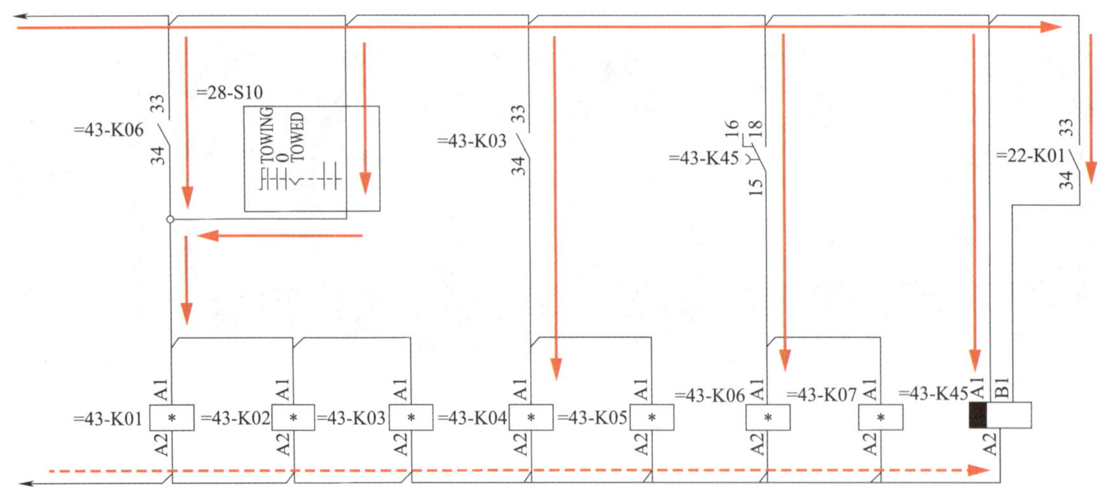

图 5-4　安全环路头继电器的得电过程

二、停放制动监控环路

1. 停放制动监控环路器件功能

＝28-K16：制动控制单元（BCU）检测停放制动状态继电器。当制动控制单元（BCU）检测停放制动状态正常时，＝28-K16 失电。例如：动车组运行时，误施加停放制动，＝28-K16 得电，如图 5-5 所示。

＝43-S24：停放制动监控环路（PBML）旁路开关，当环路故障时，可以通过＝43-S24 停放制动监控环路（PBML）旁路开关重新建立环路。

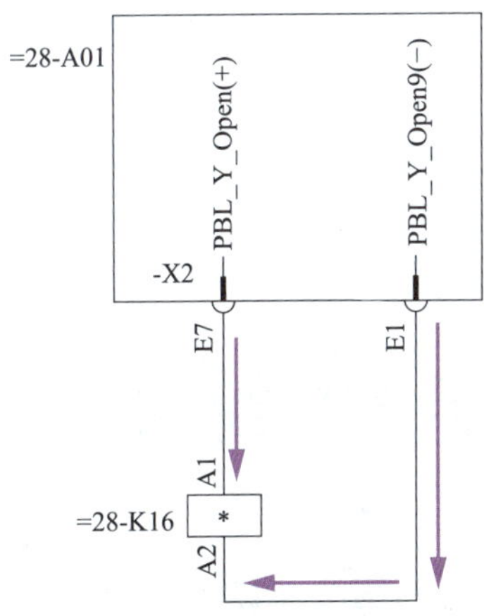

图 5-5　制动单元(BCU)检测停放制动状态继电器

=43-K27:停放制动监控环路(PBML)状态继电器,环路建立后=43-K27 得电。

2. 停放制动监控环路的建立

停放制动监控环路建立的标志为=43-K27 得电,如图 5-6 所示。

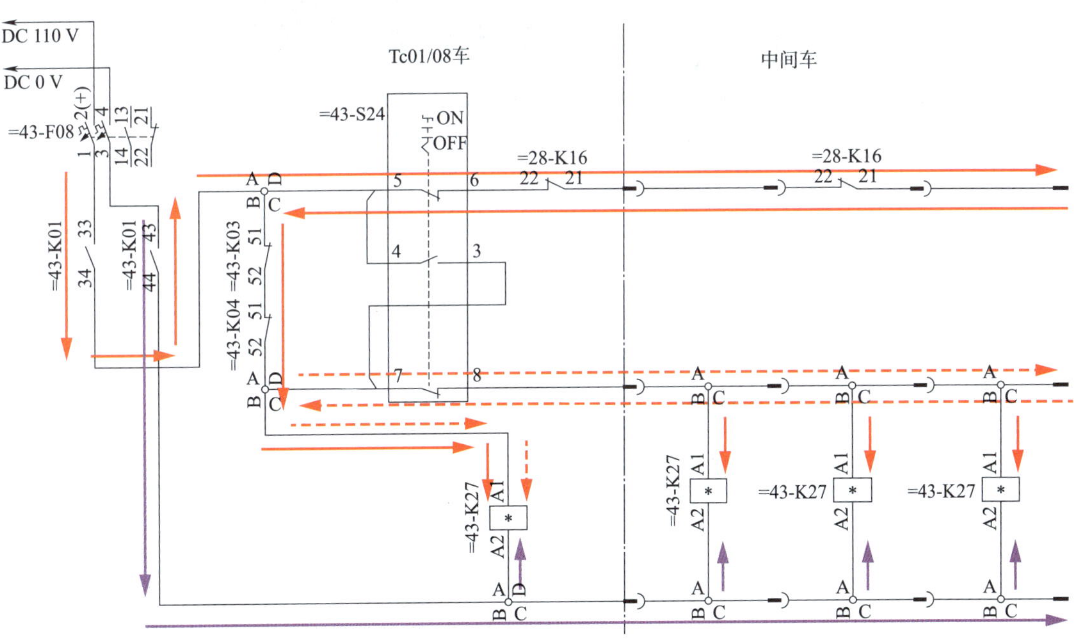

图 5-6　停放制动监控环路

DC 110 V 由断路器=43-F08 提供→头继电器=43-K01 得电,触点 33-34 闭合→头车停放制动监控环路旁路开关=43-S24 置于开位,触点 5-6 闭合→头车制动控制单元(BCU)检测停放制动状态继电器=28-K16,触点 21-22 闭合,停放状态正常时失电,故障时得电→Tp03/06 车制动控制单元(BCU)检测停放制动状态继电器=28-K16,触点 21-22 闭合,停放状态正常时失电,故障时得电→尾车停放制动监控环路旁路开关=43-S24 置于开位,触点 5-6 闭合→尾车的头继电器=43-K03、=43-K04 失电,触点 51-52 闭合→尾车=43-K27 得电→尾车停放制动监控环路旁路开关=43-S24 置于开位,触点 7-8 闭合→Tp03/06 车=43-K24 得电→头车停放制动监控环路旁路开关＝43-S24 置于开位，触点 7-8 闭合→头车＝43-K27 得电。

3. 停放制动监控环路的旁路

当停放制动环路故障时，为了保证车辆能够运行，对环路设计了旁路开关＝43-S24，如图 5-7 所示。

图 5-7 停放制动故障旁路开关

DC 110 V 由断路器＝43-F08 提供→头继电器＝43-K01 得电，触点 33-34 闭合→停放制动监控环路旁路开关＝43-S24置于关位，触点 3-4 闭合→停放制动监控环路旁路开关＝43-S24 的触点 3-7 接通→头车停放制动环路继电器＝43-K27 得电，如图 5-8 所示。

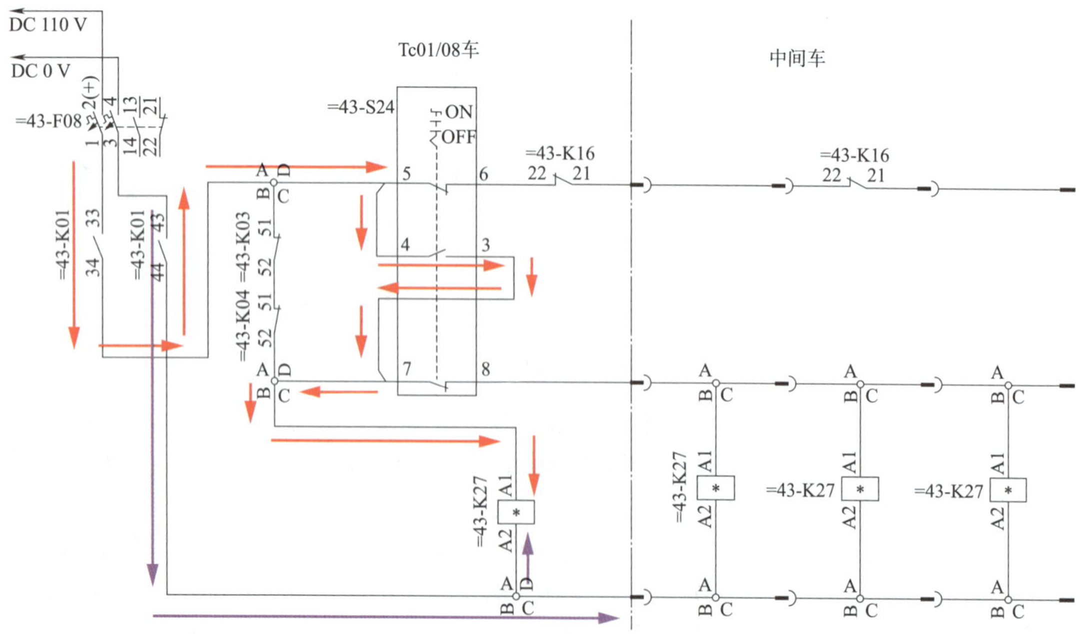

图 5-8 停放制动监控环路的旁路

由电路可以看出，停放制动环路旁路时，只有头车的＝43-K27 得电，中间车和尾车的＝43-K27 不得电。

三、乘客紧急制动环路

1. 乘客紧急制动环路的功能

在动车组每节车的明显位置处设手动乘客紧急制动设施。当发生紧急情况时，乘客可拉下手柄，使得乘客紧急制动环路断开，进而触发 EB 紧急制动，同时在司机室产生声光报警，并显示具体车辆号和手柄设备号。司机可根据实际情况判断是否停车，当确定为误报警或当前位置不适合停车时，可通过按下乘客紧急报警复位开关进行忽略。EB 紧急制动环路重新建立，EB 紧急制动缓解。

2. 乘客紧急制动环路的元器件

＝28-S51：乘客紧急制动手柄，当车辆出现紧急情况需要停车时，可以下拉＝28-S51 触发乘客紧急制动，手柄为自锁模式，需要四角钥匙进行复位，如图 5-9 所示。

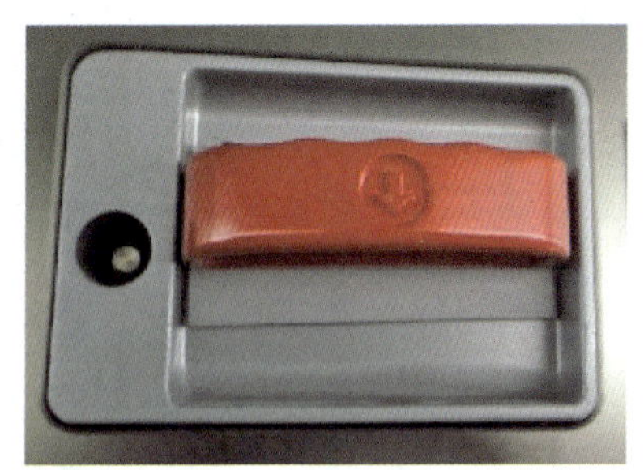

图 5-9　乘客紧急制动

＝43-S22：乘客紧急制动环路（PEBL）旁路开关，当环路故障时，可以通过＝43-S22 重新建立环路。

＝43-K25：乘客紧急制动环路（PEBL）状态继电器，环路建立后＝43-K25 得电。

3. 乘客紧急制动环路的建立

乘客紧急制动环路建立的标志为＝43-K25 得电，如图 5-10 所示。

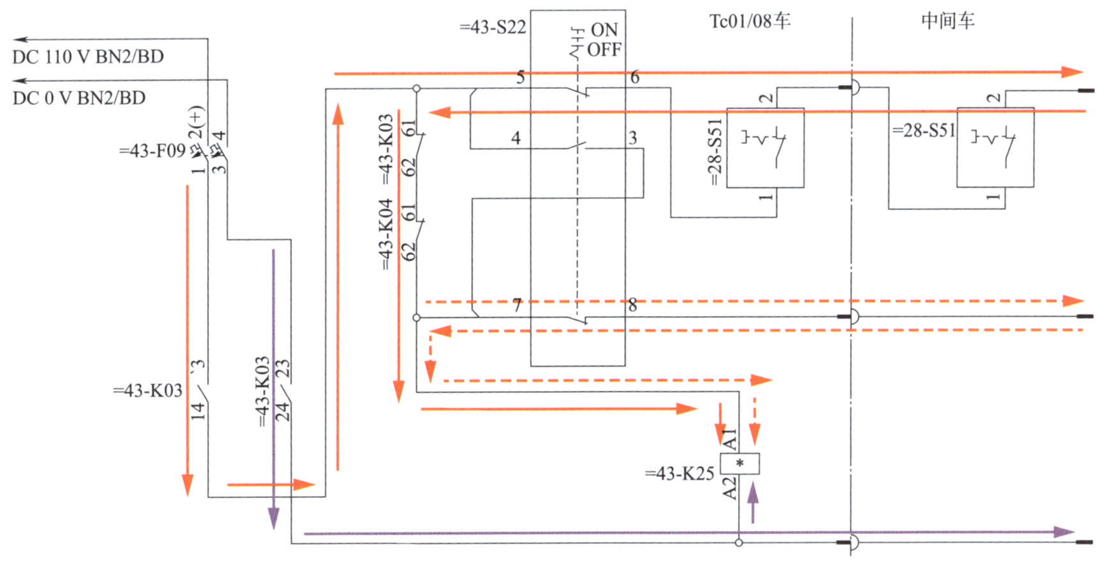

图 5-10　乘客紧急制动环路

DC 110 V 由断路器＝43-F09 提供→头继电器＝43-K01 得电，触点 13-14 闭合→头车乘客紧急制动环路旁路开关＝43-S22 置于开位，触点 5-6 闭合→头车乘客紧急制动手柄＝28-S51，由于＝28-S51 未被触发，触点 1-2 闭合→中间车、尾车乘客紧急制动手柄＝28-S51，由于

=28-S51 未被触发，触点 1-2 闭合→尾车乘客紧急制动环路旁路开关=43-S22 置于开位，触点 5-6 闭合→尾车的头继电器=43-K03，=43-K04 失电，触点 61-62 闭合→尾车=43-K25 得电→尾车乘客紧急制动环路旁路开关=43-S22 置于开位，触点 7-8 闭合→头车乘客紧急制动环路旁路开关=43-S22 置于开位，触点 7-8 闭合→头车=43-K25 得电。

4. 乘客紧急制动环路的旁路

当乘客紧急制动环路故障时，为了保证车辆能够运行，对乘客紧急制动设计了旁路开关=43-S22，如图 5-11 所示。

图 5-11　乘客紧急制动环路旁路开关

DC 110 V 由断路器=43-F09 提供→头继电器=43-K01 得电，触点 13-14 闭合→头车乘客紧急制动环路旁路开关=43-S22 置于关位，触点 3-4 闭合→乘客紧急制动环路旁路开关=43-S22 的触点 3-7 接通→头车乘客紧急制动继电器=43-K25 得电，如图 5-12 所示。

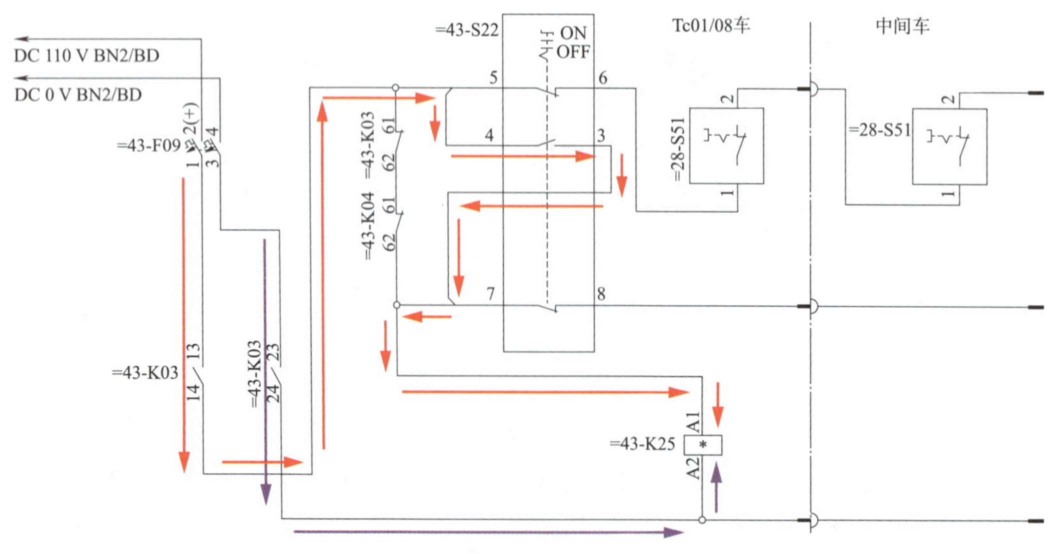

图 5-12　乘客紧急制动环路旁路

由电路可以看出，乘客紧急制动环路旁路时，只有头车的＝43-K25 得电，尾车的＝43-K25 不得电。

四、制动缓解环路

1. 制动缓解环路的功能

在动车组每节车的制动控制单元（BCU）都会检测制动是否缓解。如果制动控制单元（BCU）检测到某节车的制动未缓解，会将相应的信息反馈到司机室显示屏（HMI）上。

2. 制动缓解环路的元器件

B12.16：制动控制单元（BCU）内部制动压力开关。B12.16 用于检测制动缓解状态。缓解时 X1C-10、X1C-12 导通，如图 5-13 所示。

＝43-S23：制动缓解环路（BRL）旁路开关，当环路故障时，可以通过＝43-S23 重新建立环路。

＝43-K26：制动缓解环路（BRL）状态继电器，环路建立后＝43-K26 得电。

3. 制动缓解环路的建立

制动缓解环路建立的标志为＝43-K26 得电，如图 5-14 所示。

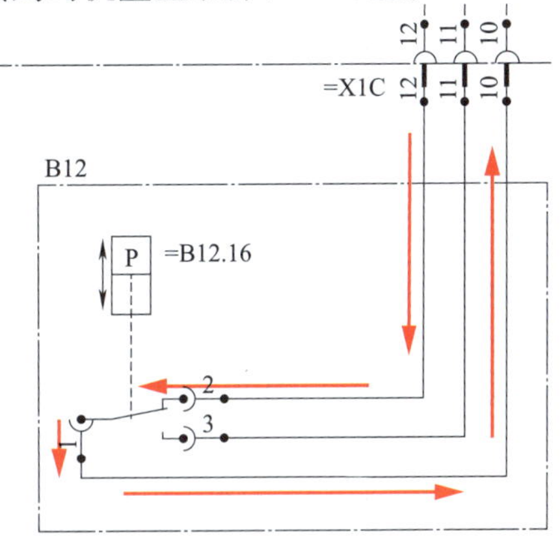

图 5-13　制动压力开关

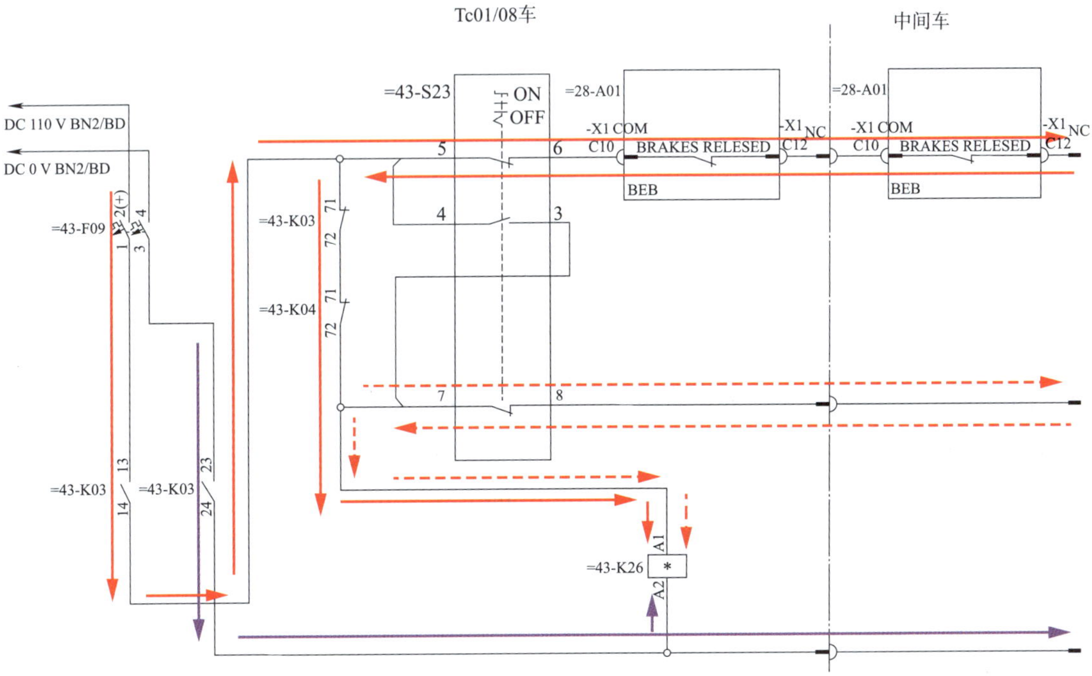

图 5-14　制动缓解环路

DC 110 V 由断路器＝43-F09 提供→头继电器＝43-K01 得电，触点 13-14 闭合→头车制动缓解环路旁路开关＝43-S23 置于开位，触点 5-6 闭合→头车制动控制单元（BCU）压力开关

12.16 检测制动已缓解，X1 的 C10、C12 导通→中间车、尾车制动控制单元(BCU)压力开关12.16 检测制动已缓解，X1 的 C10、C12 导通→尾车制动缓解环路旁路开关=43-S23 置于开位，触点 5-6 闭合→尾车的头继电器=43-K03、=43-K04 失电，触点 71-72 闭合→尾车=43-K26 得电→尾车制动缓解环路旁路开关=43-S23 置于开位，触点 7-8 闭合→头车制动缓解环路旁路开关=43-S23 置于开位，触点 7-8 闭合→头车=43-K26 得电。

4. 制动缓解环路的旁路

当制动缓解环路故障时，为了保证车辆能够运行，对环路设计了故障旁路开关=43-S23，如图 5-15 所示。

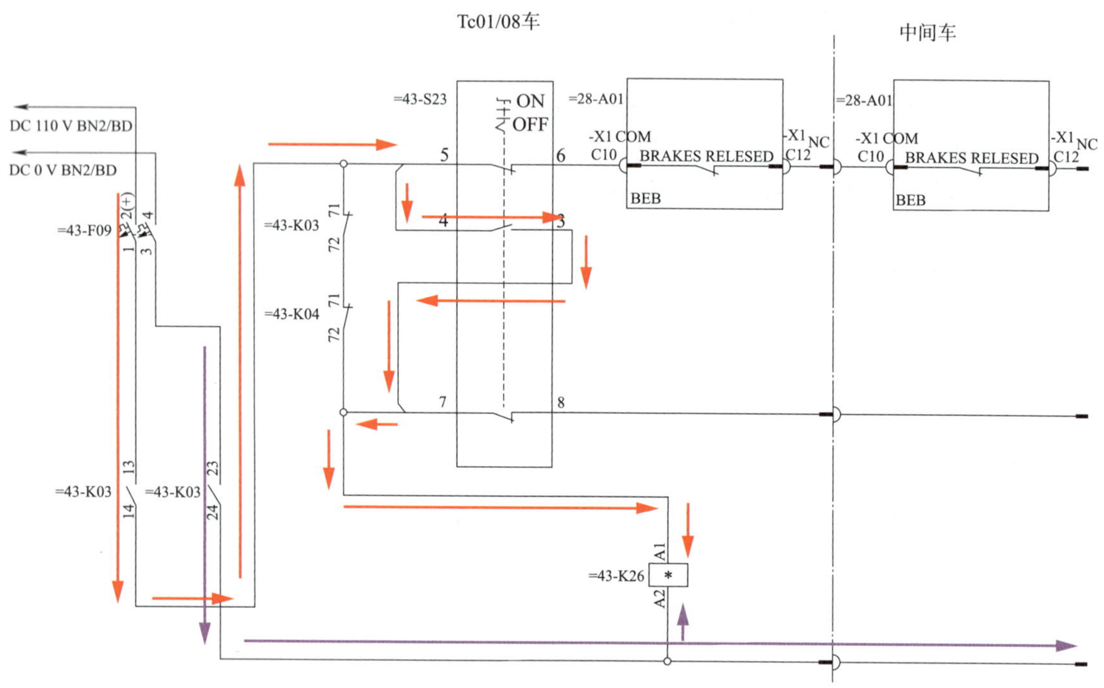

图 5-15 制动缓解环路的旁路

DC 110 V 由断路器=43-F09 提供→头继电器=43-K01 得电，触点 13-14 闭合→头车制动缓解环路旁路开关=43-S23 置于关位，触点 3-4 闭合→制动缓解环路旁路开关=43-S22 的触点 3-7 接通→头车制动缓解环路继电器=43-K26 得电。

由电路可以看出，制动缓解环路旁路时，只有头车的=43-K26 得电，尾车的=43-K26 不得电。

任务实施

安全环路试验中，分别以 Tc01 作为头车和 Tc08 作为头车进行试验，在此以 Tc01 车为例。

1. 检查安全环路头继电器是否受控

首先，在 Tc01 车司机室钥匙置于司机室占用位，然后移动蓄电池开关=32-S01 置于开位。此时车辆供电，并且 Tc01 车司机室处于被占用状态，检查安全环路头继电器=43-K01、

＝43-K02、＝43-K03、＝43-K04、＝43-K05、＝43-K06，＝43-K07 得电，并检查其对应的反馈变量。

其次，在 Tc01 车司机室钥匙置于 0 位，Tc01 车司机室占用被退出，检查安全环路头继电器＝43-K01、＝43-K02、＝43-K03、＝43-K04、＝43-K05、＝43-K06、＝43-K07 失电，并检查其对应的反馈变量。

2. 停放制动监控环路(PBML)

首先，Tc01/08 车中“PBML 旁路开关”＝43-S24 置于开位。检验每节车的 PBML 状态继电器＝43-K27 得电，并检查其对应的反馈变量，如图 5-16 所示。

其次，旋转 Tc08 中的“PBML 旁路开关”＝43-S24 置于关位。检验每节车的 PBML 状态继电器＝43-K27 失电，并检查其对应的反馈变量。

然后，旋转 Tc01 中的“PBML 旁路开关”＝43-S24 置于关位。只有 Tc01 车的＝43-K27 得电，其他车的＝43-K27 失电，并检查其对应的反馈变量。

接着，旋转 Tc08 中的“PBML 旁路开关”＝43-S24 置于开位。只有 Tc01 车的＝43-K27 得电，其他车的＝43-K27 失电，并检查其对应的反馈变量。

最后，旋转 Tc01 中的“PBML 旁路开关”＝43-S24 置于开位。检验每节车的 PBML 状态继电器＝43-K27 得电，并检查其对应的反馈变量。

3. 乘客紧急制动环路(PEBL)

首先，Tc01/08 车中＝43-S22“PEBL 旁路开关”置于开位，全列的乘客紧急制动手柄没有被触发。检验 Tc01 和 Tc08 车的 PEBL 状态继电器＝43-K25 得电，并检查其对应的反馈变量，如图 5-17 所示。

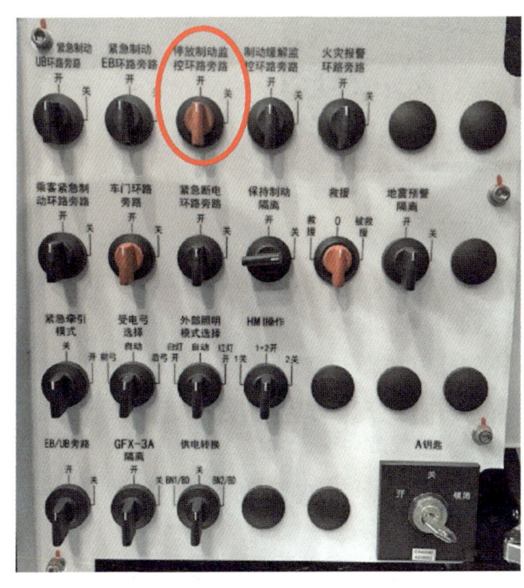

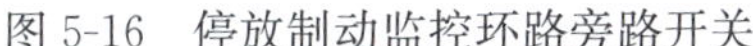
图 5-16　停放制动监控环路旁路开关

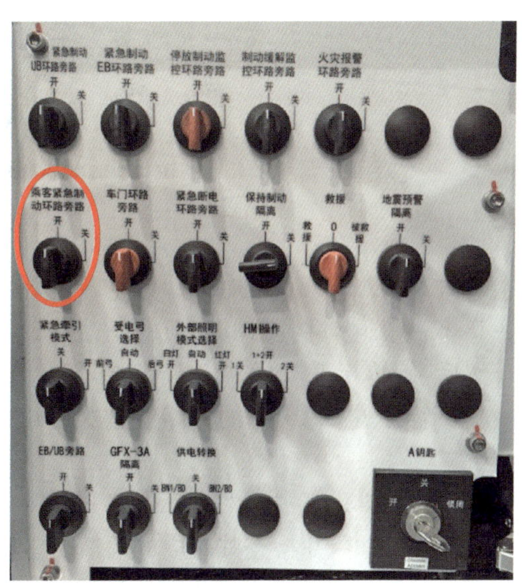

图 5-17　乘客紧急制动旁路开关

其次，旋转 Tc08 中的“PEBL 旁路开关”＝43-S22 置于关位。检验 Tc01 和 Tc08 车的 PEBL 状态继电器＝43-K25 失电，并检查其对应的反馈变量。

然后，旋转 Tc01 中的“PEBL 旁路开关”＝43-S22 置于关位。检验 Tc01 的 PEBL 状态继电器=43-K25 得电，Tc08 车的 PEBL 状态继电器=43-K25 失电，并检查其对应的反馈变量。

再次，旋转 Tc08 中的“PEBL 旁路开关”=43-S22 置于开位。检验 Tc01 的 PEBL 状态继电器=43-K25 得电，Tc08 车的 PEBL 状态继电器=43-K25 失电，并检查其对应的反馈变量。

然后，旋转 Tc01 中的“PEBL 旁路开关”=43-S22 置于开位。检验 Tc01 和 Tc08 车的 PEBL 状态继电器=43-K25 得电，并检查其对应的反馈变量。

最后，从 Tc01 车至 Tc08 车依次下拉和恢复乘客紧急制动手柄，检查 PEBL 状态继电器=43-K25 的状态和 EB 紧急制动施加与缓解的状态。

4. 紧急制动 EB 环路(EBL)

首先，Tc01/08 车中“EBL 旁路开关”=43-S31 置于开位。检验全列的 EBL 状态继电器=43-K74 得电，并检查其对应的反馈变量，紧急制动 EB 缓解，如图 5-18 所示。

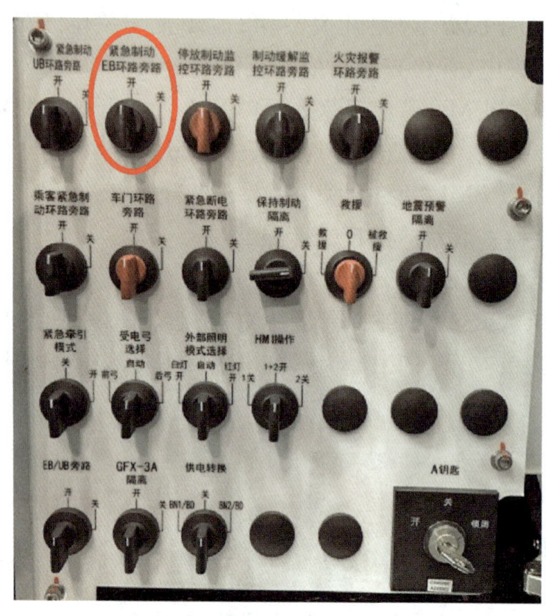

图 5-18　紧急制动 EB 环路旁路开关

其次，旋转 Tc08 中的“EBL 旁路开关”=43-S31 置于关位。检验每节车的 EBL 状态继电器=43-K74 失电，并检查其对应的反馈变量，EB 紧急制动施加。

然后，旋转 Tc01 中的“EBL 旁路开关”=43-S31 置于关位。检验每节车的 EBL 状态继电器=43-K74 失电，每节车的旁路继电器=43-K73 得电，并检查其对应的反馈变量，EB 紧急制动缓解。

再次，旋转 Tc08 中的“EBL 旁路开关”=43-S31 置于开位。检验每节车的 EBL 状态继电器=43-K74 失电，并检查其对应的反馈变量。

然后，移动 Tc01 中的“EBL 旁路开关”=43-S31 置于开位。检验每节车的 EBL 状态继电器=43-K74 得电，每节车的旁路继电器=43-K73 断开，并检查其对应的反馈变量，EB 紧急制动缓解。

最后，分别触发和恢复 Tc01 和 Tc08 车的牵引制动手柄至 EB 位，检查全列的 EB 紧急制动施加和缓解的状态。

5. 紧急制动 UB 环路(UBL)

首先,Tc01/08 车中“UBL 旁路开关”=43-S21 置于开位。检验全列的 UBL 状态继电器=43-K24 得电,并检查其对应的反馈变量,UB 紧急制动缓解,如图 5-19 所示。

图 5-19　紧急制动 UB 环路旁路开关

其次,旋转 Tc08 中的“UBL 旁路开关” =43-S21 置于关位。检验每节车的 UBL 状态继电器=43-K24 失电,并检查其对应的反馈变量,紧急制动 UB 施加。

然后,旋转 Tc01 中的“UBL 旁路开关” =43-S21 置于关位。检验 Tc01 车的 UBL 状态继电器=43-K24 得电,其他车的 UBL 状态继电器=43-K24 失电,每节车的旁路继电器=43-K13 得电,并检查其对应的反馈变量,紧急制动 UB 缓解。

再次,旋转 Tc08 中的“UBL 旁路开关”=43-S21 置于开位。检验 Tc01 车的 UBL 状态继电器=43-K24 得电,其他车的 UBL 状态继电器=43-K24 失电,并检查其对应的反馈变量。

然后,旋转 Tc01 中的“UBL 旁路开关” =43-S21 置于开位。检验每节车的 EBL 状态继电器=43-K24 得电,每节车的旁路继电器=43-K13 断开,并检查其对应的反馈变量,紧急制动 UB 缓解。

最后,分别触发和恢复 Tc01 和 Tc08 车的紧急制动按钮=28-S01,通过 Tc01 车司机台上紧急复位按钮=43-S37 复位,检查全列的紧急制动 UB 施加和缓解的状态。

6. 制动缓解环路(BRL)

首先,Tc01/08 车中“BRL 旁路开关”=43-S2 置于开位。将牵引制动手柄移至 0 位。检验 Tc01 车和 Tc08 车 BRL 状态继电器=43-K26 得电,对应的反馈变量,制动缓解。

其次,通过 Tc01 车牵引制动手柄移到制动位,检验 Tc01 车和 Tc08 车 BRL 状态继电器=43-K26 的状态,对应的反馈变量。

再次,旋转 Tc08 中的“BRL 旁路开关”=43-S23 置于关位。检验 Tc01 和 Tc08 车的 BRL 状态继电器=43-K26 失电,并检查其对应的反馈变量。

然后,旋转 Tc01 中的“BRL 旁路开关”=43-S23 置于关位。检验 Tc01 的 BRL 状态继电器=43-K26得电，Tc08车的BRL状态继电器=43-K26失电，并检查其对应的反馈变量。

再次，旋转Tc08中的“BRL旁路开关”=43-S23置于开位。检验Tc01的BRL状态继电器=43-K26得电，Tc08车的BRL状态继电器=43-K26失电，并检查其对应的反馈变量。

最后，旋转Tc01中的“BRL旁路开关”=43-S22置于开位。检验Tc01和Tc08车的BRL状态继电器=43-K26得电，并检查其对应的反馈变量。

任务评价

1. 自我评价(40分)

学生根据学习任务完成情况进行自我评价。

自我评价表

评价模块	配分	评分项点	得分
安全意识	10	1. 不按要求穿着工作服及防滑电工鞋。 2. 不按要求戴绝缘手套。 3. 不按要求进行带电或断电作业。 4. 不按安全要求规范使用工具。 5. 其他违反安全操作规范的行为	
技能操作	15	检查安全环路头继电器是否受控	
	10	停放制动监控环路(PBML)	
	20	检查乘客紧急制动环路(PEBL)	
	15	检查紧急制动EB环路(EBL)	
	10	检查紧急制动UB环路(UBL)	
	10	检查制动缓解环路	
职业规范和环境保护	10	1. 在工作过程中工具和器材摆放凌乱。 2. 不爱护设备、工具、不节省材料。 3. 在工作完成后不清理现场，在工作中产生的废弃物不按规定处置	
		自我评分(总分×40%)=	

签名________　　　　________年________月________日

2. 小组评价(30分)

同一实训小组同学进行互评。

小组评价表

评价项目	配分	得分
实训记录与自我评价情况	30	
相互帮助与协作能力	30	
安全、质量意识与责任心	40	
		小组评分(总分×30%)=

参评人员签名________　　　　________年________月________日

3. 教师评价(30分)

指导教师结合自评与互评的结果进行综合评价。

<table>
<tr><td colspan="2">教师总体评价意见：</td></tr>
<tr><td>教师评分</td><td></td></tr>
<tr><td>总评分＝自我评分＋小组评分＋教师评分</td><td></td></tr>
</table>

教师签名________　　　　　　　　　　　　　　　　　________年________月________日

任务二　整列安全环路故障诊断

任务描述

对整列安全环路故障进行诊断，一般有动车组紧急制动不缓解故障、动车停放制动监控环路未建立故障、紧急制动 EB 不缓解故障这三个典型的故障，分别对三个故障按照故障现象、故障排查、故障处理、故障影响进行故障诊断。

知识链接

一、紧急制动 EB 环路

1. 紧急制动 EB 环路的功能

紧急制动 EB 是空电复合制动，在制动系统设备正常情况下实施的紧急制动，按速度模式曲线控制方式实施制动控制。列车设置紧急制动 EB 环路，制动控制单元(BCU)通过检测紧急制动 EB 环路状态和网络信号触发紧急制动 EB。紧急制动 EB 时，制动系统应能使空气制动随时与电制动进行自动配合，实现空电复合制动，应充分利用动力制动。

紧急制动 EB 由各车独立控制，减少制动响应时间。单车制动控制单元(BCU)同时通过列车网络和硬线获得紧急制动 EB 指令，控制模拟转换阀输出紧急制动 EB 预控压力，预控压力经中继阀放大后，生成制动缸压力。紧急制动 EB 时，当主制动控制单元(BCU)检测到动车组紧急制动 EB 减速度不足时，将自动触发紧急制动 UB。

紧急制动 EB 环路断开的触发条件：

(1)当牵引制动手柄在紧急制动 EB 位。

(2)客室及乘务员室触发乘客紧急制动设施。

(3)列车非静止条件(速度>5 km/h)下停放制动意外施加。

(4)司机警惕装置触发紧急制动请求。

(5)无司机室占用时。

2. 紧急制动 EB 环路的元器件

＝43-S31：紧急制动 EB 环路旁路开关，当环路故障时，可以通过＝43-S31 重新建立环路。

＝43-K35：紧急制动 EB 环路中间控制继电器，＝43-K74 由＝43-K35 控制。

＝43-K73：紧急制动 EB 环路旁路继电器，旁路时＝43-K73 闭合。

＝43-K74：紧急制动 EB 环路状态继电器，环路建立后＝43-K74 得电。

3. 紧急制动 EB 环路中间控制继电器的得电过程

紧急制动 EB 环路中间控制继电器=43-K35 得电过程如图 5-20 所示。

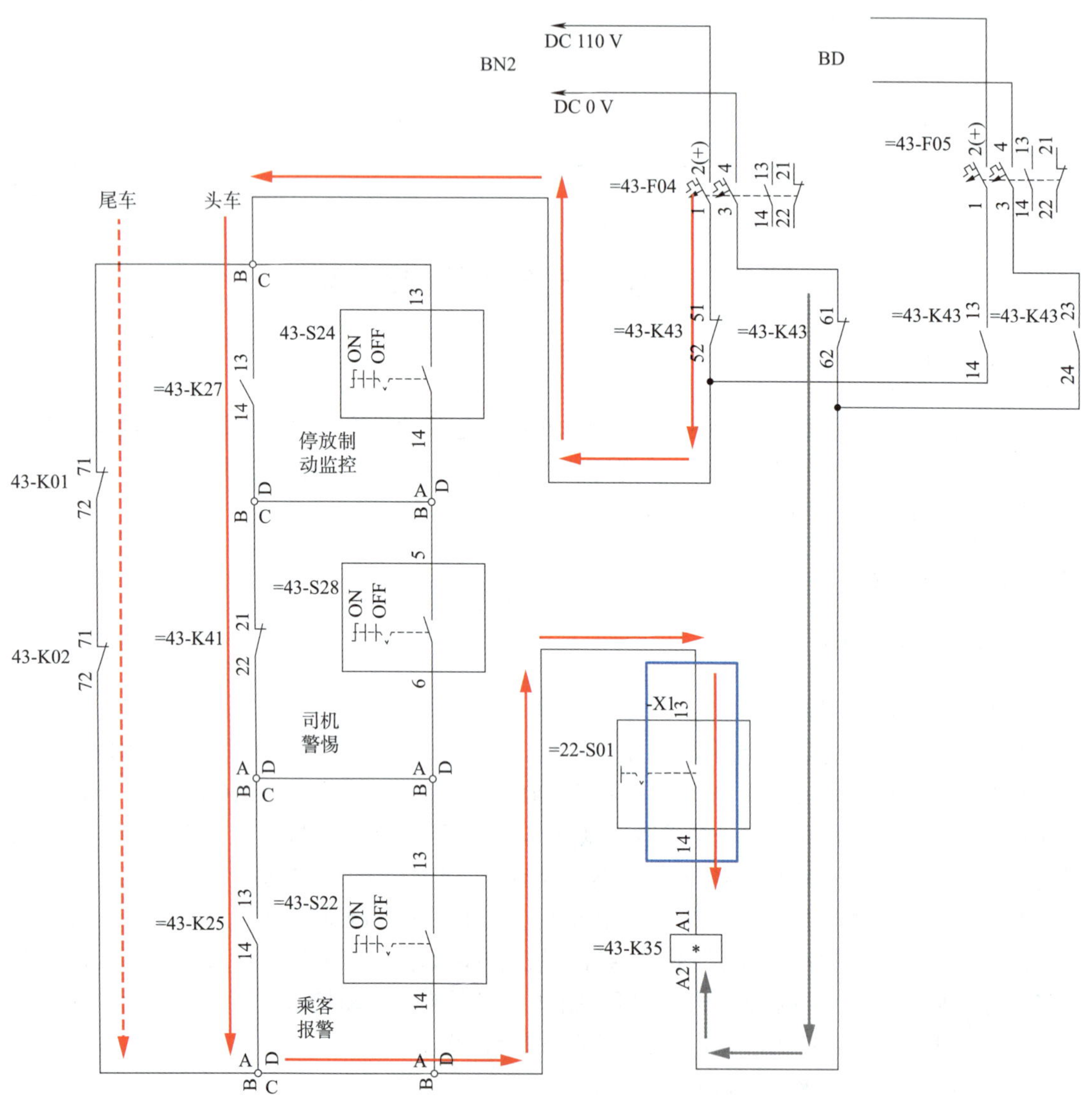

图 5-20　=43-K35 状态继电器得电原理

当牵引制动手柄在非 EB 位置时，由=43-F04 供电→被救援继电器=43-K43，未处于被救援状态时=43-K43 不得电 51-52 触点闭合→停放制动监控环路建立=43-K27 得电 13-14 触点闭合→司机警惕系统(ASD)未触发→=43-K41 不得电 21-22 触点闭合→乘客紧急制动环路建立=43-K25 得电 13-14 触点闭合→牵引制动手柄不在 EB 位，=22-S01 的 13-14 触点闭合→继电器=43-K35 得电。

由于=43-K01、=43-K02 为头继电器(受=22-K01 控制)，尾车该继电器 71-72 触点闭合，可以跳过继电器=43-K27、=43-K41、=43-K25，让尾车=43-K35 得电，如图 5-20 红色虚线所示。

由此可见，头车的＝43-K35受停放制动监控环路、司机警惕装置、乘客紧急制动环路和牵引制动手柄非EB位控制。尾车的＝43-K35只受牵引制动手柄非EB位控制。

4. 紧急制动EB环路的建立

紧急制动EB环路中间控制继电器＝43-K35得电后，会经环路控制继电器＝43-K74得电，标志紧急制动EB环路建立，如图5-21所示。

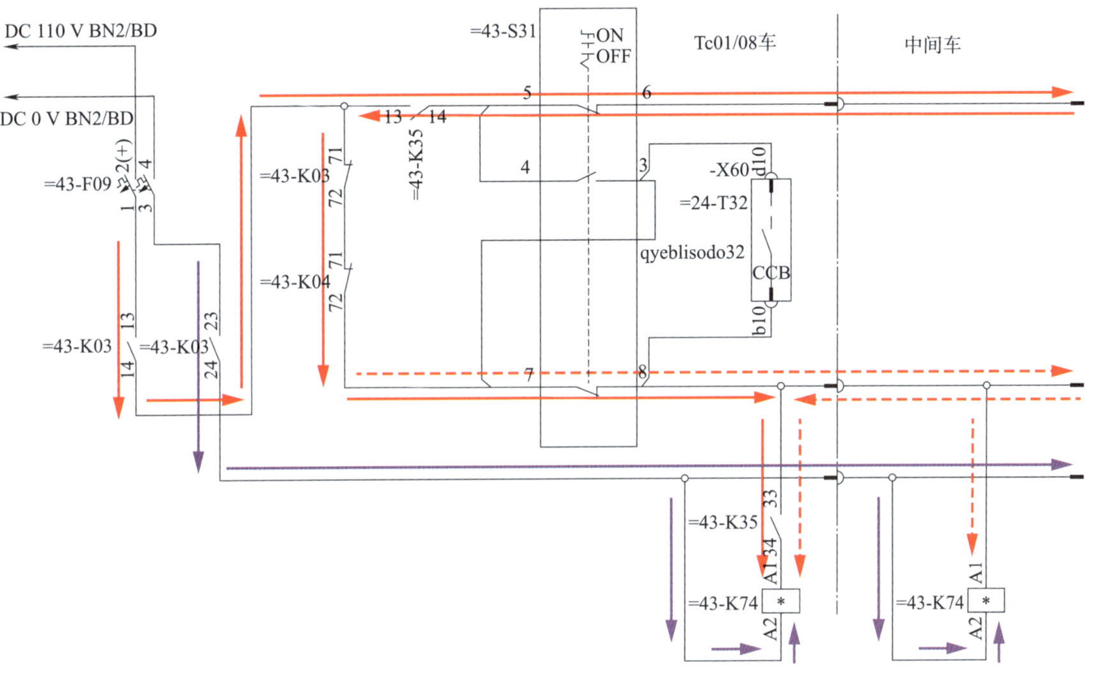

图5-21　紧急制动EB环路

DC 110 V由紧急制动EB环路供电断路器＝43-F06提供→头继电器＝43-K01常开触点13-14，由于占用端的＝43-K01得电，触点13-14闭合→头车 ＝43-K35触点13-14闭合→头车紧急制动EB环路旁路开关＝43-S31开位触点5-6导通→中间车贯通线→尾车的紧急制动EB环路旁路开关＝43-S31开位触点5-6导通→尾车＝43-K02、＝43-K05(头继电器)不得电，触点51-52闭合→尾车＝43-S31的触点7-8导通→尾车＝43-K35得电，触点13-14闭合→尾车＝43-K74得电；中间车＝43-K74得电；头车＝43-K35得电，触点33-34闭合→头车＝43-K74得电。

5. 紧急制动EB环路断开触发紧急制动

由＝43-K35的得电过程可以看出，牵引制动手柄置于EB位、停放制动环路断开＝43-K27失电、司机警惕系统(ASD)被激活＝43-K41得电、乘客报警环路断开＝43-K25失电，任何一个条件被触发都可以让＝43-K35失电，从而导致紧急制动环路断开，＝43-K74(紧急制动环路状态集电器)失电。

当＝43-K74失电，DC 110 V由B4针供电→＝28-S10救援开关在0位，被救援继电器＝43-K42失电，触点61-62闭合→非紧急牵引模式＝22-K73失电，触点01-02闭合→EBL没有旁路时EBL旁路继电器＝43-K73失电，触点61-62闭合→紧急制动EB环路断开＝43-K74失电，触点71-72闭合→制动控制单元(BCU)的B10针收到高电平信号，制动控制单元(BCU)

施加 EB 紧急制动,如图 5-22 所示。

6. 紧急制动 EB 环路旁路继电器

当线路出现故障时,将 EBL 旁路开关=43-S31 置于关位,全列的紧急制动 EB 环路继电器=43-K74 失电,全列的紧急制动 EB 环路旁路继电器=43-K73 得电,代替=43-K74 断开制动控制单元 BCU 的 B10 针收到的 EB 紧急制动信号,如图 5-22 所示 。

所以,=43-K73 是=43-K74 的旁路继电器,其具体得电过程如图 5-23 所示。

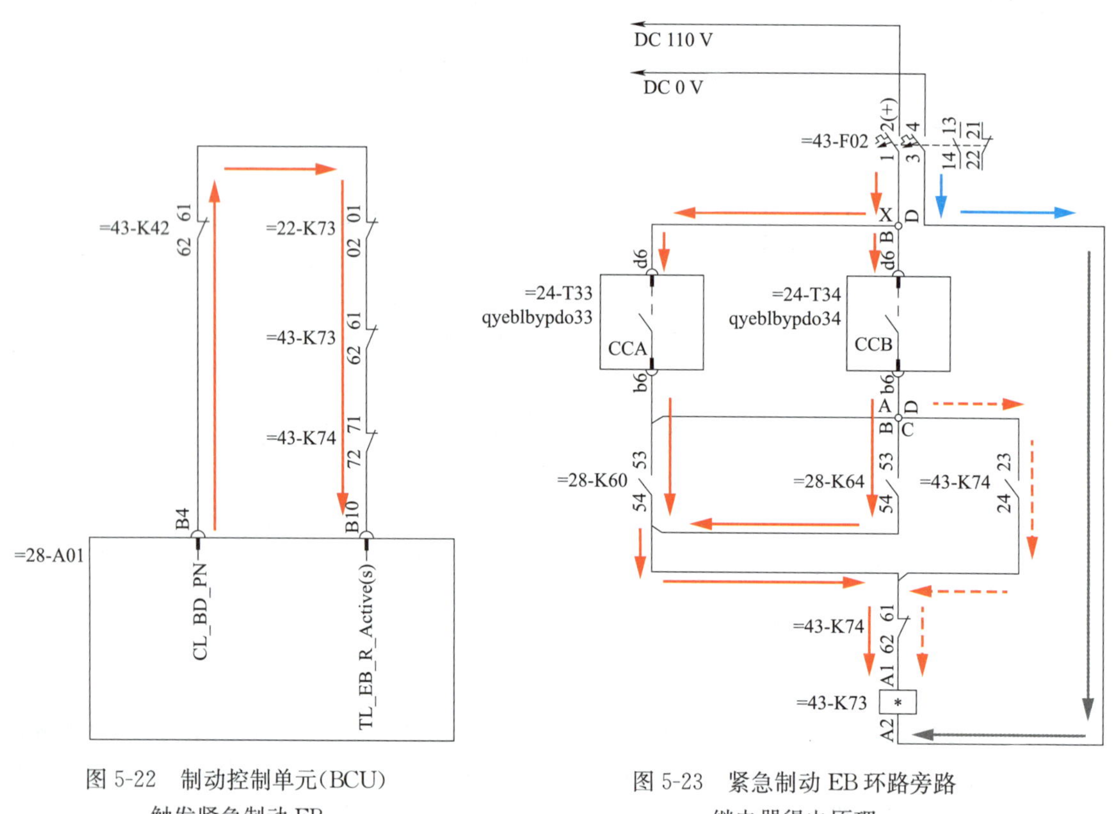

图 5-22 制动控制单元(BCU)触发紧急制动 EB

图 5-23 紧急制动 EB 环路旁路继电器得电原理

前提条件:车辆运行时 EB 紧急断电环路出现无法建立情况=43-K74 失电,将旁路开关=43-S31 置于关位。

DC 110 V 由断路器=43-F02 提供→网络模块 qyeblbypdo33、qyeblbypdo34 输出高电平→速度<5 km/h 时=28-K60 和=28-K64(车辆静止状态)得电→由于此时紧急制动 EB 环路处于断开状态,继电器=43-K74 失电,触点 61-62 闭合→环路旁路继电器=43-K73 得电→=43-K73 触点 23-24 闭合,实现=43-K73 的自锁。

与前几个环路不同的是,当线路出现故障时,紧急制动 EB 环路旁路开关=43-S31 置于 EBL 关位后,全列的紧急制动 EB 环路继电器=43-K74 仍然失电,如图 5-24 所示。

DC 110 V 由紧急制动环路供电断路器=43-F06 提供→头继电器=43-K01 常开触点 13-14 闭合→头车 =43-K35 得电 13-14 闭合→头车紧急制动 EB 环路旁路开关=43-S31,关位时触点 3-4 导通,且 3-7 触点通过短线导通→头车紧急制动 EB 旁路开关=43-S31,关位时 7-8 触点断开,电路无法再通往中间车和尾车,所以全列的=43-K74 失电。

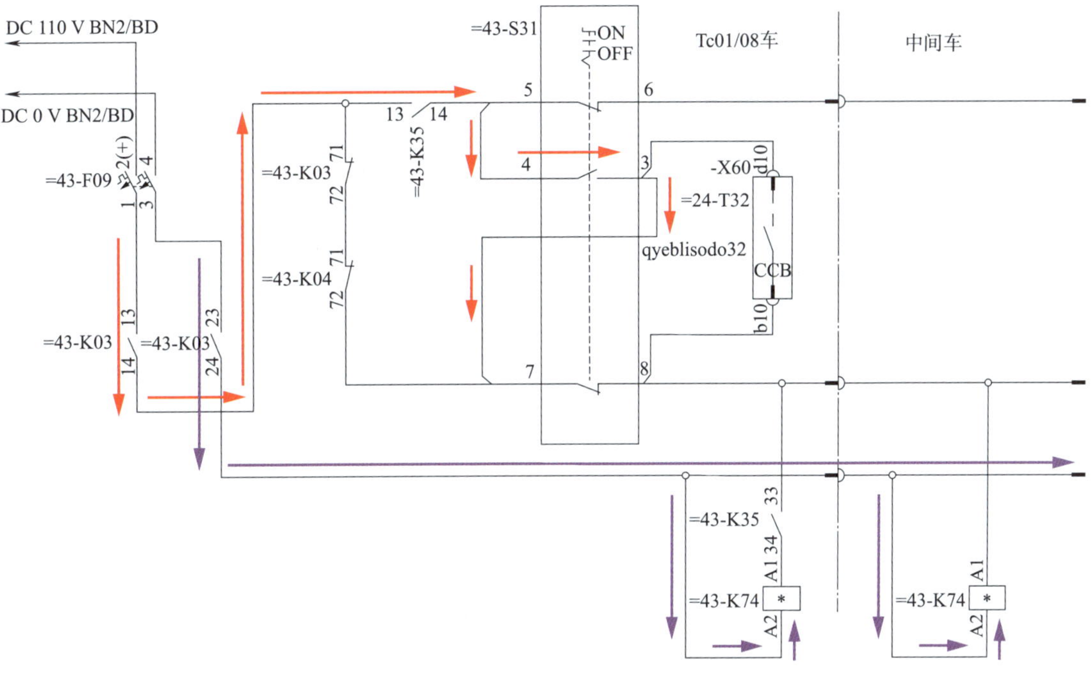

图 5-24　EBL 旁路开关=43-S31 置于旁路位时的电路走向

7. 不同型号车辆重联，紧急制动 EB 环路的建立

当不同型号的车辆重联时，为了紧急制动 EB 环路的建立，需要将头车紧急制动 EB 环路旁路开关=43-S31 置于关位，变量 qyeblisodo32=1 接通，实现全列的=43-K74 得电，如图 5-25 所示。

qyeblisodo32=0：单列或者相同型号动车组重联时，永远为 0。

qyeblisodo32=1：不同型号车辆重联时，为了紧急制动 EB 环路建立，=43-S31 置于关位，变量为 1。

DC 110 V 由紧急制动环路供电断路器=43-F06 提供→头继电器=43-K01 常开触点 13-14 闭合→头车 =43-K35 得电触点 13-14 闭合→头车紧急制动 EB 环路旁路开关=43-S31，关位时触点 3-4 导通→=24-T32 的网络触点 qyeblisodo32=1 接通→中间车=43-K74 得电→尾车=43-K35 得电，触点 33-34 闭合→尾车=43-K74 得电。

二、紧急制动 UB 环路

1. 紧急制动 UB 环路的功能

紧急制动 UB 是纯空气紧急制动，由紧急制动 UB 环路失电控制紧急制动电磁阀失电实施的紧急制动。

施加紧急制动 UB 时，紧急制动 UB 环路断开（故障导向安全原则），单车紧急制动电磁阀失电，总风压力经过称重限压阀根据车重情况生成最大预控压力，预控压力作用在中继阀后生成制动缸压力，施加空气制动。

紧急制动 UB 环路断开的触发条件：

（1）车载列车控制系统发出紧急制动。

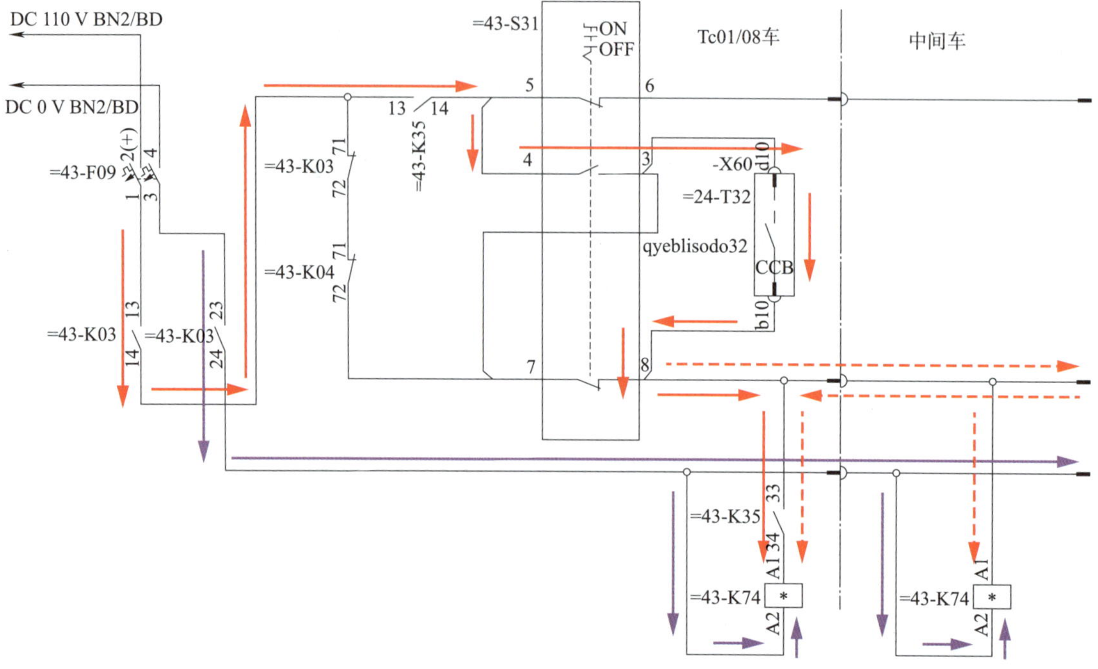

图 5-25　不同型号动车组重联后，紧急制动 EB 环路建立

(2)紧急制动按钮被按下。

(3)紧急制动 EB 制动力不足。

(4)总风压力低。

(5)紧急制动 UB 环路断开或失电。

(6)列车分离。

(7)列车失电。

2. 紧急制动 UB 环路的元器件

=28-S01:紧急制动 UB 可以通过紧急制动 UB 按钮=28-S01 施加。施加紧急制动 UB 后，在列车完全停止前无法缓解。

=43-S37:紧急制动 UB 施加后，可以通过紧急复位按钮=43-S37 对紧急制动 UB 进行复位缓解。当列车完全停止后，首先将牵引制动手柄置于任意制动位，施加停放制动，按下紧急复位按钮=43-S37，然后将牵引制动手柄置于 0 位，紧急制动 UB 缓解。

当紧急制动 UB 环路建立时=43-K24 得电，=43-K24 由=43-K33、=43-K34 控制。即=43-K24 是紧急制动 UB 环路继电器，=43-K33、=43-K34 是紧急制动 UB 环路中间控制继电器。

=43-S21:紧急制动 UB 环路(UBL)旁路开关，当环路故障时，可以通过=43-S21 旁路开关重新建立环路。

=43-K33、=43-K34:紧急制动 UB 环路中间控制继电器。

=43-K13:紧急制动 UB 环路旁路继电器，旁路时=43-K13 闭合。

=43-K24:紧急制动 UB 环路状态继电器，环路建立后=43-K24 得电。

3. 紧急制动UB保持继电器的得电过程

紧急制动UB保持继电器＝43-K61的得电过程如图5-26所示。DC 110 V由断路器＝43-F03提供→网络触点qyubresdo33和qyubresdo34,在触发紧急制动UB后保持接通,直到停车,通过紧急复位按钮＝43-S37复位后断开→＝43-K61得电。

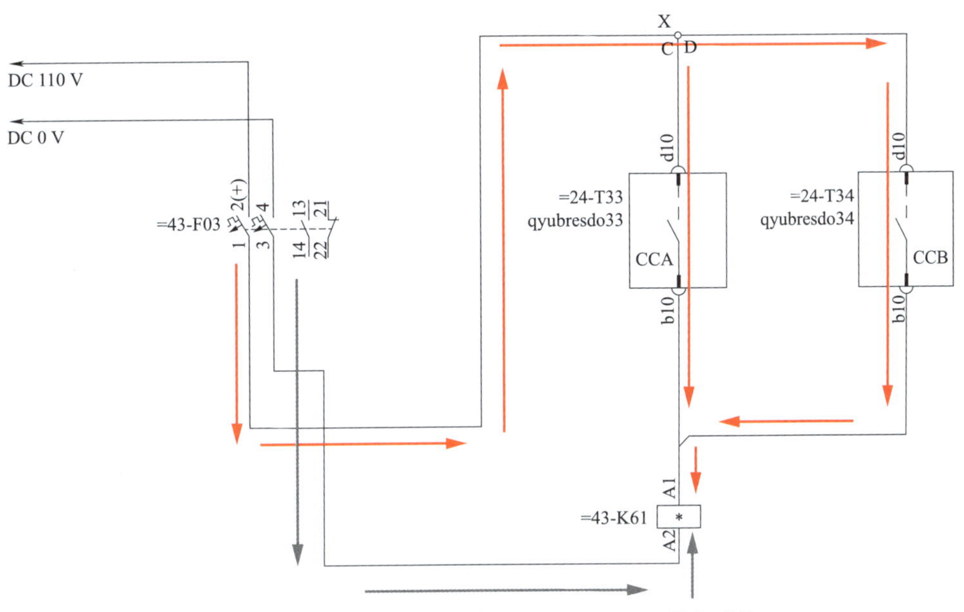

图5-26　紧急制动UB保持继电器＝43-K61得电过程

4. 紧急制动UB环路控制继电器得电过程

当UB环路建立过程中需要控制继电器＝43-K43、＝43-K44首先得电,其得电过程如图5-27、图5-28所示。

Tc01车DC 110 V由＝43-F04(BN2/BD)或＝43-F05(BD)供电,常规状态环路由＝43-F04供电,被救援时,被救援继电器＝43-K43得电,环路由＝43-F05供电。

首先,经过＝43-K61的常用触点21-22,根据前面介绍的该继电器得电过程在没有触发紧急制动UB时＝43-K61不得电,在触发紧急制动UB后能保证在紧急复位前环路不重新建立,通过ASD故障旁路开关＝43-S28可以恢复此功能。

然后,经过紧急制动EB环路控制继电器＝43-K35的常开触点23-24。当紧急制动EB触发时有四种情况可以断开紧急制动UB环路:触发UB制动,即紧急制动EB环路旁路开关打到关位,＝43-S31的常闭触点9-10断开;紧急制动EB减速度不足时,继电器＝28-K30得电,常闭触点21-22断开;紧急牵引模式时＝22-K73得电,常闭触点91-92断开;被救援状态时＝43-K42得电,常闭触点71-72断开。在这四种情况下＝43-K35失电会导致＝43-K33和＝43-K34失电,触发紧急制动UB。此转换功能可以通过EB/UB故障开关＝43-S32旁路。

以上两项功能在尾车通过头继电器＝43-K01和43-K02旁路。

接着经过继电器＝28-K60在速度5 km/h以下(近似为列车静止)时得电,常开触点闭合。列车运行时通过＝43-K33和43-K34的常开触点33-34形成自锁电路保证环路断开后必须停车才能重新建立。此功能在救援开关＝28-S10非0位时可用。再经过紧急制动按钮＝28-S01的常闭触点11-12,即按钮没有被按下,使连接器1、2、3、4针有电,如图5-27所示。

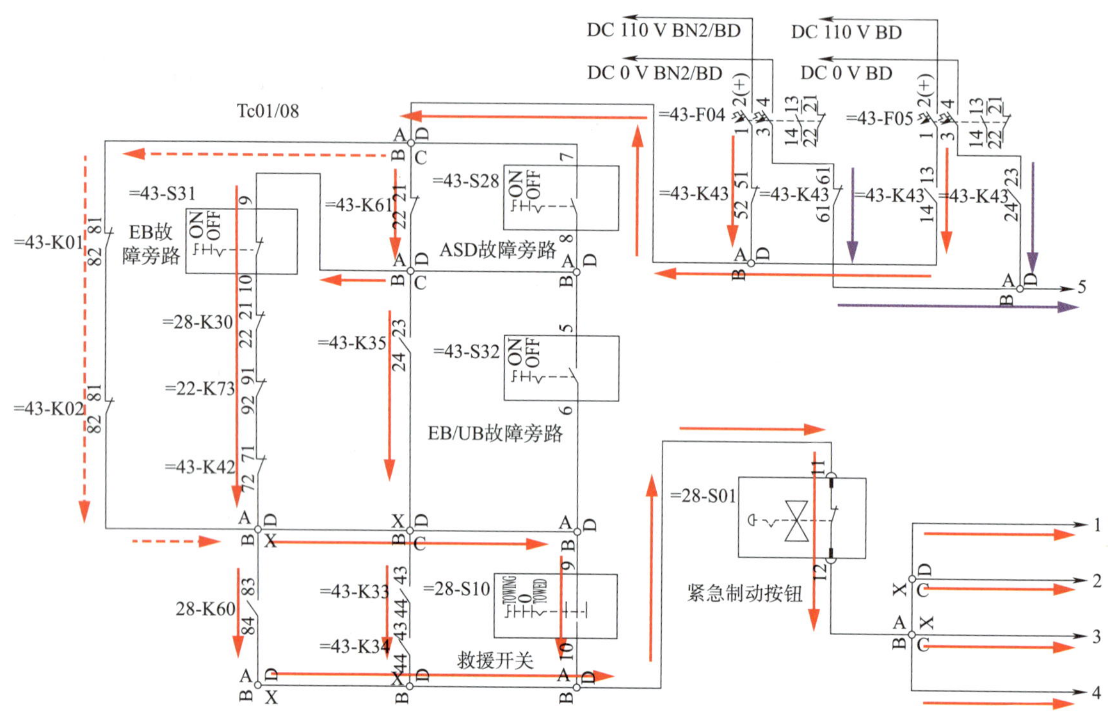

图 5-27　紧急制动 UB 建立的中间电路

最后经 ATP 系统控制=43-K33 和=43-K34 得电，其过程基本一致，如图 5-28 所示。以=43-K33 得电过程为例：

头车：DC 110 V 由 2 针提供→ATP 处于运行位时，主机=44-A01 的 43-45 触点闭合。

ATP 处于隔离位时，=44-S02 的触点 1-2 导通，将主机=44-A01 的 43-45 触点旁路→头继电器=43-K06、=43-K07 得电，触点 13-14 闭合→头车的紧急制动 UB 控制继电器=43-K33 得电。

尾车：DC 110 V 由连接器 1 针提供→头继电器=43-K06、=43-K07 不得电，触点 51-52 闭合状态→=43-K33 得电。

5. 紧急制动 UB 环路的建立

紧急制动 UB 环路控制继电器=43-K33、=43-K34 得电后，会建立紧急制动 UB 环路，使紧急制动环路状态继电器=43-K24 得电，其过程如下。

DC 110 V 由=43-F07 提供→头继电器=43-K02 得电触点 13-14 闭合→头车=43-K33、=43-K34 得电，触点 13-14 闭合→头车紧急制动 UB 环路旁路开关=43-S21 置于开位，触点 5-6 闭合→中间车贯通线→尾车 UB 环路故障开关=43-S21 置于开位，触点 5-6 闭合→尾车=43-K33、=43-K34 得电，触点 13-14 闭合→尾车的头继电器=43-K02、=43-K05 不得电，触点不动作→尾车=43-K33 得电，触点 23-24 闭合→尾车=43-K24 得电→尾车紧急制动 UB 环路旁路开关=43-S21 置于开位，触点 7-8 闭合→中间车=43-K24 得电→头车紧急制动 UB 环路旁路开关=43-S21 置于开位，触点 7-8 闭合→头车=43-K33 得电，触点 23-24 闭合→头车=43-K24 得电，如图 5-29 所示。

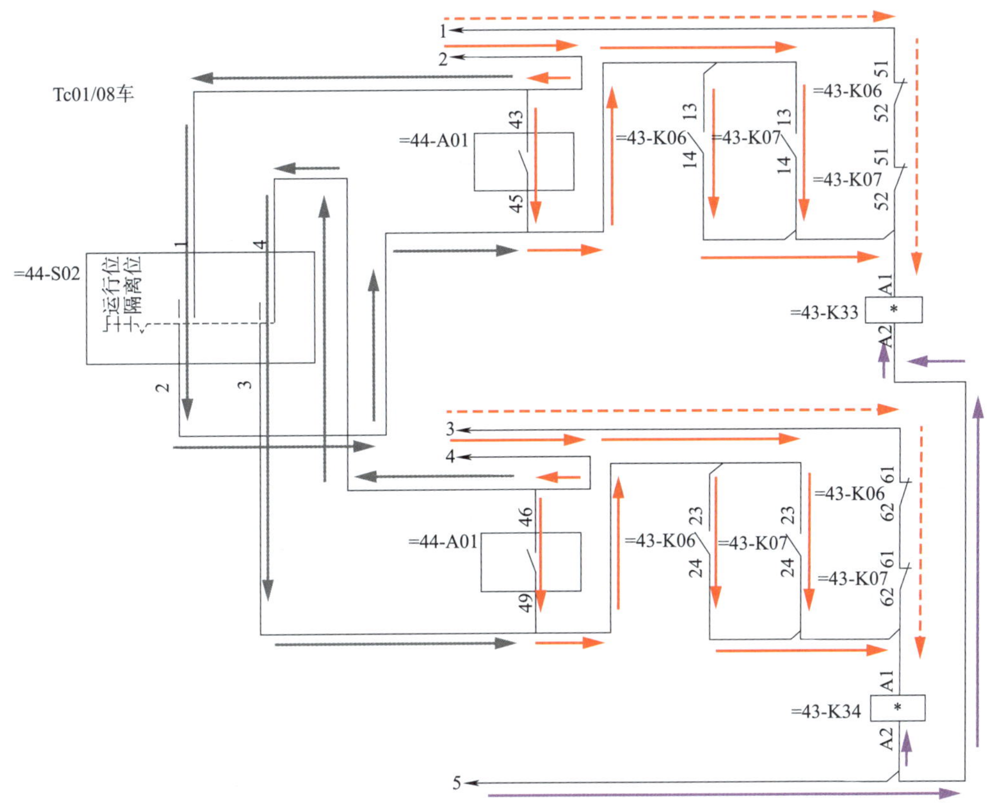

图 5-28　紧急制动 UB 环路控制继电器=43-K33、=43-K34 得电原理

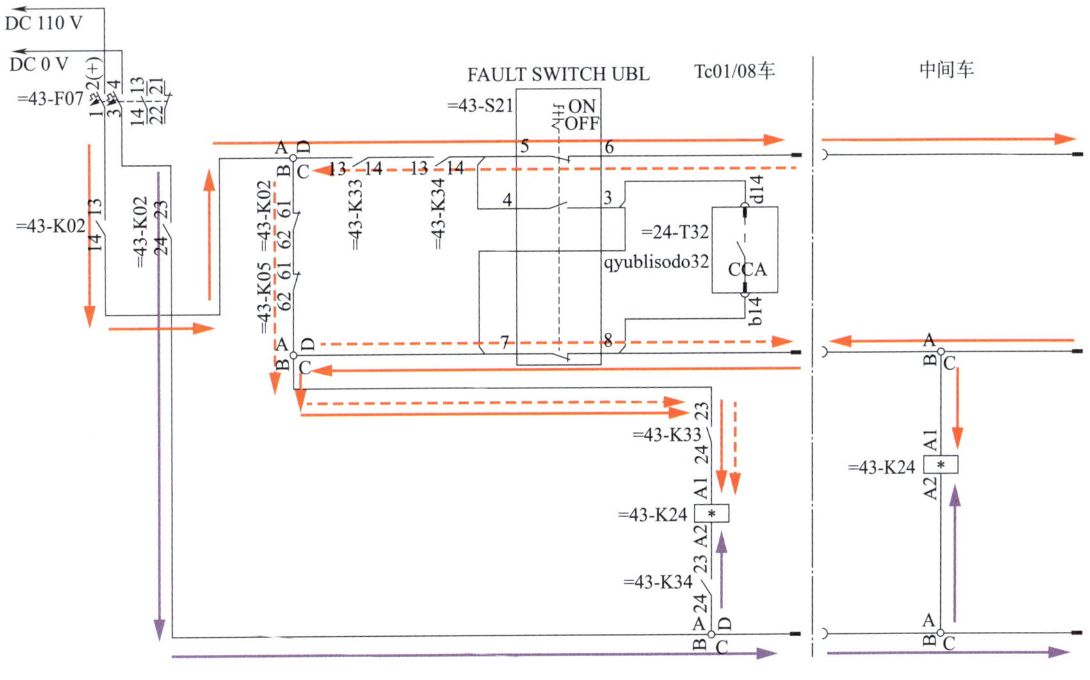

图 5-29　紧急制动 UB 环路状态继电器=43-K24 得电原理

6. 紧急制动 UB 环路网络旁路继电器

常规状态下，紧急制动 UB 环路旁路继电器受网络控制，在紧急牵引模式下受继电器＝22-K72 控制，如图 5-31 所示。

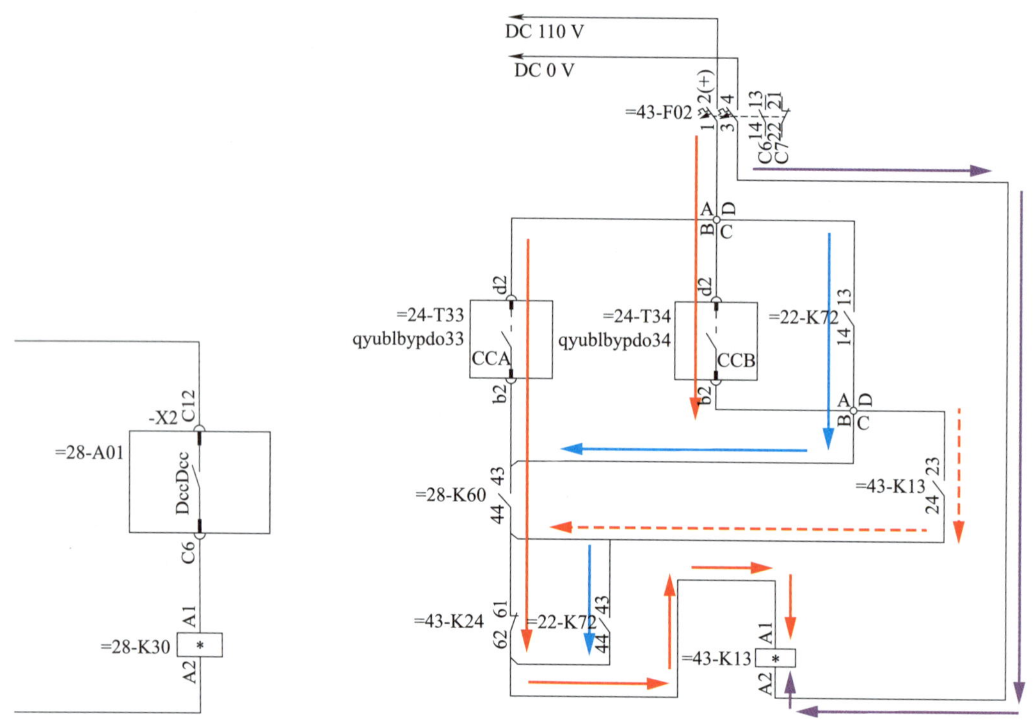

图 5-30　紧急制动 EB 减速度不足继电器

图 5-31　紧急制动 UB 环路的网络

网络控制：DC 110 V 由＝43-F02 供电→网络触点 qyublbypdo33 和 qyublbypdo34 UBL 旁路时接通→速度＜5 km/h，＝28-K60 得电，触点 43-44 闭合→紧急制动 UB 环路断开，其状态继电器＝43-K24 失电，触点 61-62 闭合→＝43-K13 得电→＝43-K13 的触点 23-24 闭合实现自锁。

紧急牵引模式：DC 110 V 由＝43-F02 供电→紧急牵引模式下，UBL 旁路＝22-K72 闭合，触点 13-14 闭合→速度＜5 km/h，＝28-K60 得电，触点 43-44 闭合→紧急制动 UB 环路断开，＝43-K24 失电，触点 61-62 闭合；并且紧急牵引模式＝22-K72 得电，触点 43-44 闭合→＝43-K13 得电→＝43-K13 的触点 23-24 闭合实现自锁。

当环路出现故障时，将紧急制动 UB 环路旁路开关＝43-S21 置于关位，触点 3-4 闭合，触点 3-7 短接导通，qyublisodo32 为低电平，＝24-T32 触点断开，电路无法达到中间车和尾车，所以只有头车的紧急制动 UB 环路各继电器＝43-K24 得电，如图 5-32 所示。

7. 紧急制动 UB 环路断开触发紧急制动 UB

当＝43-K24 得电，触点 23-24 闭合→＝28-A01 的 X2-E3 针为高电平，制动控制单元(BCU)的紧急电磁阀得电，紧急制动 UB 不触发。

当＝43-K24 失电，触点 23-24 断开→＝28-A01 的 X2-E3 针为低电平，制动控制单元(BCU)的紧急电磁阀失电，紧急制动 UB 触发。

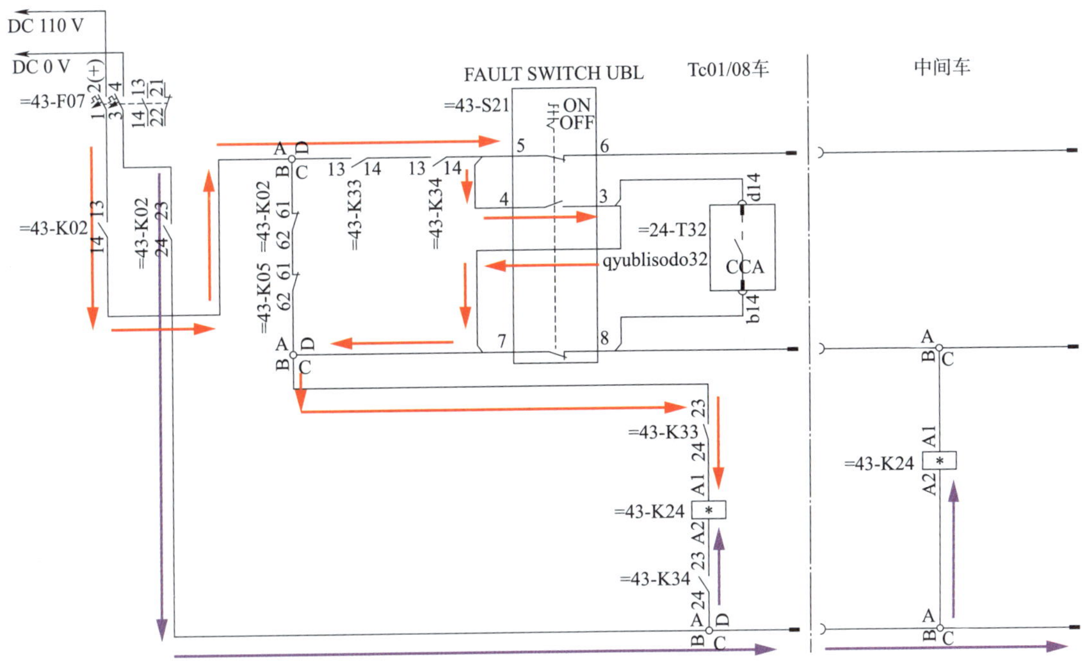

图 5-32　紧急制动 UB 环路旁路

=43-K13 是=43-K24 的旁路继电器。受紧急制动 UB 环路旁路开关=43-S21 控制，UBL 旁路时，中间车及尾车的=43-K24 不得电，旁路继电器=43-K13 得电，触点 13-14 闭合→=28-A01 的 X2-E3 针为高电平，制动控制单元(BCU)的紧急电磁阀得电，紧急制动 UB 不触发，如图 5-33 所示。

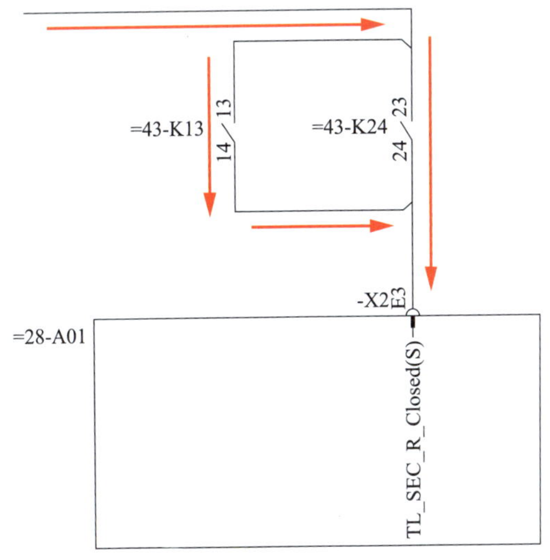

图 5-33　=43-K24 激活制动单元的紧急制动 UB

8. 不同型号车辆重联，紧急制动 UB 环路的建立

当不同型号的车辆重联时，为了紧急制动 UB 环路的建立，需要将头车紧急制动 UB 环路

旁路开关=43-S21置于关位，变量qyublisodo32 =1高电平，实现全列的=43-K24得电，如图5-34所示。

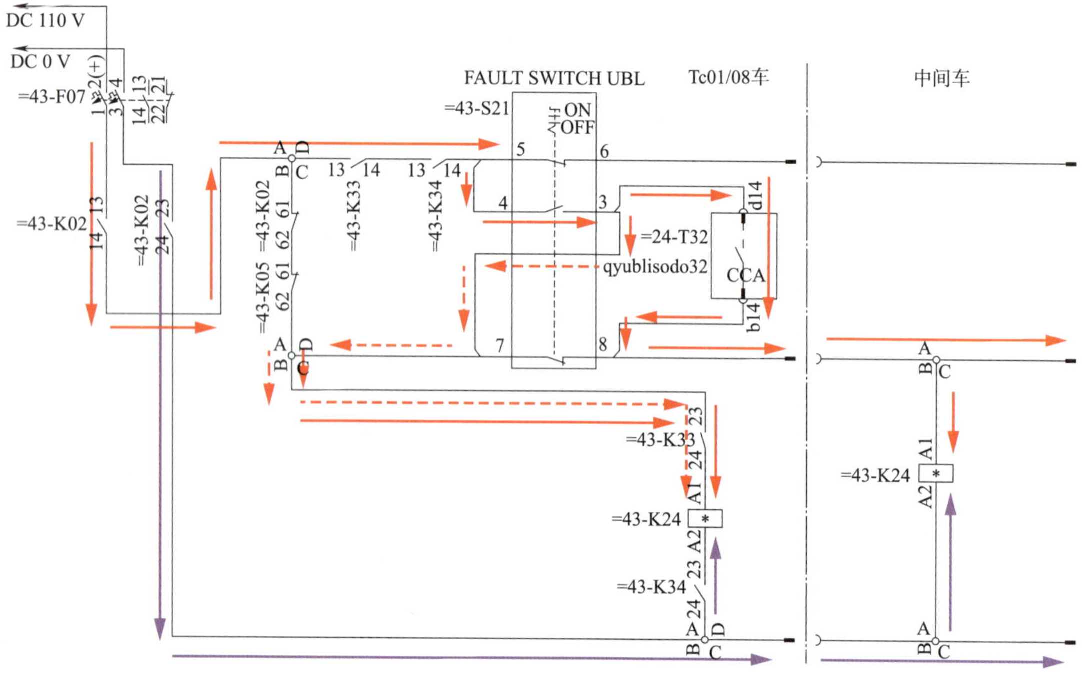

图5-34　不同型号车辆重联后，紧急制动环路的建立

qyublisodo32=0：单列或者相同型号车辆重联时，永远为0。

qyublisodo32=1：不同型号车辆重联时，为了紧急制动UB环路建立，=43-S21置于关位，变量为1。

当不同型号车辆重联时，将紧急制动UB环路(UBL)旁路开关=43-S21置于关位，触点3-4闭合，控制头车的=43-K24得电，网络变量qyublisodo32为高电平，=24-T32触点闭合，控制中间车和尾车的紧急制动UB环路各继电器=43-K24得电。

任务实施

1. 动车组紧急制动不缓解故障

(1)故障现象

车辆在送电后出现制动不缓解，报故障代码66DB：请求紧急制动，=43-K33和/或=43-K34接触器未闭合；66DC：请求紧急制动，=43-K33和/或=43-K34继电器未闭合，如图5-35所示。

(2)故障排查

由于列车自动保护系统(ATP)没有启动，用备用制动充风，车辆也不能缓解，检查断路器也已经闭合，没有断开的。查找思路应沿着=43-K33和=43-K34继电器的状态进行。

首先检查=43-K33和=43-K34的工作状态，用监控软件连接列车中央控制单元(CCU)查看变量E111_11和E121_11，结果都是0，实际上是=43-K33得电吸合、=43-

K34 没有得电，用万用表测量发现线圈有电，但触点没有吸合，判断继电器损坏导致，如图 5-36 所示。

66DB	CCU	Contactor urgency brake request 43-K33 and/or 43-K34 does not pick up (maint.)
66DC	CCU	Contactor urgency brake request 43-K33 and/or 43-K34 does not pick up (driver)

图 5-35　故障代码

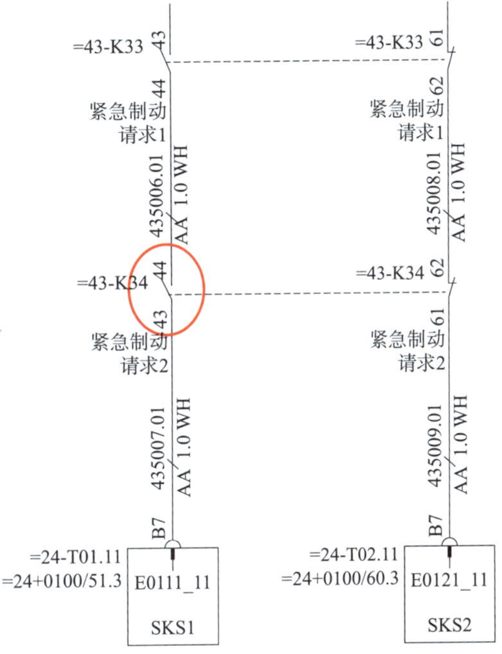

图 5-36　故障点在功能图中的位置

（3）故障处理

由于继电器质量问题，导致此故障现象的出现，更换继电器＝43-K34 后，故障现象消除。

（4）故障影响

此故障在动车组运行中出现，将导致车辆制动不缓解。无法正常运行。

2. 动车停放制动监控环路未建立故障

（1）故障现象

司机室占用，司机室显示屏（HMI）报故障代码 53A2：停放制动监控环路状态继电器不一致。

（2）故障排查

根据故障代码，检查停放制动监控环路是否建立，停放制动监控环路的状态继电器＝43-K27 的反馈是否正确。首先检查停放制动监控环路是否建立，可以检查每节车停放制动监控环路继电器＝43-K27 的状态，经过检查每节车的＝43-K27 均已闭合，说明停放制动监控回路建立。此时根据故障描述，需要检查每节车＝43-K27 的变量反馈是否一致，经检查发现 01 车的＝43-K27 继电器的触点 21-22 卡滞，一直处于接通状态，导致＝43-K27 闭合时反馈不一致，如图 5-37 所示。

（3）故障处理

更换出现故障的继电器＝43-K27。

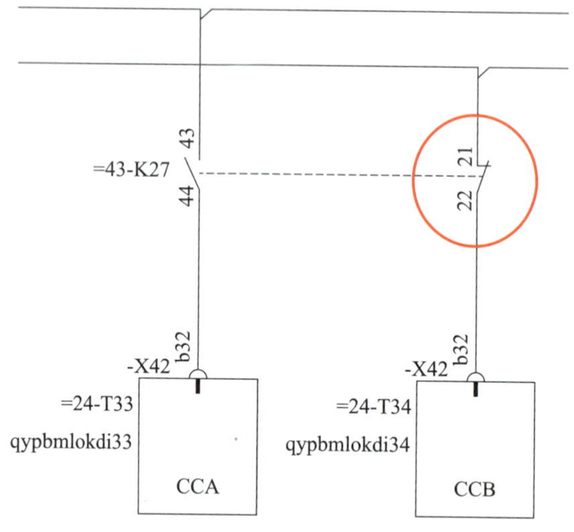

图 5-37　继电器＝43-K27 的状态反馈

(4)故障影响

导致停放制动无法缓解，车辆触发 EB 紧急制动，影响车辆运行。

3. 紧急制动 EB 不缓解故障

(1)故障现象

在司机室占用后，将牵引制动手柄移至 0 位，紧急制动 EB 不缓解。

(2)故障排查

根据故障现象，首先分析紧急制动 EB 环路建立的条件。即停放制动监控环路建立＝43-K27 得电、司机警惕(ASD)未激活＝43-K41 未得电、乘客紧急制动环路建立＝43-K25 得电、牵引制动手柄未在 EB 位、紧急制动 EB 环路中间控制继电器＝43-K35 得电，这几个条件满足后，紧急制动 EB 环路才能够建立。

其次，依次排查这几个条件对应继电器的状态，经过排查发现停放制动监控环路建立＝43-K27 得电、ASD 司机警惕未激活＝43-K41 未得电、乘客紧急制动环路建立＝43-K25 得电、牵引制动手柄未在 EB 位，但是紧急制动 EB 环路中间控制继电器＝43-K35 未闭合。

最后，经过对＝43-K35 的线圈 A1，A2 测量发现供电正常，说明＝43-K35 得电不动作，器件故障，如图 5-38 所示。

(3)故障处理

更换出现故障的继电器＝43-K35。

(4)故障影响

影响车辆紧急制动 EB。导致动车组紧急制动 EB 无法缓解。

任务评价

1. 自我评价(40 分)

学生根据学习任务完成情况进行自我评价。

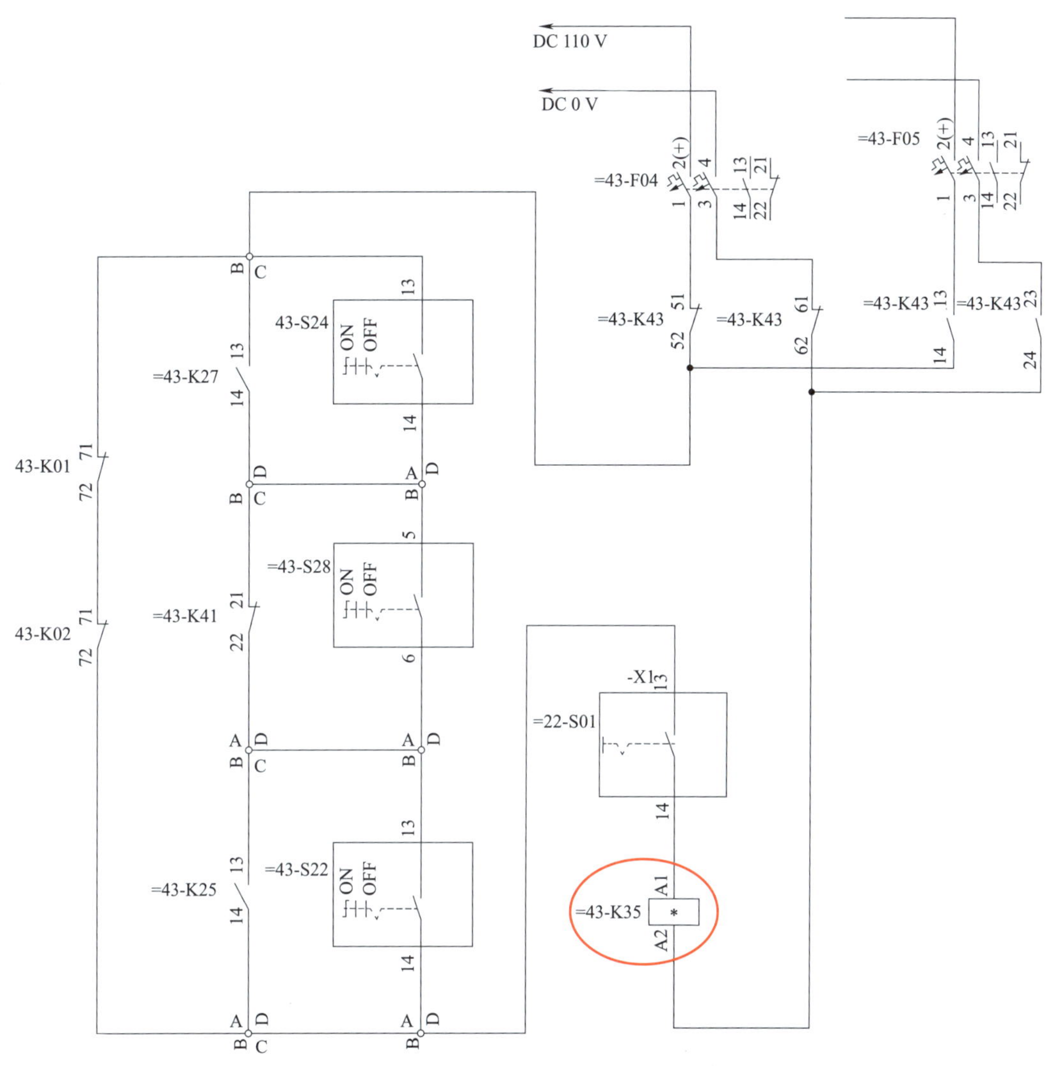

图 5-38　=43-K35 状态继电器故障

自我评价表

评价模块	配分	评分项点	得分
安全意识	10	1. 不按要求穿着工作服及防滑电工鞋。 2. 不按要求戴绝缘手套。 3. 不按要求进行带电或断电作业。 4. 不按安全要求规范使用工具。 5. 其他违反安全操作规范的行为	
技能操作	20	动车组紧急制动不缓解故障排查	
	30	动车组停放制动监控环路未建立故障排查	
	30	紧急制动 EB 不缓解故障排查	
职业规范和环境保护	10	1. 在工作过程中工具和器材摆放凌乱。 2. 不爱护设备、工具、不节省材料。 3. 在工作完成后不清理现场，在工作中产生的废弃物不按规定处置	
自我评分(总分×40%)=			

签名________　　　　　　　　　　　　________年________月________日

2. 小组评价(30 分)

同一实训小组同学进行互评。

小组评价表

评价项目	配分	得分
实训记录与自我评价情况	30	
相互帮助与协作能力	30	
安全、质量意识与责任心	40	
		小组评分(总分×30%)=

参评人员签名________ ________年________月________日

3. 教师评价(30 分)

指导教师结合自评与互评的结果进行综合评价。

教师总体评价意见:	
教师评分	
总评分=自我评分+小组评分+教师评分	

教师签名________ ________年________月________日

任务经验

安全回路系统常用的方法

1. 动车组旁路开关状态不一致故障排查法

(1)看

检查列车的司机室显示屏(HMI)故障信息,各子系统故障信息会通过列车网络传给HMI,并在屏上报故障。

(2)找

通过笔记本计算机运行监控软件"monitor"监控图纸中的 do 或 di 变量,看是否为正常状态,当 do 控制的器件动作,但 di 没有反馈时,就可以判断是 di 的接线有问题,导致故障现象的出现,如图 5-39 所示。

动车组在整列调试过程中,当遇到故障时,由于司机室空间比较小,器件安装相对紧凑,并且都已经施加力矩和涂打防松标记,以往的方式是测量电压或导通,这样会造成不必要的拆卸,例如=43-S22 开关的反馈有故障时,可以用监控软件"monitor"监控前一个开关=43-S23 的状态,反馈正常,说明线路没有问题。避免了大量的拆动过程,有效的解决由处理于故障,导致耽误调试周期的现象,如图 5-40 所示。

(3)拆

拆开对应 di/do 的接线,查看反馈的接线情况,若有问题,重新压接,如图 5-41 所示。

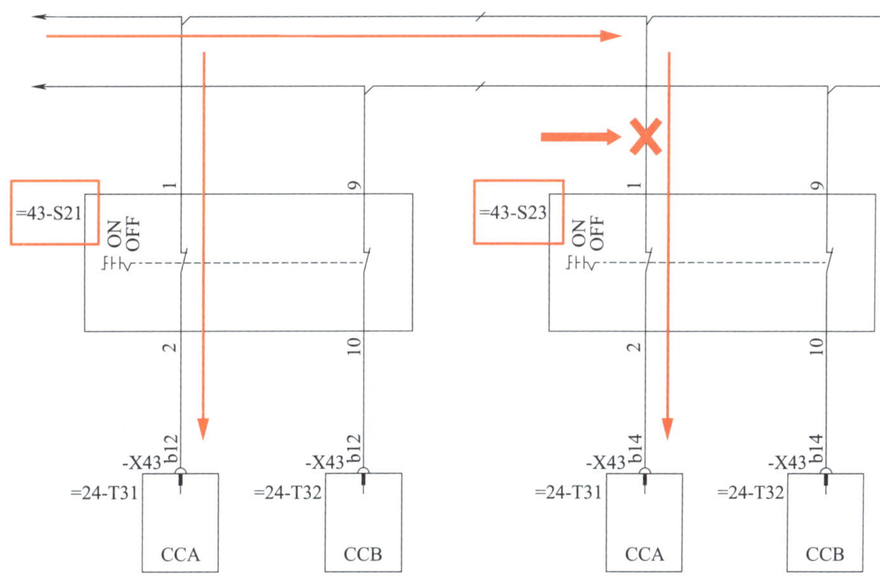

图 5-39　输入端接线断线模拟

名称	分类	类型	大小	地址	值
/CPU1_T6/srs_safeloop1/safeloop_function1/...	input	BYTE	0	156514	1

图 5-40　输入变量监控

图 5-41　实物故障点

(4)复

安装恢复后，重新操作软件进行监控，然后用笔记本计算机监控 di 的反馈情况，问题得到快速有效解决，如图 5-42 所示。

名称	分类	类型	大小	地址	值
/CPU1_T6/srs_safeloop1/safeloop_function1/...	input	BYTE	0	156514	0

图 5-42　变量反馈正常

巩固与练习

一、填空题

1. 紧急制动 EB 由各车独立控制,减少________。

2. 单车制动控制单元(BCU)同时通过列车________和________获得紧急制动 EB 指令,控制模拟转换阀输出紧急制动 EB 预控压力,预控压力经中继阀放大后,生成________。

3. 紧急制动 EB 时,当主制动控制单元(BCU)检测到动车组紧急制动 EB 减速度不足时,将________。

4. 紧急制动 UB 是________,由紧急制动 UB 安全环路失电控制紧急制动电磁阀失电实施的紧急制动。

5. 施加紧急制动 UB 时,紧急制动 UB 安全环路________,单车紧急制动电磁阀________。

二、选择题

1. 制动控制单元(BCU)检测停放制动状态继电器的是(　　)。

A. =28-K16　　B. =43-S24　　C. =43-K27　　D. =43-F08

2. 当停放制动环路故障时,为了保证车辆能够运行,对环路设计了故障旁路开关的是(　　)。

A. =43-K01　　B. =43-S24　　C. =43-K27　　D. =43-S22

3. 在制动系统设备正常情况下实施的紧急制动,按(　　)曲线控制方式实施制动控制。

A. 位移模式　　B. 位置模式　　C. 加速度模式　　D. 速度模式

三、判断题

1. 停放制动监控环路的英文缩写是 PBMR。(　　)

2. 在动车组每节车的制动控制单元(BCU)都不会检测制动是否缓解。(　　)

3. 紧急制动 UB 是纯空气紧急制动。(　　)

四、简答题

1. 简述乘客紧急制动环路的功能。

2. 简述制动缓解环路的功能。

项目六　动车组辅助供电系统的原理及调试

学习目标

1. 知识目标

(1)熟悉动车组辅助供电系统的结构和组成。

(2)熟悉动车组辅助变流器的工作原理。

(3)熟悉充电机的结构和原理。

(4)熟悉动车组辅助系统单车调调试内容和实验步骤。

(5)熟悉动车组辅助系统单列调调试内容和实验步骤。

2. 能力目标

(1)会复述充电机低压保护时的工作原理。

(2)会正确进行蓄电池供电实验。

(3)会正确测试充电机功能。

3. 素质目标

(1)具有以德为本、诚实守信的诚信精神。

(2)具有集体观念和团队协作精神。

任务一　动车组辅助系统单车调试

任务描述

对动车组辅助系统单车进行调试,按照蓄电池供电、充电机功能试验、辅助变流器功能试验这 3 个步骤进行。

知识链接

一、辅助系统概述

辅助供电系统采用母线并联供电的方式,辅助变流器电源由牵引变流器的中间直流环节提供。辅助变流器将来自牵引变流器中间直流电转换成三相交流电为辅助系统供电。在过分相区且速度大于 70 km/h 的情况下可以通过牵引变流器中间电路将牵引电机发出的电转换成三相交流电继续供给辅助系统。另外,动车组在无动力回送速度大于 55 km/h 的情况下,也能够向辅助系统供电,速度低于 35 km/h 时退出自发电模式。

辅助供电低压系统电源由 3AC 380 V/50 Hz 中压母线提供,通过充电机将三相交流电转换为 DC 110 V,实现低压母线并网供电,为蓄电池组充电,同时也为低压设备提供电源。

动车组辅助系统特性:

1. 安全性

辅助系统对供电线路发生的过载、短路、瞬时大电流冲击、过压、欠压、接地等现象加以保护，确保系统安全。

在辅助变流器重点区域、无人监视区域设置火灾报警监视系统。当辅助变流器内部器件着火导致温度达到上限时，火灾报警系统会将辅助变流器火灾报警信息通过车辆 MVB 多功能总线和列车 WTB 总线传递给中央控制单元(CCU)，经过中央控制单元(CCU)的逻辑运算后，将报警信息通过 HMI 呈现给司机，同时中央控制单元发出控制信息，停止故障的辅助变流器的工作。

2. 舒适性

辅助系统能够保证紧急故障时有相应的应急功能，如应急照明、应急通风等。应急照明以及列车广播系统能维持供电 120 min，应急通风维持供电 90 min。应急系统的供电由车辆蓄电池进行提供。

在动车组过分相时，为了避免过分相过程中由于主断路器断开，车辆负载供电出现间断的现象，辅助供电系统采用不间断供电方式(速度大于 70 km/h)，满足整车分相区供电的要求。

3. 轻量化、模块化

采用重量较轻锂电池技术，减轻动车组自重。辅助系统有维护需求的部件，采用模块化设计结构，达到便于拆卸更换。

4. 互联互通

辅助系统采用统一 DC 110 V 外接电源插座，满足救援用电需求。救援用的 DC 110 V 外接电源插位于头车前开闭内，车钩旁，如图 6-1 所示。

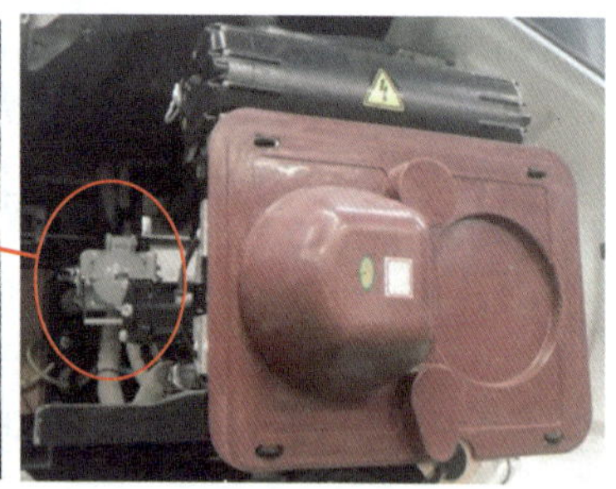

图 6-1　救援外接 DC 110 V 插座

二、供电母线分配

1. 3AC 380 V/50 Hz 母线供电

辅助供电系统中辅助变流器都向列车中压母线输出同相位 3AC 380 V/50 Hz 电源，每个辅助变流器输出为 200 kV·A，全列车为 800 kV·A。

辅助供电中压系统通过输出母线为用电设备包括空气压缩机、冷却通风机、油泵/水泵电机、空气调节系统、采暖设备、充电机、厨房设备、饮水机等提供 3AC 380 V/50 Hz 电源。

2. DC 110 V 母线供电

低压系统采用 DC 110 V 母线供电，母线共分为 3 个回路：BN1、BN2 和 BD，如图 6-2 所示。

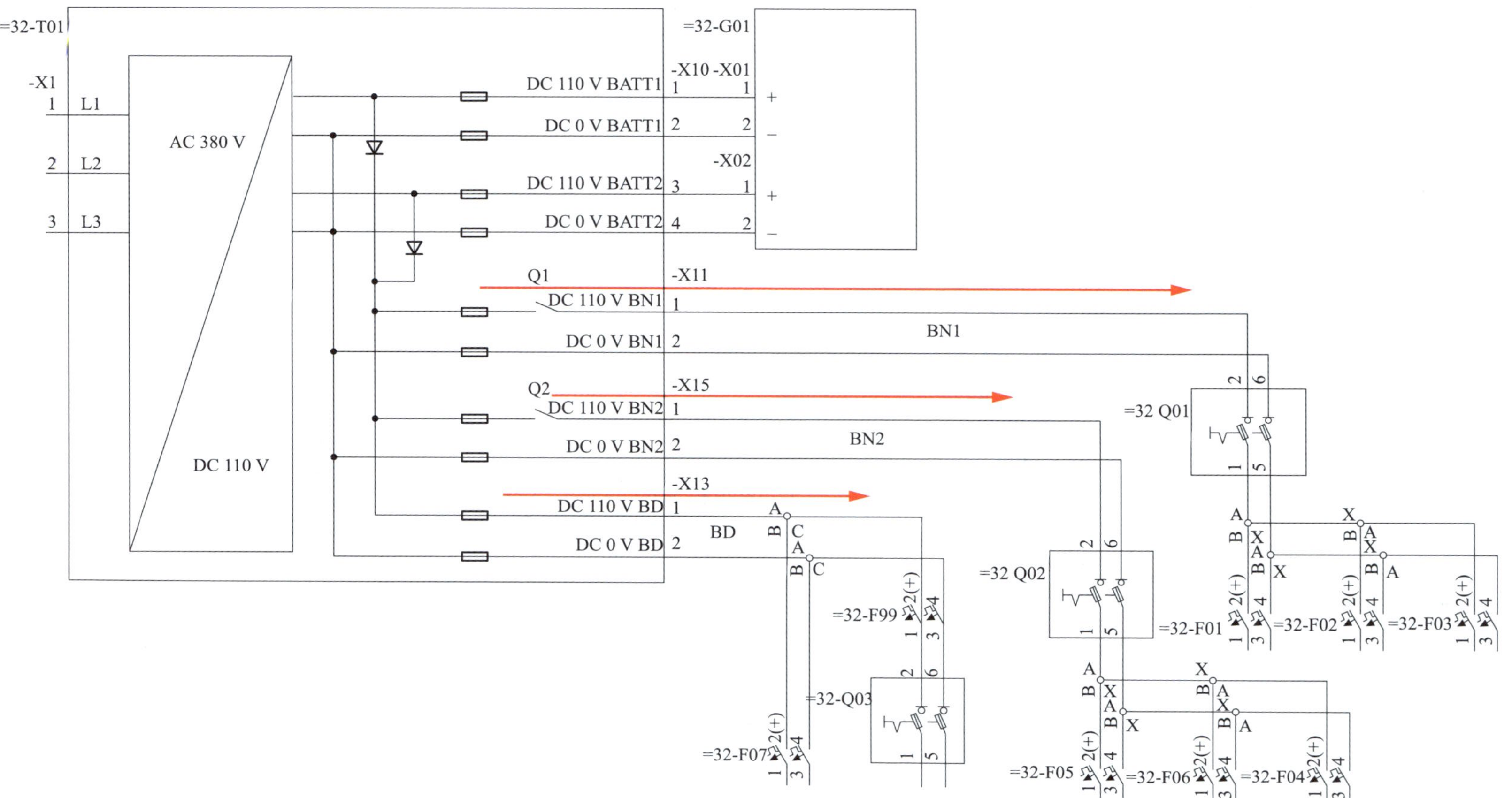

图 6-2　BD、BN1、BN2供电电路

(1)DC 110 V 供电系统采用输出母线并网供电方式，为照明设备、旅客服务设备、诊断监控设备和维修用电等提供电源。BN1 和 BN2 为同等级供电母线，BN1 通过接触器 Q1 为列车中央控制单元(CCU1)、各系统控制电源及继电器等用电负载提供电源，BN2 通过接触器 Q2 为包括列车中央控制单元(CCU2)在内的各系统冗余部分负载提供电源。

(2)BD 母线为蓄电池直连供电，负责应急供电系统，负载包括：蓄电池启动设备、蓄电池电压监控设备、停放制动安全环路、列车无线电(设有开关)、信号灯、应急照明、应急通风等。

应急供电系统由蓄电池系统供应急使用，包括应急照明、应急显示、维修用电、通知通告及其控制等。

三、辅助供电系统结构

辅助供电系统由辅助变流器、充电机和蓄电池、应急逆变器等组成，见表 6-1 所示。

表 6-1　辅助系统器件配置表

部件	Tc01	M02	Tp03	Mh04	Mb05	Tp06	M07	Tc08
辅助变流器	1	—	1	—	—	1	—	1
充电机	2	—	—	—	—	—	—	2
蓄电池组	2	—	—	—	—	—	—	2
单相逆变器	1	1	1	1	1	1	1	1

辅助变流器通过供电母线向整列动车组输出同相位 3AC 380 V/50 Hz 电源，整列车供电母线分为 3 段，在正常情况下，供电母线贯穿整列车，当某段供电母线发生故障，可以通过打开位于中间车辅助变流器箱中的接触器 Q35 隔离故障区间的供电，确保每个区间的供电母线都能提供最大载荷。辅助系统主电路供电原理框图如图 6-3 所示。

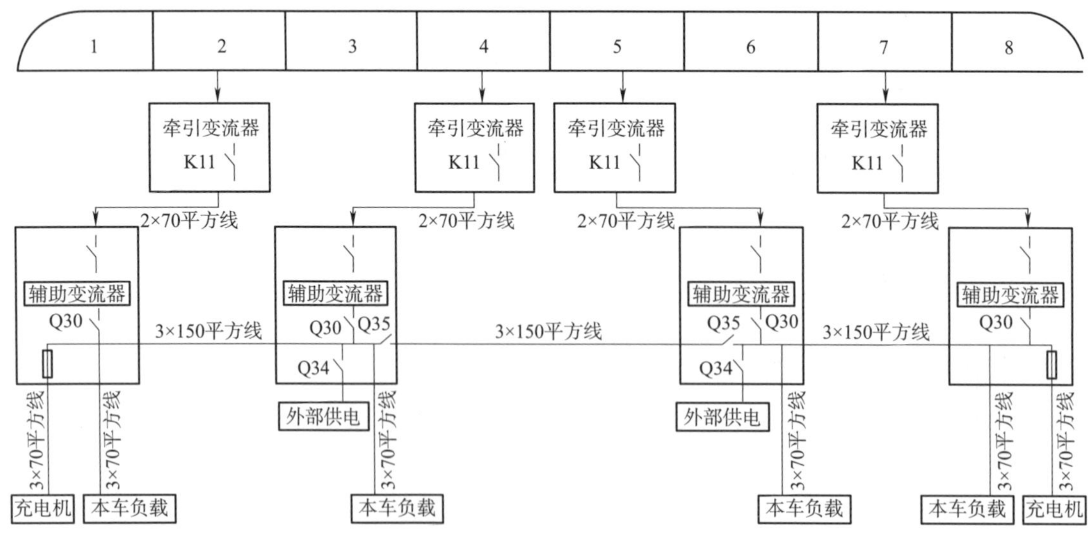

图 6-3　辅助系统主电路供电原理框图

8 辆编组的动车组设 4 台辅助变流器，分别设在 Tc01/08 车(为 ACU-A 型)和 Tp03/06 车(为 ACU-B 型)上，每台辅助变流器的输出功率为 200 kV·A，全列车共 800 kV·A。另外，在外接供电模式下，地面三相 AC 380 V/50 Hz 电源也可以为车上负载供电，动车组的外接电源插座与受电弓设置互锁机构，动车组由外部电源插头供电时，受电弓不能升弓。辅助变流器外观如图 6-4 所示。

辅助变流器、充电机和蓄电池遵守车辆和设备诊断技术规范，故障事件上传下载数据可通过车辆 MVB 总线或以太网总线传送到列车中央控制单元(CCU)。每个辅助控制单元通过本地的 RS-232 端口读取本身的故障数据。辅助变流器控制单元如图 6-5 所示。

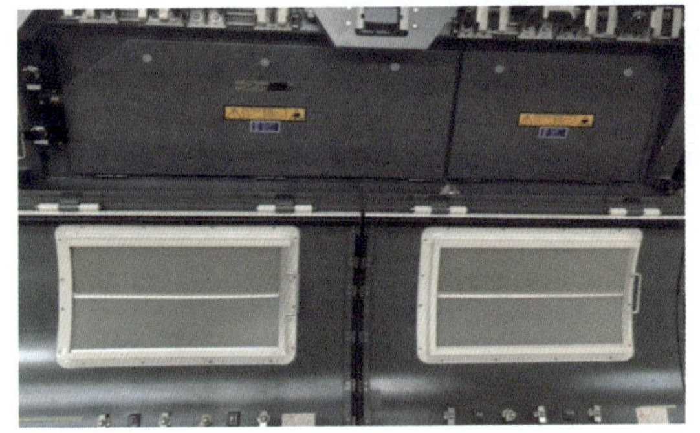

图 6-4　辅助变流器外观

图 6-5　辅助变流器控制单元

在 Tc01/08 车分别配置了两台充电机和两组蓄电池组，充电机通过 3AC 380 V/50 Hz 母线获得供电，经整流变换后为蓄电池和 DC 110 V 母线供电。DC 110 V 母线贯穿整列动车组。每个充电机输出功率为 30 kW，全列车为 120 kW。充电机外观如图 6-6 所示。

图 6-6　动车组充电机

在每节车上设一台逆变器，由 DC 110 V 母线获得电能，输出 AC 220 V/50 Hz 电源提供给旅客插座，该电源仅供单车使用，不贯穿整列车，如图 6-7 所示。

四、辅助供电系统母线供电

1. 三相 AC 380 V/50 Hz 供电

(1)系统冗余

当三相 AC 380 V/50 Hz 辅助变流器供电系统中，当一个辅助变流器单元或牵引变流器四象限整流单元故障时，中压母线由其余 3 台辅助变流器单元继续供电，剩余容量为 600 kV · A，系统不必减载。

当两台辅助变流器或牵引变流器故障时，只减载与旅客舒适度相关的负载，如空调、部分

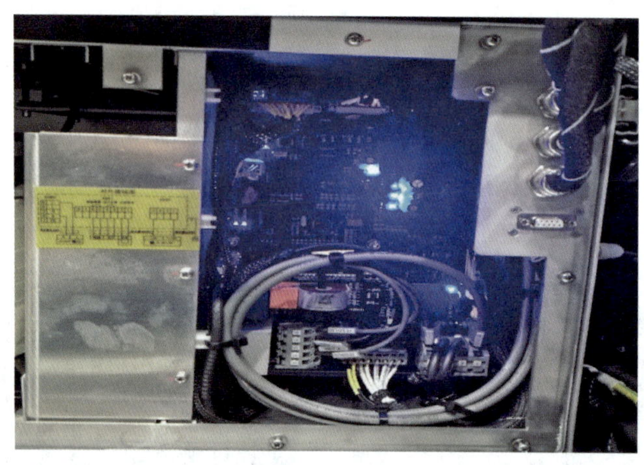

图 6-7　DC 110 V/AC 220 V 单相逆变器

采暖、部分电茶炉等，其余系统正常供电。此时供电管理系统通过检测电流，确保冗余可用的情况下最大限度地输出电能，当电流过载时，才减少空调系统一半的输出。

(2)负载管理

全列车负载启动顺序由 CCU 控制，按照全列车负载的重要性顺序启动。负载依次启动顺序为牵引变压器及通风冷却、牵引变流器及通风冷却、牵引电机冷却风扇、充电机、空压机、空调系统负载及其他负载。

2. DC 110 V 供电

DC 110 V 母线采用 4 个充电机并联供电方式。动车组每台充电机输出 30 kW，全列共输出 120 kW，当其中任意 1 个或 2 个充电机故障，其他充电机可以继续负责全列车直流负载供电，但不为与故障充电机连接的蓄电池组充电。

蓄电池系统采用四组 190 A·h 锂离子蓄电池组，全列车蓄电池总容量共 760 A·h。根据全列车应急负载容量计算所需容量约 460 A·h，考虑蓄电池余量和老化率需求，最终选用全列容量为 4×190 A·h 的蓄电池。

当接触网故障或高压系统故障引起辅助变流器故障，交流母线无输出，充电模式结束。此时蓄电池组向直流网络供电。列车中央控制单元(CCU)通过监视蓄电池剩余容量或供电时间，选择性的关闭直流负载，表 6-2 为辅助系统时间控制关闭模式表。

表 6-2　辅助系统时间控制关闭模式表

序号	应急供电时间(min)	供电负载	工况描述
1	0～4	所有负载	列车通过分相区或短时电源中断
2	5～30	应急灯、尾灯、应急通风、重要控制、MMI、广播等	长时间电源中断
3	31～90	应急灯、尾灯、应急通风、广播等	长时间电源中断
4	91～120	应急灯、尾灯、广播	长时间电源中断

为保护蓄电池使用时间，保证蓄电池在应急状况下输出最大容量。蓄电池采用分为两级保护形式，当第一级保护失效，采取第二级保护。

第一级，司机室设蓄电池主开关，在 120 min 或剩余 30%的容量前通过旋转开关断开应急供电。

第二级，在蓄电池箱内设欠压保护接触器，当蓄电池电压低于警戒线，自动断开放电回路，蓄电池停止向应急负载供电，保证列车在下一次供电前恢复准备就绪状态，蓄电池欠压保护接触器动作后允许再启动两次放电，当蓄电池不能恢复到整备状态，蓄电池可以通过辅助变流器上的外接 AC 380 V 电源插座进行充电。也可以通过设置在蓄电池箱上的 DC 110 V 外接电源进行充电或者更换蓄电池组。

五、辅助供电系统组成

1. 辅助变流器

(1)辅助变流器架构

辅助变流器箱体安装在 Tc01、Tp03、Tp06、Tc08 车底架中部裙板内。箱内设有大功率 IGBT、开关装置、断路器、控制部件、感应元件、冷却系统部件。辅助变流器采用强迫风冷、脉宽调制(PWMI)原理。输入端与牵引变流器中间环节连接。

(2)辅助变流器的组成

辅助变流器主要包括：

①一个辅助变流器功率模块(包含了三相逆变桥和直流支撑电容)，将直流电转换为三相交流电。

②一个直流预充电回路。

③一个接地故障检测单元。

④一个隔离变压器、滤波电抗器和输出滤波电容。

⑤一个辅助控制单元(ACU)，实现对功率模块的控制，实现变流器的保护功能，并通过 MVB 网络与外部设备进行信息交换，同时提供故障诊断信息。

⑥位于 Tp03/06 车的辅助变流器具备外接供电插座，用于给整列车提供外部供电。

(3)辅助变流器内部控制系统的功能

①内部接触器和断路器的控制、监控和锁闭。

②根据工作状态和上级控制系统的设定，辅助变流器各输入和输出端的独立开通和切断。

③监控所有工作状况和报告给上级控制系统。

④保护自身的设备免于过载、短路、不平衡负载、输入和输出的线路的单一的和多重接地故障。

⑤监控预充电过程，发生预充电故障时报告错误信息。

⑥检测外部供电的正确频率、电压及相序。

⑦将主风扇(包括安装在辅助变流器单元箱内的过流断路器)的状态通过列车 MVB 总线向上级系统报告。如果设备内部温度允许的话，可由上级控制系统调节风扇转速。

⑧通过车辆 MVB 总线传输给上级控制系统报告短路或者过载以及三相电压输出端负载不平衡。

⑨通过列车 MVB 总线将模拟信号传给上级控制系统报告输出端接地故障信息。

⑩储存带有诊断用时间标记的故障状态。

2. 充电机

(1)充电机的组成

动车组辅助供电系统中共包含2台充电机和2组蓄电池箱,充电机的额定输出功率为2×30 kW,充电机与蓄电池箱一一对应。充电机采用吊装方式,分别安装于Tc01/08车。每个充电机分别包括两个充电单元,同时给两组蓄电池供电。充电机作为车辆辅助供电系统的一部分,其主要功能是将辅助变流器输出的3AC 380 V交流电转换为DC 110 V直流电,为蓄电池充电和车辆照明等直流负载供电。

充电机主要由以下部件构成:

功率模块:充电机内部负责功率变换的模块部件。

电池:适用于中国标准动车组的锂电池或其他蓄电池。

网络通信:指充电机通过车辆MVB总线与动车组列车网络实现信息、命令交互。

主控制器:充电机内部负责充电机命令执行、信息交互的控制单元。

上位机监控:指充电机可连接计算机实现充电机信息监控。

(2)充电机功能

动车组充电机不仅能够为动车组提供稳定的DC 110 V直流电压,也为车载蓄电池充电。在突发故障时,充电机能够进行相应的故障保护,并通过车辆MVB总线与列车网络通信,实现充电机状态信息的反馈。其主要功能如下:

①充电机可以进行恒压、限流、浮充电的充电模式转换。

②充电机具有输入过压、输入欠压、输出短路、功率元件故障、接触器故障、过热等故障自检及保护功能。

③充电机具有数据记录、转储、下载、软件分析等功能,以便存储分析充电机运行状态、故障、充电过程数据、充电状态切换等。

④充电机具有通信功能,可通过车辆MVB总线实现与整车网络进的信息互换,可通过RS-485实现与锂电池的通信。

⑤充电机具有温度补偿功能,可根据蓄电池的温度对充电电压、充电限流值进行补偿。

⑥充电机输出接触器具有断电延时30 s功能,列车给出“蓄电池OFF”信号后,充电机输出接触器延时30 s断开。

⑦动车组充电机系统与电池系统通过RS-485总线进行通信,要求单个充电机具备两路RS-485总线,分别与两组电池系统进行通信,根据电池系统的充电要求,分别给两组电池进行充电。

⑧动车组充电机系统具备上位机监控功能,通过以太网接口连接计算机,由计算机软件可以查看充电机内部的状态、数据信息,便于充电机维护和故障排查。

⑨动车组充电机系统具备控制电断电情况下启动能力,即充电机的DC 110 V列车控制电断开情况下,直接外接3AC 380 V充电机仍然能够启动运行。

3. 蓄电池

动车组电池系统设计采用冗余设计方式,安装在Tc01/08车车下裙板内,与充电机输出连接,向全车DC 110 V应急负载供电。按照8辆编组的动车组计算,蓄电池容量大约需要640～760 A·h,平分到四组蓄电池,每组蓄电池的容量190 A·h,每列车共4组蓄电池,电池组额定电压为DC 110 V。即整车需要的电池能量为70.4～88 kW·h。负载最大电流为545 A

(两组),持续最大电流为 350 A(两组)。

锂离子电池系统增加了电池管理系统(BMS)、极限保护接触器以及 RS-485 通信总线,主要实现对电池组的数据监控以及严重过充、过放电条件下的保护,在保证系统供电的同时确保电池的安全使用。

DC 110 V 锂电池组电池管理系统(BMS)采用一体化设计,负责对各单体电池电压信息采集,电池温度采集,电池管理系统通过 RS-485 总线与车载充电机数据交换和充电控制,并对其数据进行诊断和处理,通过列车中央控制单元(CCU)对剩余容量控制或蓄电池管理系统控制主回路的接触器,保护电池组过充、过放和过温,延缓其使用寿命。

4. AC 220 V/50 Hz 逆变器

每车配备一个 AC 220 V/50 Hz 逆变器供本车旅客插座或餐车厨房用电设备使用,其供电电源来自 DC 110 V 供电系统,输出功率为 3 kV · A ,逆变器主要技术参数见表 6-3。

表 6-3　逆变器主要技术参数

输入电压	77～137.5 V
输出电压	$220^{+13.2}_{-6.6}$ V
输出频率	(50±0.5) Hz
输出功率	3 kV · A
冷却方式	自然风冷

5. 外接电源

(1)3AC 380 V/50 Hz 外接电源

在 Tp03/06 车辅助变流器上各设一个为 3AC 380 V/50 Hz 母线供电的外接电源插座,如图 6-8 所示。当外接电源供电时,只能选择 Tp03/06 车辅助变流器的外接电源插座中的一个,并且此时受电弓不能升起,与车载电源隔离。

外接电源为以下负载提供电源:充电机、采暖和空调系统、其他 AC 380 V 负载。外接电源插座最大容量为 300 A。

外接试验时,将车辆蓄电池低压断开,接通 380 V 外接电源,同时启动外接应急按钮,车辆能在没有低压的情况下启动充电机,给蓄电池充电,5 min 后断开,如图 6-9 所示。

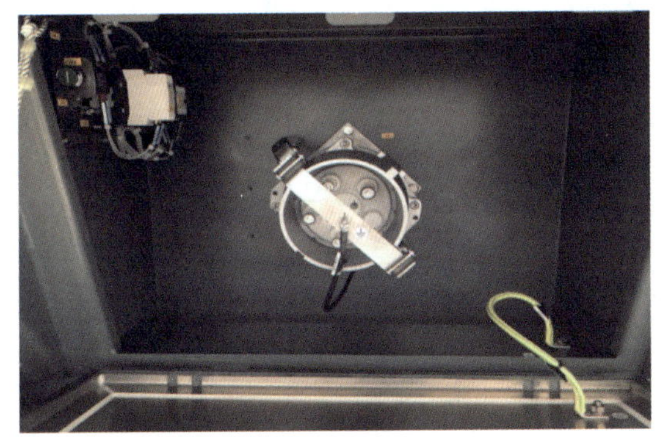

图 6-8　3AC 380 V/50 Hz 外接电源插座

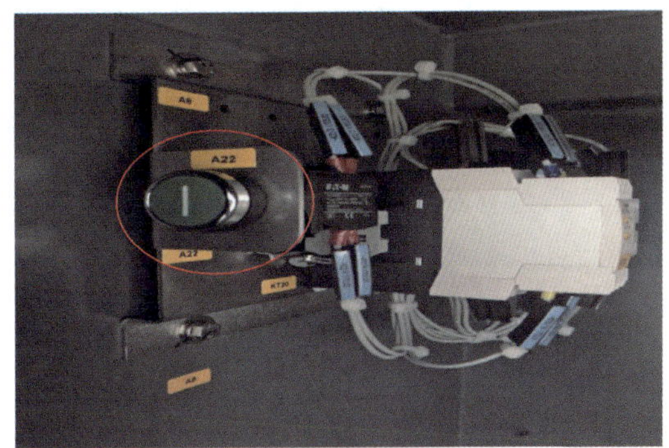

图 6-9　外接应急按钮

当设在 Mb05 车控制柜上的外接供电钥匙开关置于“外接供电”位(图 6-10),取下该钥匙开关打开外接插座盖板，才能进行外接供电。所有的开关和控制功能检测完成后，外接供电准备指示灯亮，该指示灯位于选择钥匙开关上面。

图 6-10 外接供电钥匙

(2)DC 110 V 救援插座

DC 110 V 救援插座安装在 Tc01/08 车前开闭内，当动车组救援/被救援时，连接器与重联动车组连接，向被救援列车应急负载提供电能或从救援动车组获得电能。

(3)DC 110 V 外接电源

在 Tc01/08 车每个蓄电池箱设一个 DC 110 V 插座，如图 6-11 所示，在动车组库停时，通过它向动车组 DC 110 V 系统供电，同时向 2 组蓄电池充电，插座最大电流为 91 A。

图 6-11 DC 110 V 外接插座

六、辅助变流器的原理

1. 辅助变流器基本原理

在 Tc01/08 车的辅助变流器为辅助变流器 A，如图 6-12 所示，在 Tp03/06 车的辅助变流器为辅助变流器 B，如图 6-13 所示。辅助变流器 B 箱体上设置的外接供电插座，可以给整列车进行外部供电工作，并且辅助变流器 B 有耦合接触器，负责将两个牵引单元的中压母线连接。

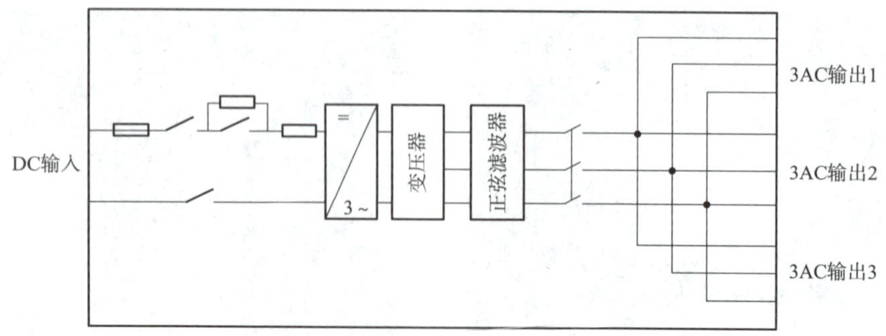

图 6-12 辅助变流器 A

所有辅助变流器同时为贯穿整列动车组的 3AC 380 V/50 Hz 的母线供电。母线在动车组工作期间处于耦合状态。当母线发生故障，可以打开辅助变流器 B 的耦合接触器 Q35，从

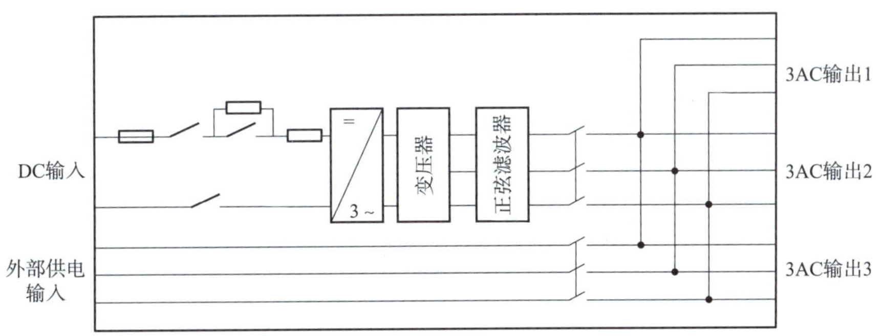

图 6-13　辅助变流器 B

而将两个牵引单元的中压部分隔离开。

辅助变流器上传下载数据可通过车辆 MVB 总线或以太网总线与车辆中央控制单元(CCU)进行数据交换。每个辅助控制单元通过本地交换机接口读取本身的相关数据。

2. 辅助变流器的内部器件供电

辅助变流器的内部器件供电分为两种,一种是网络启动,一种是紧急牵引启动,如图 6-14 所示。

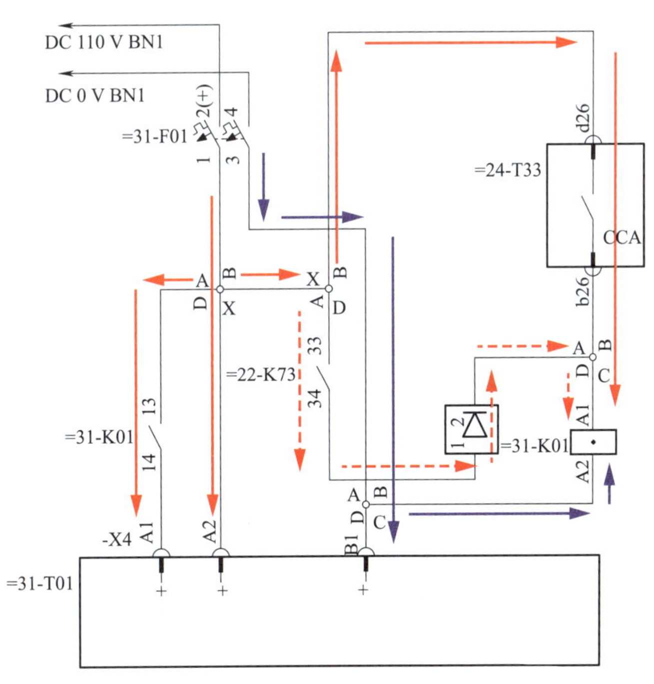

图 6-14　辅助变流器内部器件供电电路

网络启动:DC 110 V 由=31-F01 断路器提供→经过=24-T33,网络触点 d26-b26 闭合→=31-K01 得电→=31-K01 触点 13-14 闭合→31-T01/X4/A1→辅助变流器启动信号。

网络触点=24-T33 的 d26-b26 闭合条件:主断闭合请求信号、外接供电钥匙置于“外接供电位”、受电弓升起。以上三个条件满足任何一个时,网络触点=24-T33 的 d26-b26 闭合。

紧急牵引模式启动:DC 110 V 由=31-F01 提供→紧急牵引模式=22-K73 得电,触点 33-

34 闭合→二极管 1-2→=31-K01 得电→=31-K01 触点 13-14 闭合→31-T01/X4/A1→辅助变流器启动信号。

3. 辅助变流器的控制单元启动信号

外接供电钥匙=31-S01 分为“AC 380 V”“OFF”“外接供电”三个位置，如图 6-15 所示。

当外接供电钥匙=31-S01 置于 OFF 时，不允许升弓，也不能拔出钥匙进行外接供电。

当外接供电钥匙=31-S01 置于外接供电时，不允许升弓，但可以拔出钥匙进行外接供电。

当外接供电钥匙=31-S01 置于 AC 380 V 时，钥匙不能拔出但允许升弓并且辅助变流器控制单元启动。每个辅助变流器的启动信号分别经过外接供电钥匙=31-S01，即每个辅助变流器的启动信号是相互独立的，但同时受外接供电钥匙=31-S01 控制。

以 Tc01 车辅助变流器=31-T01 为例，如图 6-15 所示。DC 110 V 由=31-T01 的 X4/B5 针提供→过桥插 45 针→外接供电钥匙=31-S01 置于 AC 380 V 时，触点 11-12 闭合导通→过桥插 46 针→=31-T01 的 X4/B6 得电，辅助变流器控制单元启动。

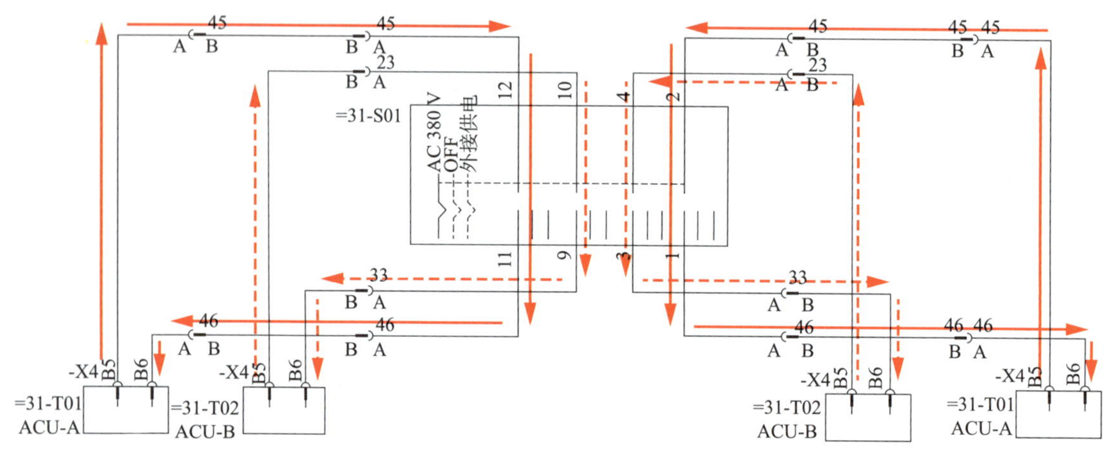

图 6-15　辅助变流器启动原理

当外接供电钥匙=31-S01 置于 AC 380 V，每节车辅助变流器=31-T01 的 X4/B5-B6 导通。

4. 耦合接触器的控制

耦合接触器 Q35 位于 Tp03/06 车 ACU-B 的内部，总线工作正常时耦合接触器 Q35 闭合，可以将全列的 3AC 380 V/50 Hz 的母线连接，全列的辅助变流器为这条母线提供 3AC 380 V/50 Hz 电源，为车辆的中压负载供电。当总线发生故障，可以打开辅助变流器 B 的耦合接触器 Q35，从而将两个牵引单元的中压部分隔离开。

辅助变流器的耦合接触器闭合分为两种，一种是网络启动，一种是紧急牵引启动，如图 6-16 所示。

网络启动：DC 110 V 由=31-F04 提供→经过=24-T37，网络触点 d30-b30 闭合→=31-K04 得电→=31-K04 触点 13-14 闭合→31-T01/X4/E1→辅助变流器耦合接触器闭合。

网络触点=24-T37 的 d30-b30 闭合条件：耦合接触器 Q35 闭合请求信号、辅助变流器输出接触器 Q30 没有闭合、31-F04 闭合。以上三个条件同时满足时，网络触点=24-T37 的 d30-b30 闭合。

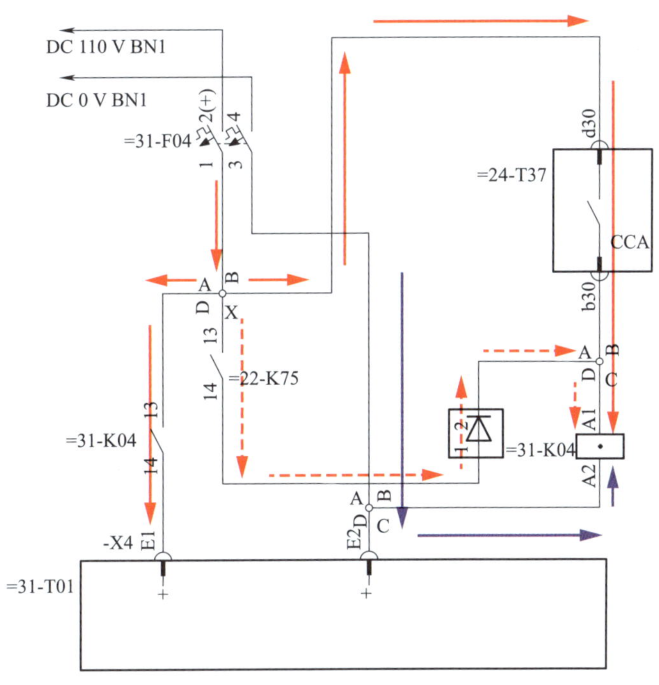

图 6-16　辅助变流器耦合接触器控制

紧急牵引模式启动:DC 110 V 由＝31-F04 提供→紧急牵引模式＝22-K75 得电,触点 13-14 闭合→二极管 1-2→＝31-K04 得电→＝31-K04 触点 13-14 闭合→31-T01/X4/E1→辅助变流器耦合接触器闭合。

5. 辅助变流器主电路

辅助变流器的主电路主要包括以下几个器件:主接触器、预充电接触器、预充电电阻、输出接触器、耦合接触器、外接接触器、PWM 脉宽调制逆变器、各种电流电压互感器,见表 6-4。由于辅助变流器分为辅助变流器 A 和辅助变流器 B 两个类型,因此在主电路上也有所区别。

表 6-4　辅助变流器主电路内部器件分布

器件	作用	Tc01 车	Tp03 车	Tp06 车	Tc08 车
R11	预充电电阻	√	√	√	√
Q21	预充电接触器	√	√	√	√
Q22	主接触器	√	√	√	√
Q23	主接触器	√	√	√	√
Q30	输出接触器	√	√	√	√
Q34	外接接触器		√	√	
Q35	耦合接触器		√	√	

辅助变流器 A 的主电路走向如图 6-17 所示。辅助变流器的 DC 3 000 V 由牵引变流器的中间直流环节提供→当辅助变流器控制单元检测到输入电压正确时,主接触器 Q22(＋),Q23(－)闭合→预充电接触器 R11→PWM 脉宽调制逆变器的预充电结束后,预充电接触器 Q21

闭合→PWM 脉宽调制逆变器工作，输出 3AC 380 V/50 Hz 的电源→3AC 380 V/50 Hz 的电压在范围内，输出接触器 Q30 闭合，为中压母线供电，为车辆负载提供电源。

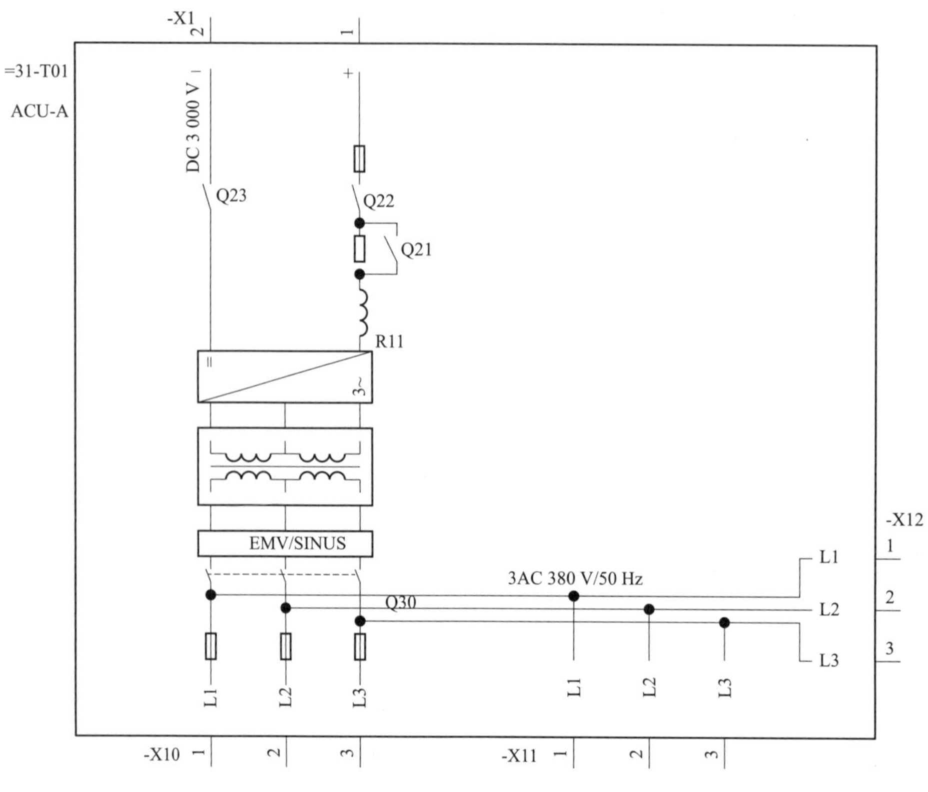

图 6-17　辅助变流器 A 主电路

辅助变流器 B 的主电路走向如图 6-18 所示。辅助变流器的 DC 3 000 V 由牵引变流器的中间直流环节提供→当辅助变流器控制单元检测到输入电压正确时，主接触器 Q22(＋)，Q23(－)闭合→预充电接触器 R11→PWM 脉宽调制逆变器的预充电结束后，预充电接触器 Q21 闭合→PWM 脉宽调制逆变器工作，输出 3AC 380 V/50 Hz 的电源→3AC 380 V/50 Hz 的电压在范围内，输出接触器 Q30 闭合→中压母线正常时，耦合接触器 Q35 闭合，为中压母线供电，为车辆负载提供电源。

外接中压电源，外接电源的相序及电压正常时，外接主接触器 Q34 闭合、Q35 闭合，为中压母线供电，为车辆负载提供电源。

七、充电机的原理

1. 充电机的基本原理

充电机由两个功率模块 PM1、PM2 组成，每个 BC 变换电路包含：预充电电路、PM 功率模块、变压器、整流电路、输出滤波电路。每个功率模块额定输出 30 kW，充电机对外额定输出 60 kW，充电机的两个功率模块分别给一组蓄电池充电，同时给 DC 110 V 低压母线并联输出。三相不可控整流电路实现输入交流到中间直流的整流，DC-DC 直流变换电路实现中间直流到输出脉动直流的转换，输出滤波电路则将脉动直流变换为稳定的直流电压供给车辆负载和蓄

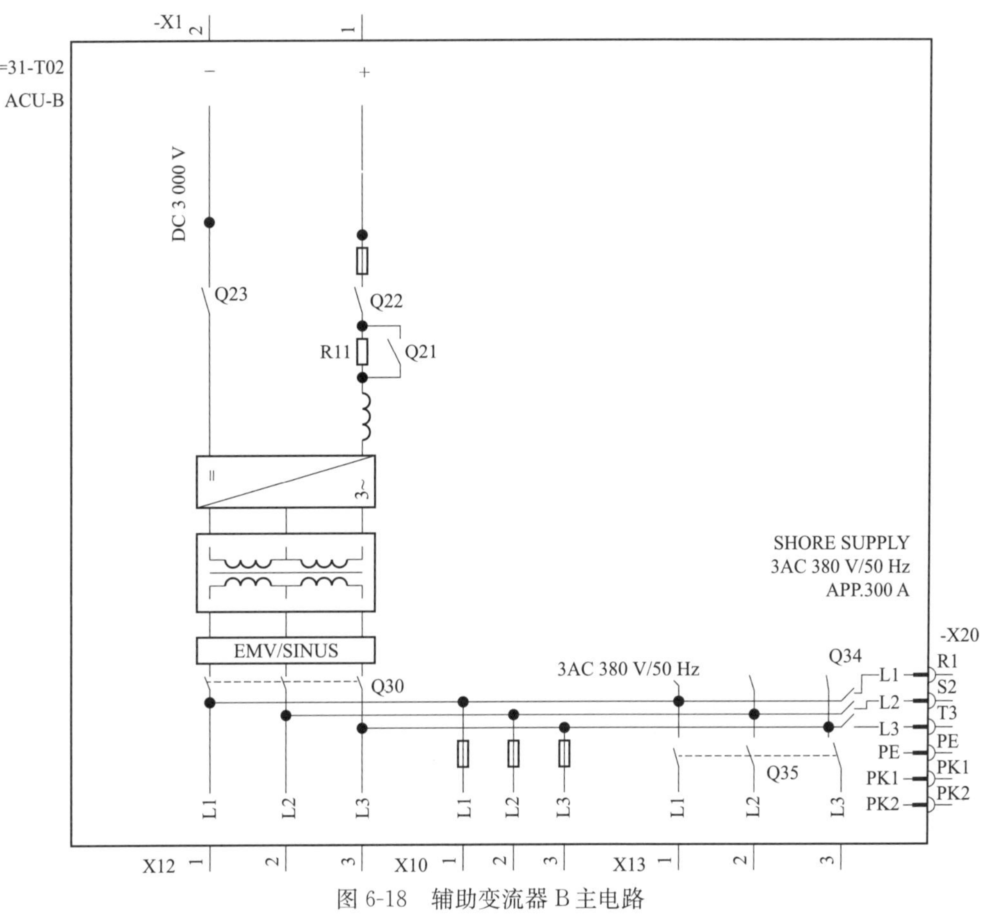

图 6-18　辅助变流器 B 主电路

电池，如图 6-19 所示。

充电机在检测到输入三相电符合启动条件后，闭合预充电接触器，经预充电电阻对三相不可控整流桥之后的支撑电容进行预充电，当直流支撑电容电压达到设定电压值时闭合主接触器，后级的变换电路开始工作，中间直流电经过变换电路变为高频交流电，经高频变压器传递到变压器的二次侧，二次侧的交流电再经整流电路变为脉动的直流电，最后经输出侧的滤波电路滤波后，输出稳定的直流电压，为蓄电池充电和车辆 DC 110 V 直流负载供电。

充电机实时监测充电电流、输出电压等采用闭环控制，实现蓄电池的限流充电、均充电和浮充电及充电机的输出限流控制和恒压控制，实现对蓄电池及车辆负载的高性能供电功能。

2. 蓄电池的闭合/断开

蓄电池闭合，主控钥匙＝22-S04 必须置于司机室占用位。

蓄电池闭合过程如图 6-20 所示。DC 110 V 由＝32-F58 提供→主控钥匙＝22-S04 在司机室占用位，触点 33-34 闭合→将蓄电池开关＝32-S01 置于开位，触点 3-4 闭合→Tc01/08 车的充电机＝32-T01/X4/B1→蓄电池闭合，为车辆提供 DC 110 V 电源。

蓄电池断开过程如图 6-20 所示。DC 110 V 由＝32-F58 断路器提供→将蓄电池开关＝32-S01 置于关位，触点 5-6 闭合→Tc01/08 车的速度＜5 km/h 继电器＝28-K61，速度＜5 km/h 时＝28-K61 得电，触点 83-84 闭合→方向继电器＝22-K92、＝22-K93，方向向前时＝22-K92 得电，方向向后时＝22-K93 得电，要想蓄电池断开，方向开关必须置于 0 位，＝22-

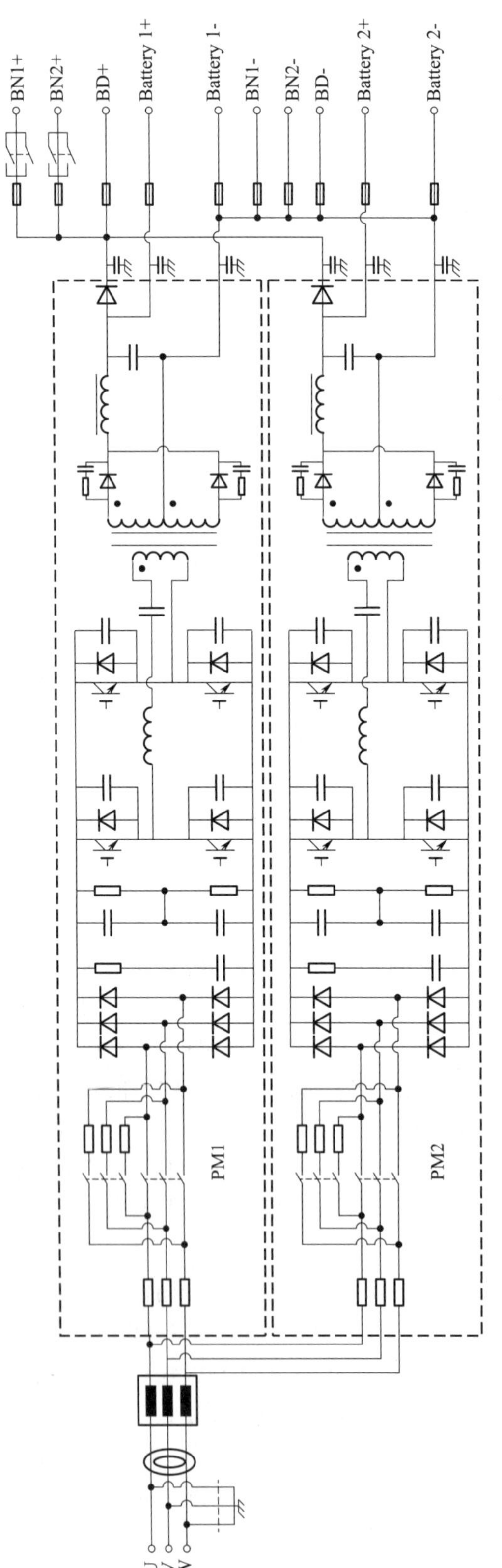

图 6-19 充电机主电路拓扑

K92 和=22-K93 不得电，触点 31-32 闭合→Tc01/08 车的充电机=32-T01/X4/B3→蓄电池断开，车辆断电。

从蓄电池断开电路可以看出，要想蓄电池断开，必须同时满足，速度<5 km/h、方向开关置于 0 位这两个条件。

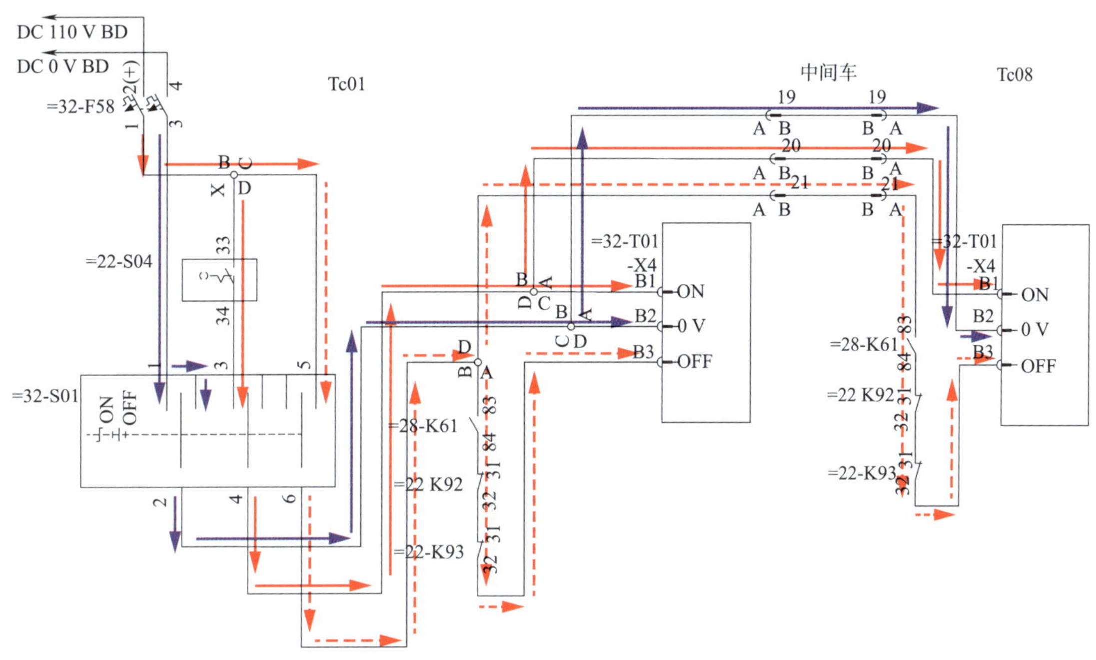

图 6-20　蓄电池闭合与断开

3. 蓄电池保护

蓄电池的保护分为两种：当电压低于 88 V 时，蓄电池延时 2 s 断开；当蓄电池电量低于 30%时，蓄电池断开。

当蓄电池电压低于 88 V 时，低压保护继电器=32-K23 得电过程如图 6-21 所示。DC 110 V 由=32-F59 提供→欠压继电器=32-K22，当蓄电池电压低于 88 V 时，=32-K22 延时 2 s 失电，触点 11-12 闭合→低压保护继电器=32-K23 的线圈 A2 与负线导通→速度<5 km/h 继电器=28-K61，速度<5 km/h 时=28-K61 得电，触点 43-44 闭合→方向开关置于 0 位，=22-K92 和=22-K93 不得电，触点 21-22 闭合→=32-K23 的线圈 A1 正线得电，低压保护继电器=32-K23 得电。

当蓄电池的电量低于 30%时，蓄电池低容量保护继电器=32-K25 得电过程如图 6-21 所示。DC 110 V 由=32-F59 提供→当电池容量低于 30%时，网络设备=24-T33 和=24-T34 的触点 d30-b30 闭合→蓄电池低容量保护继电器=32-K25 得电。

以上两种情况下，蓄电池保护断开过程如图 6-22 所示。DC 110 V 由=32-F59 提供→正负电经过 1+，2-针，为后续电路供电→满足以上两种任何一种情况下，对应的低压保护继电器=32-K23 得电，延时 2 s 触点 13-14 闭合，或者蓄电池低容量保护继电器=32-K25 得电，触点 13-14 闭合→Tc01/08 车的充电机=32-T01/X4/B3→蓄电池断开，车辆断电。

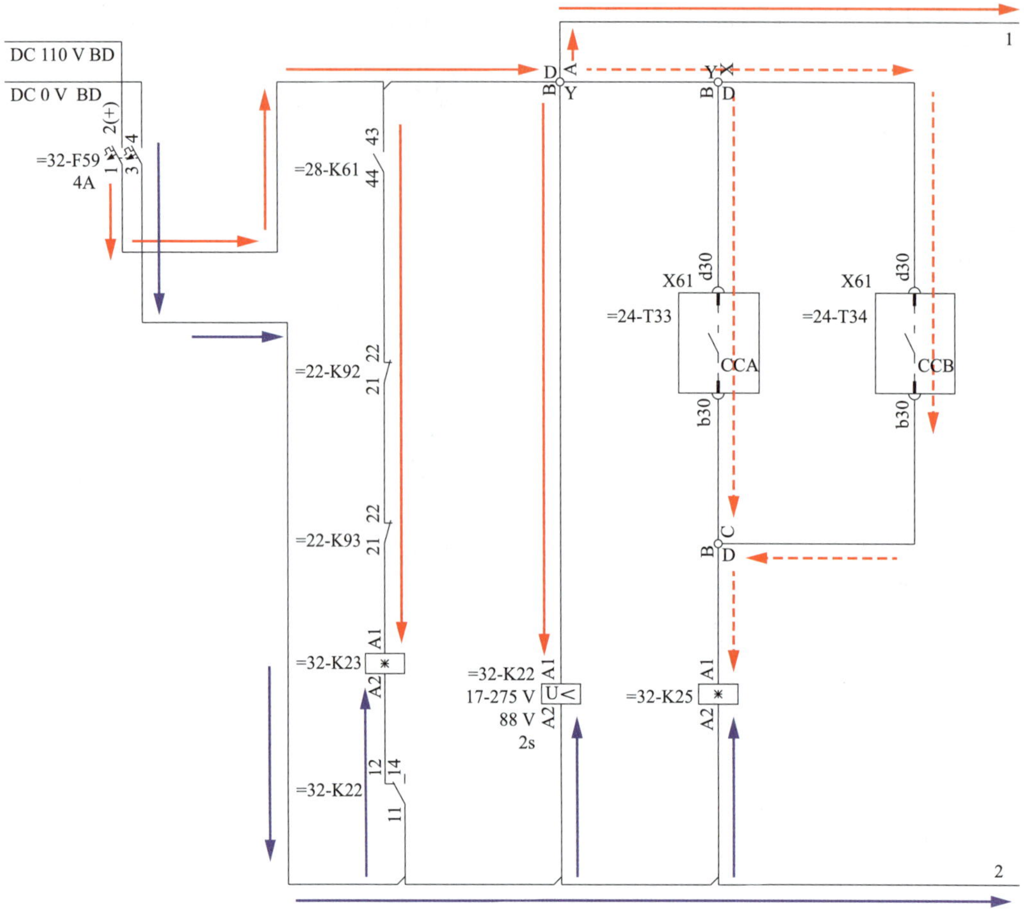

图 6-21　蓄电池保护电路

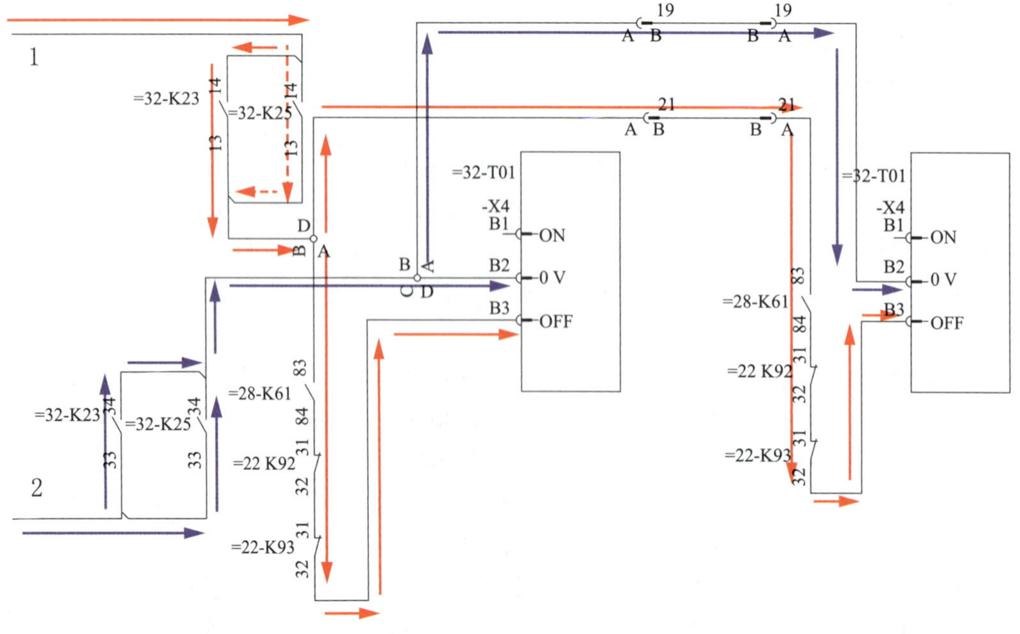

图 6-22　蓄电池保护断开电路

4. 充电机启动

充电机启动分为两种，一种是网络启动，一种是紧急牵引模式启动，如图 6-23 所示。

网络启动：DC 110 V 由＝32-F51 提供→网络发出指令启动充电机，网络设备＝24-T33 和＝24-T34 的 X64 的触点 d2-b2 闭合→充电机启动继电器＝32-K01 得电，触点 13-14 闭合→充电机＝32-T01/X4/B5-B6 有 DC 110 V，充电机启动。

网络发出指令启动充电机的条件：同时满足主断路器请求闭合信号、外接供电钥匙＝31-S01 置于外接供电位、受电弓升起，这三个条件同时满足时，网络触点闭合，网络发出充电机启动指令，网络设备＝24-T33 和＝24-T34 的触点 X64 的 d2-b2 闭合。

紧急牵引模式启动：DC 110 V 由＝32-F51 提供→紧急牵引模式＝22-K73 得电，触点 43-44 闭合→充电机启动继电器＝32-K01 得电，触点 13-14 闭合→充电机＝32-T01/X4/B5-B6 有 DC 110 V，充电机启动。

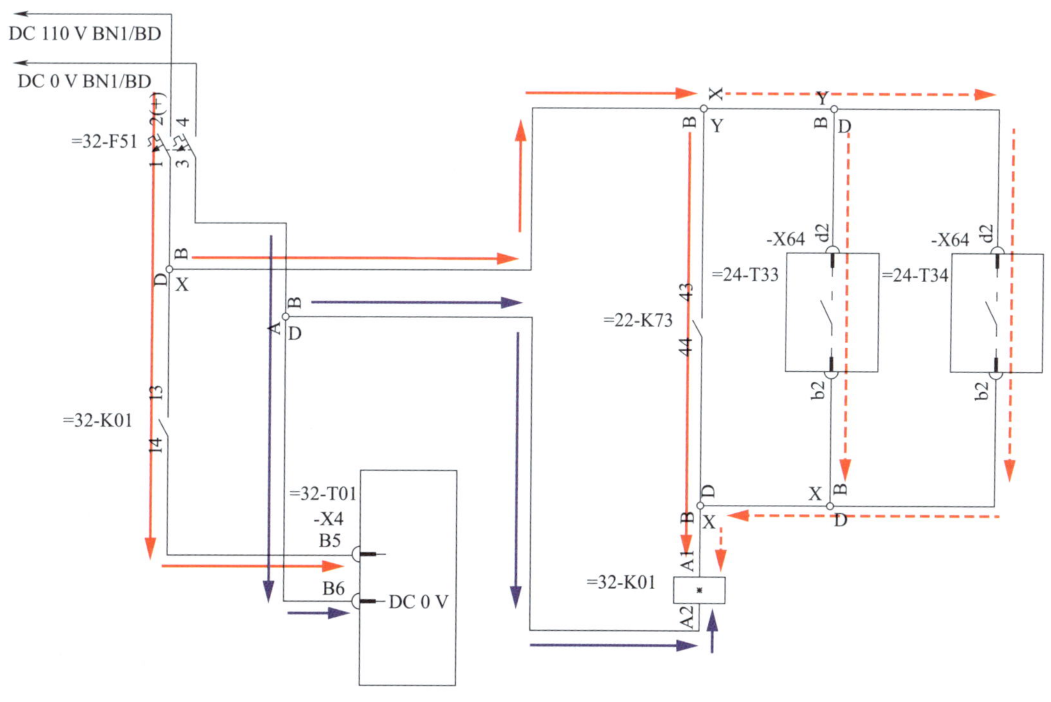

图 6-23　充电机启动

5. 充电机供电主电路

低压系统采用 DC 110 V 并联母线供电，母线共分为三路：BD、BN1 和 BN2。

(1)BD 为蓄电池直连供电，母线由蓄电池供电，主要负责蓄电池启动、蓄电池电压监控、停放制动监控环路、列车无线电(设有开关)、信号灯、应急照明、应急通风等重要负载。

(2)BN1 和 BN2 为常规供电，BN1 负载包括 CCU1 控制电源，各系统控制电源及继电器等用电负载，BN2 负载包括 CCU2 控制电源、各系统冗余部分负载电源等用电负载。

(3)当车辆由蓄电池供电过程(图 6-24)，虚线走向：DC 110 V 由蓄电池＝32-G01 提供→经过保险和二极管→当蓄电池开关＝32-S01 置于开位，充电机内 Q1、Q2 闭合分别给 BN1(Q1 闭合)、BN2(Q2 闭合)、BD 供电，为车辆负载供电。

(4)当车辆由充电机=32-T01 供电时(图 6-24),实线走向:DC 110 V 由充电机=32-T01 提供,3AC 380 V 经过充电机整流输出 DC 110 V→经过二极管→当蓄电池开关=32-S01 置于开位,充电机内 Q1、Q2 闭合分别给 BN1(Q1 闭合)、BN2(Q2 闭合)、BD 供电,为车辆负载供电。

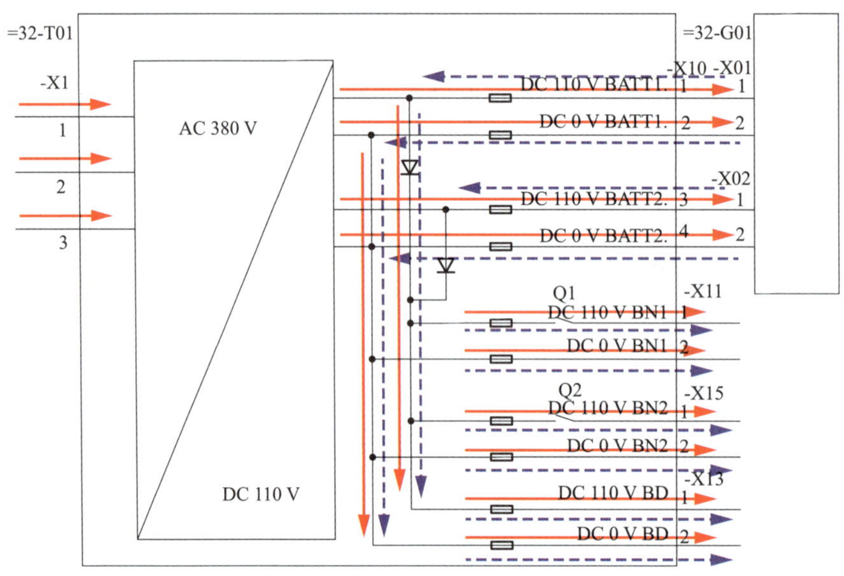

图 6-24　充电机主电路

(5)从电路里可以发现,当车辆没有闭合蓄电池投入开关时,蓄电池=32-G01 只给 BD 提供电源。

任务实施

1. 蓄电池供电

试验步骤:

(1)闭合 32 功能组的断路器和 28 功能组的断路器,因为 32 功能组为车辆低压供电系统,为车辆提供 DC 110 V 的供电电源,28 功能组为制动系统,控制速度<5 km/h 继电器的动作。

(2)确认制动单元(BCU)软件上载成功,车辆处于静止状态,速度<5 km/h,5 km/h 继电器=28-K61 得电。由于方向开关置于 0 位,所以方向继电器=22-K92(方向向前)、=22-K93(方向向后)不得电。

(3)调节=32-K22 电压继电器(图 6-25)。将=32-K22 的电压下限动作值调至 88 V,上限电压动作值调至 110 V。保证当电压低于 88 V 时,=32-K22 失电,当电压高于 110 V 时,=32-K22 得电。

图 6-25　电压继电器

(4)验证蓄电池低容量保护继电器=32-K25,通过软件将网络设备=24-T33 和=24-T34 的触点 d30-b30 闭合(模拟电池容量低于 30%),蓄电池低容量保护继电器=32-K25 得电。在通过软件断开网络触点,蓄电池低容量保护继电器=32-K25 失电。

(5)将蓄电池开关=32-S01 置于关位,测量=32-T01-X4 的 B2(-)与 B3(+)之间有 DC 110 V。

(6)将钥匙开关＝22-S04 置于司机室占用位，将蓄电池开关＝32-S01 置于开位，测量＝32-T01-X4 的 B2(－)与 B1(＋)之间有 DC 110 V。

2. 充电机功能试验

(1)闭合＝32-F51 充电机启动的供电电源，通过软件闭合充电机启动的网络触点，网络设备＝24-T33 和＝24-T34 的 X64 的触点 d2-b2 闭合。＝32-K01 得电，充电机＝32-T01 的控制单元启动。

(2)通过软件断开充电机启动的网络触点，网络设备＝24-T33 和＝24-T34 的 X64 的触点 d2-b2 断开。＝32-K01 失电，充电机＝32-T01 的控制单元停止工作。

(3)在紧急牵引继电器＝22-K73 的线圈上施加 DC 110 V，紧急牵引继电器＝22-K73 得电。＝32-K01 得电，充电机＝32-T01 的控制单元启动。

(4)撤掉紧急牵引继电器 22-K73 的线圈上施加的 DC 110 V，紧急牵引继电器＝22-K73 失电。＝32-K01 失电，充电机＝32-T01 的控制单元停止工作。

(5)通过软件检查充电机内部的保险，连接是否正确。

(6)对充电机进行预充电，然后将蓄电池与充电机连接起来。预充电的目的是，给充电机的内部电容进行充电，让电容内部的电压与蓄电池的电压接近，防止与蓄电池相连时，产生电位差烧损充电机电容。

(7)给充电机提供 3AC 380 V/50 Hz 的供电电源，通过软件激活＝32-K01 启动充电机，充电机启动，测量 BD、BN1、BN2 输出电压在正常范围内。

(8)通过软件让＝32-K01 失电，充电机停止工作。将蓄电池与充电机的连接器断开。

3. 辅助变流器功能试验

(1)闭合空开＝31-F01，通过软件闭合＝24-T33 网络触点 d26-b26。＝31-K01 得电，辅助变流器的控制单元工作。

(2)通过软件断开＝24-T33 网络触点 d26-b26。＝31-K01 失电，辅助变流器的控制单元停止工作。

(3)在紧急牵引继电器＝22-K73 的线圈上施加 DC 110 V，紧急牵引继电器＝22-K73 得电。＝31-K01 得电，辅助变流器的控制单元工作。

(4)撤掉紧急牵引继电器＝22-K73 的线圈上施加的 DC 110 V，紧急牵引继电器＝22-K73 失电。＝31-K01 失电，辅助变流器的控制单元停止工作。

任务评价

1. 自我评价(40 分)

学生根据学习任务完成情况进行自我评价。

自我评价表

评价模块	配分	评分项点	得分
安全意识	10	1. 不按要求穿着工作服及防滑电工鞋。 2. 不按要求戴绝缘手套。 3. 不按要求进行带电或断电作业。 4. 不按安全要求规范使用工具。 5. 其他违反安全操作规范的行为	

续上表

评价模块	配分	评分项点	得分
技能操作	24	测试蓄电池控制部分电路是否正确	
	40	测试充电机的启动	
	16	测试辅助变流器的启动	
职业规范和环境保护	10	1. 在工作过程中工具和器材摆放凌乱。 2. 不爱护设备、工具、不节省材料。 3. 在工作完成后不清理现场，在工作中产生的废弃物不按规定处置	
自我评分（总分×40%）=			

签名________　　________年________月________日

2. 小组评价（30 分）

同一实训小组同学进行互评。

小组评价表

评价项目	配分	得分
实训记录与自我评价情况	30	
相互帮助与协作能力	30	
安全、质量意识与责任心	40	
小组评分（总分×30%）=		

参评人员签名________　　________年________月________日

3. 教师评价（30 分）

指导教师结合自评与互评的结果进行综合评价。

教师总体评价意见：	
教师评分	
总评分=自我评分+小组评分+教师评分	

教师签名________　　________年________月________日

任务二　动车组辅助系统列调调试

任务描述

对整列辅助系统故障进行诊断，按照检查外接供电钥匙、ACU 正常运行、充电机（BC）的正常运行、AC/DC 接地故障值检测、辅助变流器外接供电这 5 个步骤进行。

知识链接

单相逆变器=32-T15 启动过程：DC 110 V 由=32-F06 提供→=32-T15/X040/1-3 之间

有 DC 110 V→网络发出 32-T15 的启动指令，网络设备=24-T33 和=24-T34 的 X60 的触点 d10-b10 闭合→=32-T15/X081/1-2 针导通→=32-T15 启动，输出 AC 230 V/50 Hz，如图 6-26 所示。

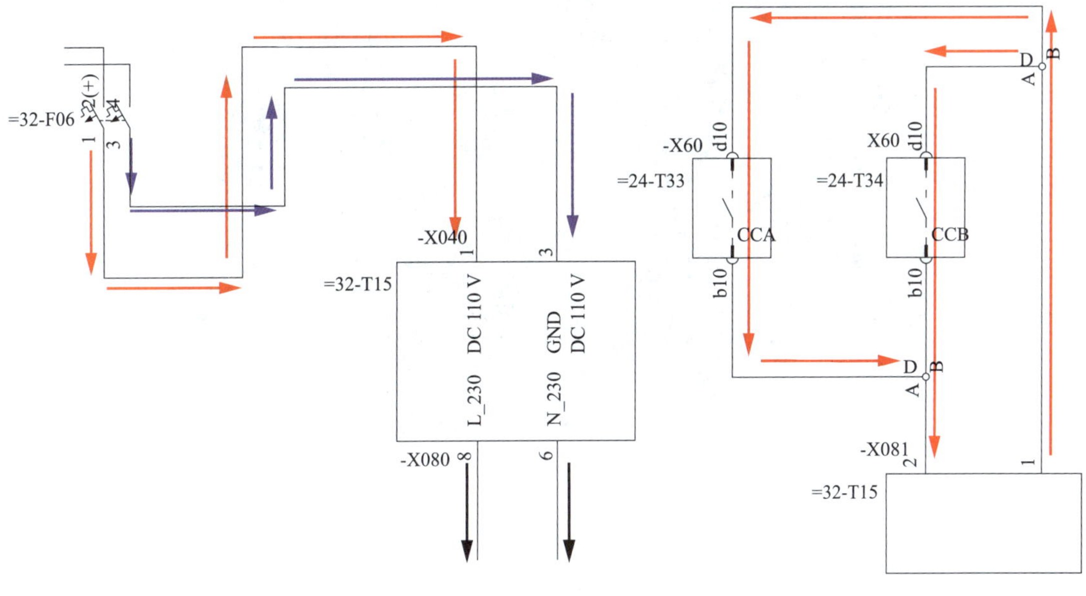

图 6-26　单项逆变器启动

网络发出指令启动单项逆变器的条件：全列至少有两个或两个以上的充电机工作正常，网络发出单项逆变器启动指令。

任务实施

1. 检查外接供电钥匙

(1)将 Mb05 车外接供电钥匙=31-S01 置于 AC 380 V 位，测量全列车辅助变流器启动信号=31-T01/X4/B5-B6 导通。

(2)将外接供电钥匙=31-S01 分别置于 OFF 和外接供电位，分别对应全列的测量辅助变流器启动信号=31-T01/X4/B5-B6 断开。测量完重新连接=31-T01/X4。

2. ACU 正常运行

测试辅助变流器在高压下的工作情况，保证接触网有 AC25 kV/50 Hz。

(1)固定车辆，将主控钥匙置于司机室占用位。将蓄电池开关=32-S01 置于开位，为车辆供电。按下 Tc01 车按钮=28-S02 施加停放制动，放置车辆发生溜逸现象。

(2)将受电弓扳键=21-S02 推至升弓位，受电弓升起。将主断扳键=21-S03 推至 VCB 合位，主断路器闭合，车辆由 AC 25 kV/50 Hz 供电。

(3)在 HMI 观察全列的辅助变流器工作正常，用相序表及万用表检查 3AC 380 V 的母线相序及电压正确，如图 6-28 所示。

3. 充电机(BC)的正常运行

(1)将受电弓扳键=21-S02 推至升弓位，受电弓升起。将主断扳键=21-S03 推至“VCB 合”位，主断路器闭合，车辆由 AC 25 kV/50 Hz 供电。

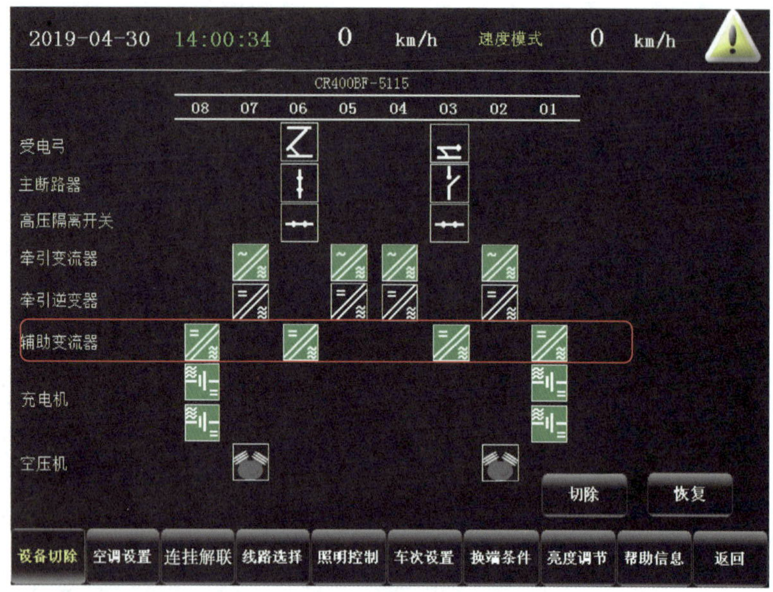

图 6-27　司机室显示屏(HMI)辅助变流器工作界面

(2)在 HMI 观察全列的充电机工作正常,如图 6-28 所示。

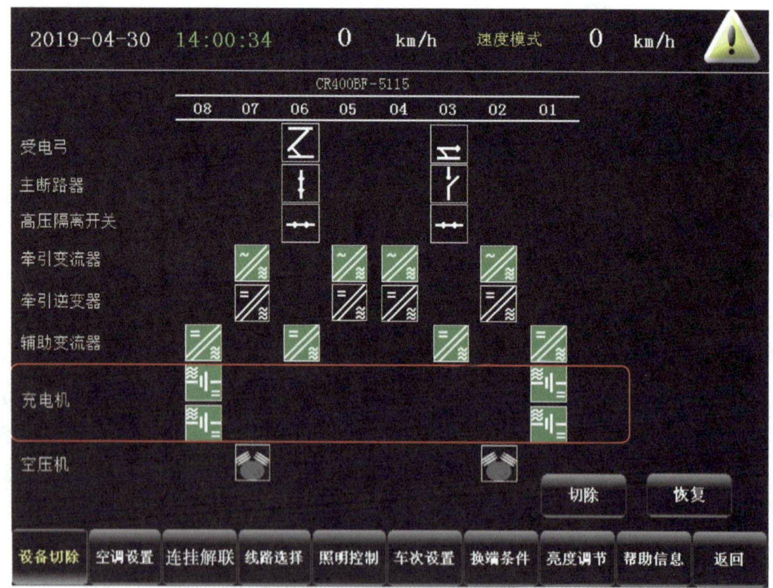

图 6-28　司机室显示屏(HMI)充电机工作界面

(3)测量全列的充电机的输入电压是否在范围内[3AC 380×(1±5%) V/50 Hz],输出电压是否为 110～137.5 V。

4. AC/DC 接地故障值检测

(1)在高压 AC 25 kV/50 Hz 供电,辅助变流器和充电机工作正常的情况下,用列车中央控制单元(CCU)监控软件测量中低压接地数值。

(2)用列车中央控制单元(CCU)监控软件测量每个牵引单元低压接地数值,

cdjleakplustx91＝1 表示正接地，cdjleakminustx91＝1 表示负接地，车辆正常情况下，低压是不允许接地的，所以变量测得的数值必须＝0，如果不等于 0，需要排查故障。

(3)用 CCU 监控软件测量每个牵引单元中压接地数值，fzearfaupoivoltx71＞0 表示辅助变流器 1 有中压接地现象，fzearfaupoivoltx72＞0 表示辅助变流器 2 有中压接地现象，车辆正常情况下，中压是不允许接地的，所以变量测得的数值必须＝0，如果不等于 0，需要排查故障。

5. 辅助变流器外接供电

测量辅助变流器的外接供电功能。

(1)将主断扳键＝21-S03 推至 VCB 断位，主断路器断开。将受电弓扳键＝21-S02 推至降弓位，受电弓降下，车辆只由蓄电池供电。

(2)将 Mb05 车的外接供电钥匙＝31-S01 置于外接供电位，并将钥匙拔出。用外接供电钥匙＝31-S01 打开 Tp03 车的“外接电源” 插座＝31-T02-X20。如果插座＝31-T02-X20 打开，的外接供电钥匙＝31-S01 不能拔出。

(3)将外接 3AC 380 V 插头连接到 Tp03 车的“外接电源” 插座＝31-T02-X20 上，如图 6-29 所示。

图 6-29　外接 3AC 380 V 供电插头和外接供电插座

(4)用万用表和相序表，在 Tp03 车的 3AC 380 V 母线上测量电压 380×(1±5%) V 及相序正确。

(5)断开外接的 3AC 380 V 电源，将蓄电池开关＝32-S01 置于关位，断开车辆的蓄电池。

(6)单独再次接通外接 3AC 380 V 电源，并且按下 Tp03 车辅助变流器内的应急外接按钮。

(7)在 Tc01 车的 3AC 380 V 母线上测量电压 380×(1±5%) V 及相序正确，并且 Tc01 车的充电机启动，输出电压 110～137.5 V。

(8)断开外接的 3AC 380 V 电源，从车辆 Tp03 中的“外部电源” 电源插座＝31-T02-X20 移除外部电源，并且移除钥匙。

(9)测试 Tp06 车的外接供电，步骤与 Tp03 车相同。

任务评价

1. 自我评价(40 分)

学生根据学习任务完成情况进行自我评价。

自我评价表

评价模块	配分	评分项点	得分
安全意识	10	1. 不按要求穿着工作服及防滑电工鞋。 2. 不按要求戴绝缘手套。 3. 不按要求进行带电或断电作业。 4. 不按安全要求规范使用工具。 5. 其他违反安全操作规范的行为	
技能操作	10	检查外接供电钥匙	
	15	测试辅助变流器在高压下的工作情况	
	10	测试控制部分电路是否正确	
	15	AC/DC 接地故障值检测	
	30	测量辅助变流器的外接供电功能	
职业规范和环境保护	10	1. 在工作过程中工具和器材摆放凌乱。 2. 不爱护设备、工具、不节省材料。 3. 在工作完成后不清理现场，在工作中产生的废弃物不按规定处置	
		自我评分(总分×40%)＝	

签名________　　　　________年________月________日

2. 小组评价(30 分)

同一实训小组同学进行互评。

小组评价表

评价项目	配分	得分
实训记录与自我评价情况	30	
相互帮助与协作能力	30	
安全、质量意识与责任心	40	
		小组评分(总分×30%)＝

参评人员签名________　　　　________年________月________日

3. 教师评价(30 分)

指导教师结合自评与互评的结果进行综合评价。

教师总体评价意见：	
教师评分	
总评分＝自我评分＋小组评分＋教师评分	

教师签名________　　　　________年________月________日

任务经验

辅助供电系统常用的方法

1. 动车组辅助变流器功能确认工作法

(1)外接供电钥匙功能检测

将列车外接供电钥匙打至 AC 380 V 位、OFF 位、外接供电位。只有在 AC 380 V 位时，用万用表测量辅助变流器的 B5 与 B6 两根针导通($R \leqslant 5\ \Omega$)，如图 6-30 所示。

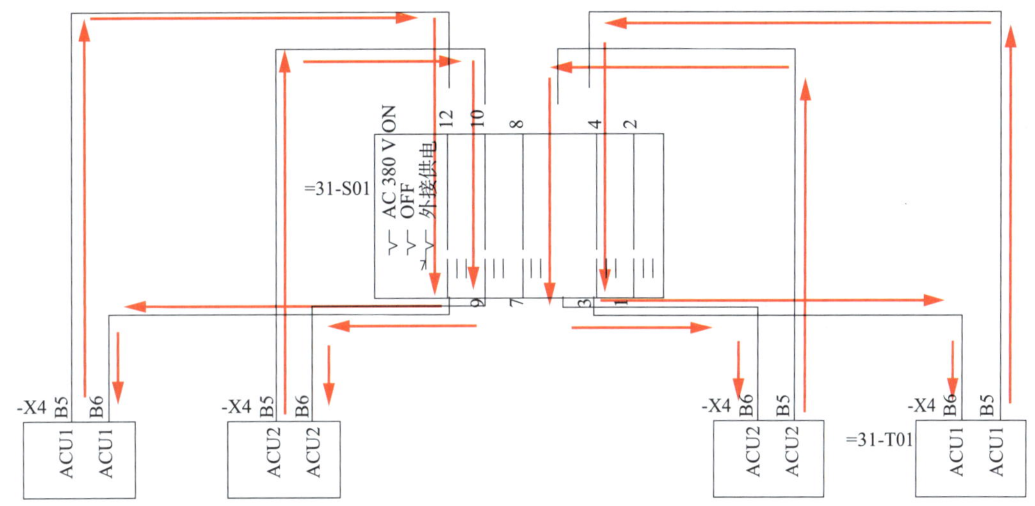

图 6-30　辅助变流器外接供电钥匙测试

(2)辅助变流器工作正常

用 pyMonStd_FilePacker 软件检测辅助变流器输入、输出(电压、电流)正确，如图 6-31 所示。

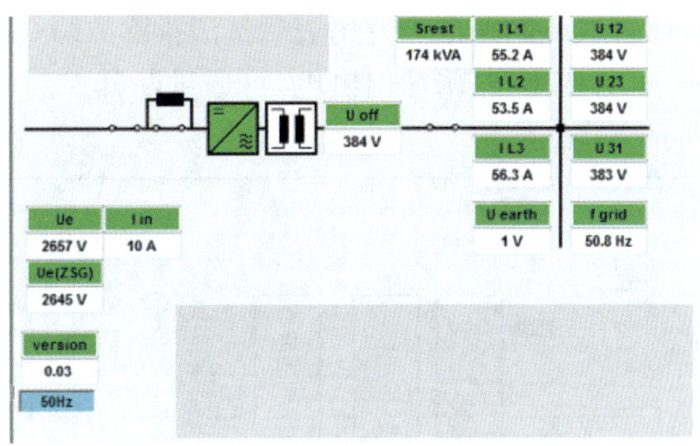

图 6-31　辅助变流器测试界面

其中，U_e(输入电压)的电压范围为：2 600～2 800 V。

(3)充电机工作正常

充电机版本正确，输入、输出(电压、电流)正确，无故障信息，如图 6-32 所示。

其中，交流电压为 380×(1±5%) V；输出电压为 110～137.5 V。

变量名	变量值	变量名	变量值	变量名	变量值	变量名	变量值
PM软件版本	V0.4	输出电流(A)	80.3	散热片温度(℃)	43.8	主接触器输出	闭合
PM时间	2018-07-05 1...	充电电流(A)	4.1	输出功率(kW)	9.4	预充电接触器反馈	断开
交流电压(V)	380.4	负载电流(A)	76.1	系统状态	运行	主接触器反馈	闭合
中间电压(V)	497.7	占空比(%)	59.5	输出模式	恒压	BMS通信	正常
参考电压(V)	117.9	原边电流(A)	62.3	拨码开关	0x00	CAN-A通信	正常
输出电压(V)	117.0	主控板温度(℃)	38.0	预充电接触器输出	断开	CAN-B通信	备用

图 6-32　充电机测试数据

(4)AC/DC 接地故障值检测

使用监控软件“Monitor”连接列车中央控制单元(CCU)监控：cdjleakplustx91(1=DC 110 V 正线对地)、cdjleakminustx91(1=负线对地)；Fzearfaupoivoltx71/ Fzearfaupoivoltx72(1=AC 380 V 对地)监测变量值应为 0，如图 6-33 所示。

显示	名称	分类	类型	大小	地址	值
是	/CPU1_T6/srs_bc1/cdjleakplustx91	input	BYTE	0	158745	0
是	/CPU1_T6/srs_bc1/cdjleakminustx91	input	BYTE	0	158746	0
是	/CPU1_T5/srs_aps1/fzearfaupoivoltx71	input	WORD	0	116760	0
是	/CPU1_T5/srs_aps1/fzearfaupoivoltx72	input	WORD	0	116759	0

图 6-33　变量监控

其中，如果接地故障值大于等于 0，则表示有接地故障发生，并且进行查找故障，并排除故障。

2. 动车组报出 3AC 电路接地故障

(1)3AC 母排或负载中有接地故障点

母线汇流排接地为中压主干线上线缆接地，或插头连接绝缘性损坏接地，终端箱内部过桥线缆接地。主干线接地可通过线缆断路法和万用表测量法排除故障；中压供电的设备有空调、电茶炉、冷却风机、充电机、车载变压器、厨房内供电，可通过断开控制中压的供电断路器对故障进行排查，如图 6-34 所示。

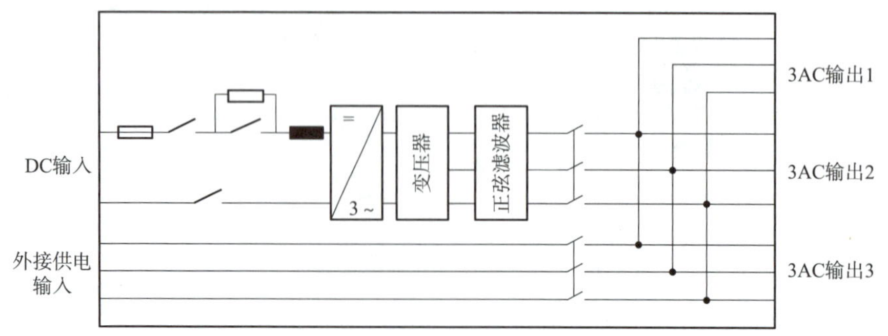

图 6-34　辅助变流器内部功能原理

(2)辅助变流器的主风扇有接地故障

辅助变流器内部设置有主风扇(图 6-35)，主要作用是为辅助变流器进行冷却，所以辅助变流器的冷却方式为强迫风冷，风扇电机供电方式为三相交流供电。当辅助主风扇有接地故障时，可通过 HMI 切除辅助变流器或者断开内部风扇中压控制断路器 Q41，来排查主风扇故障或内部线路故障。

(3)交流滤波电容有接地故障

辅助变流器将来自牵引变流器中间直流环节的 DC 2 800 V 直流电，逆变成 3AC 380 V/50 Hz 正弦交流电，再经过正弦滤波器进行滤波，向动车组的三相负载、充电机等供电。当内部电容(图 6-36)对地时，需要对内部电容进行测量和检查，确保电容未被击穿或损坏。没有过多的灰尘，否则将影响绝缘性，导致对地故障。

图 6-35　辅助变流器内部风扇

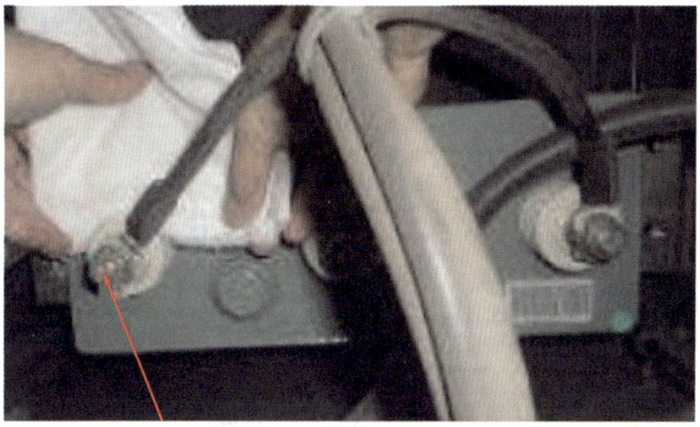

图 6-36　滤波电容

(4)内部牵引变压器有接地故障

DC 2 800 V 经过 PWMI 模块后，使用一台变压器 T2 进行电气隔离，提高 PWMI 功率模块电压，变为可用的 3AC 380 V 电压，T2 变压器为△-Y型变压器。牵引变压器(图 6-37)在长期使用后会出现线路和绝缘老化，造成的中压对地故障，可通过更换变压器排除故障。

(5)接地故障检测电阻板故障

接地故障检测电阻 R34、R35、R36，星接取中性点电压用于 T35 检测是否发生接地故障，R40 中性点经电阻接地，当电阻板故障时可导致 T35 检测不准确，可通过万用表测量电阻的阻值的正确性来确认设备是否故障，查看检测电阻板端子排线缆正确性和接线牢固，如图 6-38 所示。

图 6-37　内部牵引变压器

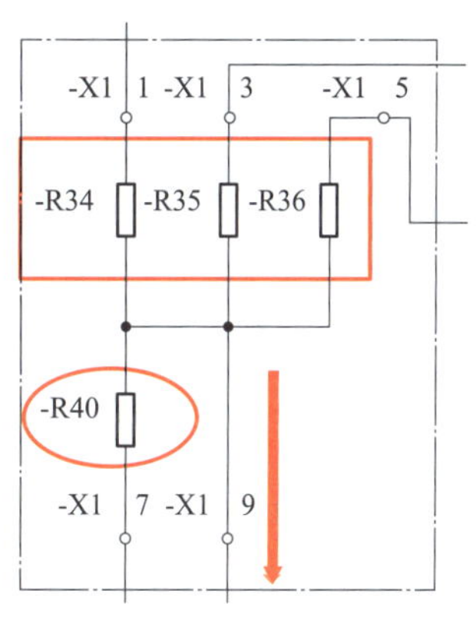

图 6-38　接地电阻原理

(6)接地故障在 EMC 输出滤波电容

EMC 输出滤波电容 V34、V35、V36 电容组成星接中性点接地滤波，主要作用是滤除三相交流电路中的谐波干扰，用万用表测量电容正确性和对地绝缘性，如图 6-39 所示。

(7)接地电压传感器及线路检测故障

接地电压传感器 T35 主要用于检测正常电阻和中性点之间电阻，当电压范围不在合格范围内，会检测出故障，传递故障信号给辅助控制单元，辅助控制单元将信号传递给中央控制单元。接地电压传感器以及线路也是重点检查部位，可通过有电和无电时状态进行比较，发生异常可进行更换，如图 6-40 所示。

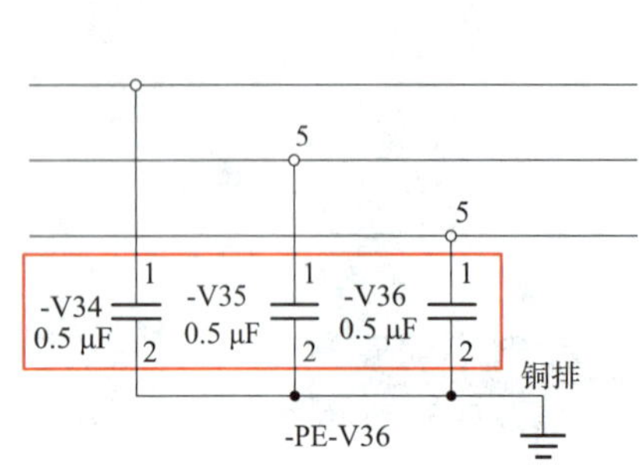

图 6-39　滤波电容原理

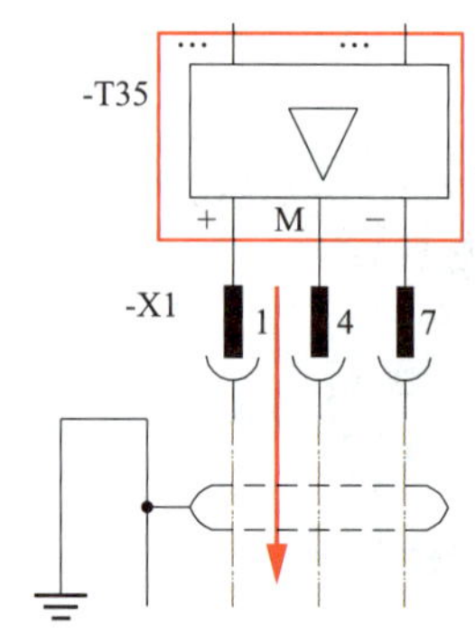

图 6-40　电压传感器原理

巩固与练习

一、填空题

1. 辅助变流器将来自牵引变流器中间________转换成________为辅助系统供电。

2. 辅助系统中辅助变流器都通过________向整列动车组输出同相位 3AC 380 V/50 Hz 电源。

3. 当两台辅助变流器或牵引变流器故障时，只减与________负载，其余系统正常供电。

4. 辅助变流器上传下载数据可通过车辆 MVB 总线或以太网总线与________进行数据交换。

5. 当电压低于 88 V 时，蓄电池________；当蓄电池电量低于 30%时，蓄电池________。

二、选择题

1. 辅助供电中压系统为用电设备提供(　　)电源。

A. 3AC 380 V/50 Hz　　B. DC 110 V

C. 220 V/50 Hz　　D. AC 110 V/50 Hz

2. 8 辆编组的动车组设(　　)台辅助变流器。

A. 1　　B. 2　　C. 3　　D. 4

3. 充电机由(　　)个功率模块组成。

A. 1　　B. 2　　C. 3　　D. 4

三、判断题

1. 动车组由外接电源插座供电时，受电弓不能升弓。（　　）
2. 辅助变流器在速度$<$50 km/h 时仍能保持发电功能。（　　）
3. 当蓄电池电量低于 30%时，蓄电池保护动作，蓄电池断开。（　　）

四、简答题

1. 简述负载管理规则，并解释负载启动顺序。
2. 简述充电机的基本原理。

项目七　动车组车门系统的原理及调试

学习目标

1. 知识目标

(1)熟悉动车组外门结构。

(2)熟悉动车组端门和外端门结构。

(3)熟悉门系统的工作原理。

2. 能力目标

(1)能分析动车组门系统控制原理。

(2)会进行动车组车门的控制测试。

3. 素质目标

(1)具有集体观念和团队协作精神。

(2)具有敢于和善于创新的精神。

任务一　动车组外门系统原理

任务描述

动车组门系统包含外门和内门两大类。外门是乘务员或乘客进入车内的通道，是乘客直接接触的部件，关系到乘客的人身安全问题。由于动车组外门开启和关闭频繁，动车组外门系统控制电路是其核心内容，本任务将重点探究外门控制电路的工作原理。

知识链接

1. 外门系统概述

动车组外门设置在 Tc01/08 的中部观光区后方，M02/07、Tp03/06、Mh04 车的两端以及 Mb05 车的二位端，如图 7-1 所示。

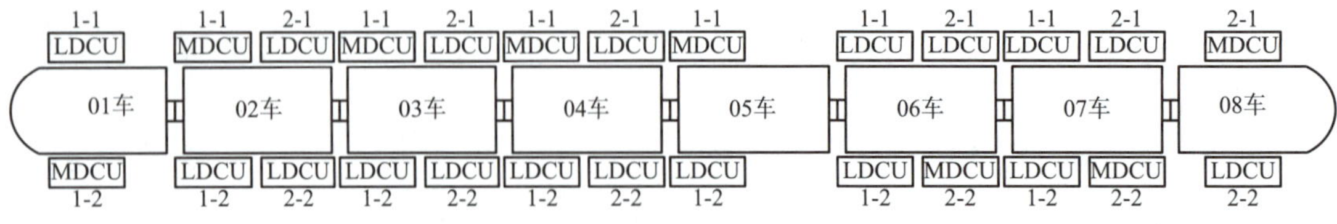

图 7-1　外门布置图

动车组外门设计为电控电驱动，电控气动压紧密封的单扇外开塞拉门。开关门控制采用本地控制及司机室集中控制结合的方式。具有集控开关门、本地开关门、故障自诊断、障碍检测、自动锁闭、隔离、紧急解锁、速度联锁保护等功能，关门指令、开门指令、开门允许指令、速度信号、安全回路等通过硬线传输。

2. 外门的结构组成

动车组外门主要由门控单元、门框、驱动单元、门扇、锁闭装置、隔离装置、紧急解锁装置、导向装置等组成。

(1)门控器(DCU)

每节车中有一个门配备主门控器，其他门配备从门控器。每个门控器(DCU)设置一个CAN总线接口和一个RS-232服务接口。主门控器设置车辆MVB总线接口。

(2)门框

采用整体式门框，由铝型材和铸铝件拼焊而成。相对于散装门框，该门框具有安装快捷、简单，调试容易等特点，如图7-2所示。

(3)驱动单元

驱动结构采用直流电机驱动，相对于气缸驱动，可以更加容易的精确控制开关门时间，并且开关门的速度在行程内可以实现多段可调。耐低温能力强。驱动单元包括：

①导柱(实心裸露轴承钢)。

②携门架，包括顶部导向滚轮。

③直流电机，带行星齿轮箱连接和集成门位置传感器(霍尔效应编码器)。电机单元通过齿形带，驱动丝杆。

④丝杆。

⑤门板导向导轨。

⑥坦克链和带有用于开关和接地的电缆。

⑦用于和门控器(DCU)连接的电气连接器。

(4)设备安装架

设备安装架集成了门锁单元。锁闭系统的主锁采用电动锁，解锁动作由解锁电磁阀实现。内外操作装置设置了紧急操作手柄。在内外操作装置和主锁间的传动装置上设有电磁离合器，使门锁系统在列车高速运行时，具有了即使操作紧急手柄也无法打开车门的功能，极大地提高了安全性能。除主锁和隔离锁之外，上、下各设置一个气动锁，可提高密封性能，增加系统的可靠性。

设备安装架上安装的部件包括：

①2个带有锁爪的气动锁。

②1个带有锁爪的主锁。

③1个启动单元，包括压力开关、过滤器、电磁阀和手动阀。

④1个滚轮摆臂，通过下部导轨对门板进行导向。

⑤1个带有2个限位开关的门隔离单元，通过门板上隔离锁中的插销进行操作。

(5)门扇

门扇采用内部充填发泡隔热材的结构，该结构具有较高隔声隔热性能。采用双层密封，使其具有一定的气密性能。门扇的基本构造如图7-3所示。

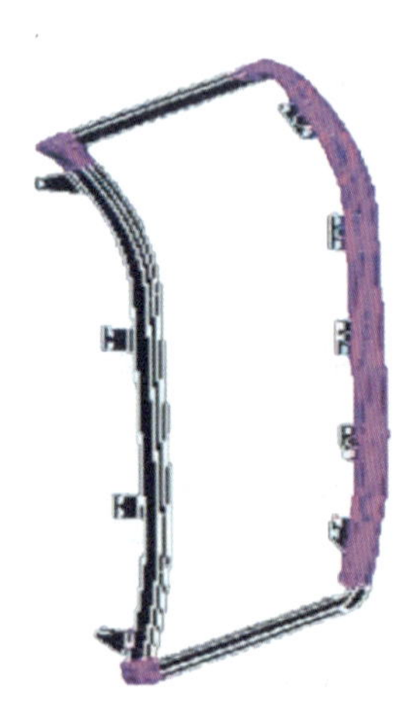

图 7-2　外门门框

图 7-3　外门门扇

①门板

因车体为鼓形，所以门板为弧形。由铝型材、铝板及铸铝件焊接成铝框架，内、外面覆盖铝板，其间注入发泡剂，门扇四角为圆弧形。

②窗户

窗户由多层平板玻璃构成，厚 39.5 mm，瞭望区的颜色同客室侧窗，边缘采用黑色丝网印刷，用胶粘接在门板上。

③胶条

门扇周边的密封胶条为双层密封，分为内层胶条和外层胶条，外层胶条的前端为护指胶条，胶条内部装有防挤压开关。

④导轨

门扇下部安装有导轨。

⑤隔离锁

隔离锁集成在门板内。可以通过四角钥匙从内部和外部手动操作进行门的机械隔离(外部隔离需要打开保护盖)，并通过隔离锁锁舌触动设备架上的限位开关，实现电气隔离。

⑥内外部各设一个扣手，集成在门板上。

⑦按钮

门板外部的中上部设有按钮，用于开门。

(6)控制面板

①内部控制面板

内部控制面板包括紧急解锁拉手，开、关门按钮，四角钥匙锁。

②外部控制面板

外部控制面板包括紧急解锁拉手。

(7)紧急装置

与内部控制面板共同安装，包括蜂鸣器，紧急开门按钮(外部设有安全玻璃)，紧急开关。

任务实施

1. 门控器的启动

闭合断路器＝80-F01、接通电源可启动门控器(DCU)，如图 7-4 所示，门控器(DCU)启动后顺序执行以下功能：

(1)若门处于关锁到位状态，将保持关闭；若门处于未闭合状态，门控器(DCU)无法监控门的位置。对于没有关到位的门，车门将保持在原状态不变。若接收到有效的关门指令，将会运行关门初始化例行程序，直到门达到关锁到位位置一次。

(2)在上述初始化关门过程中，关门障碍检测系统可以正常工作，在未关锁到位前，车门不响应开门指令信号。

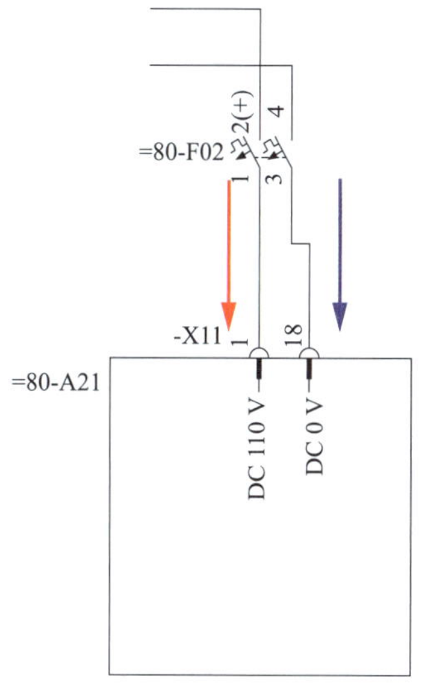

图 7-4　门控器供电

2. 开门允许

开门允许信号是动车组开门的前提条件，可分为左侧开门允许和右侧开门允许。只有开门允许信号为高电平时，动车组对应侧的外门才可以进行集控或者本地开门操作。

如图 7-5 所示，DC 110 V 电源通过 Tc01/08 车断路器＝80-F03 供电→小于 5 km/h 继电器＝28-K61 的常开触点 23-24→司机室占用继电器＝22-K05 的常开触点 13-14→使继电器＝80-K11 得电。

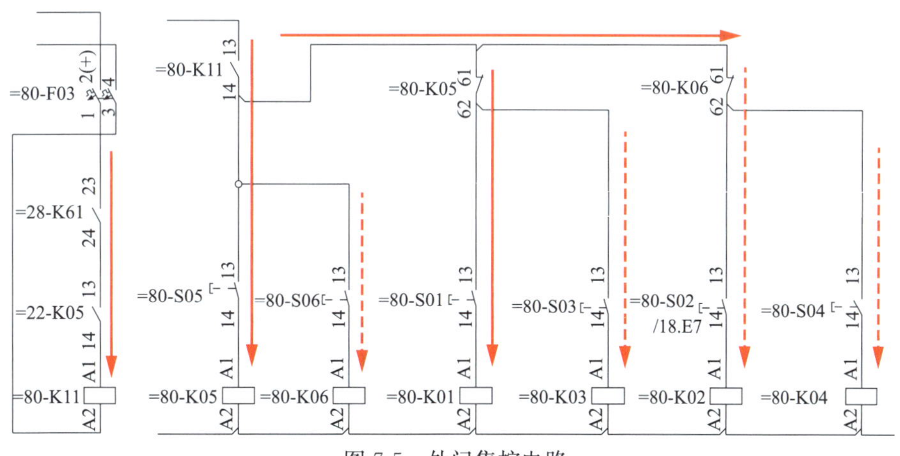

图 7-5　外门集控电路

DC 110 V 再经过继电器＝80-K11 的常开触点 13-14→右侧集控关门继电器＝80-K05 的常闭触点 61-62→释放右门按钮＝80-S03 的常开触点 13-14→使右侧集控开门允许继电器＝80-K03 得电。

或者经过左侧集控关门继电器＝80-K06 的常闭触点 1-6→释放左门按钮＝80-S04 的常开触点 13-14→使左侧集控开门允许继电器＝80-K04 得电。

如图 7-6 所示，DC 110 V 电源通过 Tc01/08 车断路器＝80-F04 供电→经过右侧集控开门允许继电器＝80-K03 或者左侧集控开门允许继电器＝80-K04 的常开触点 13-14→使左、右侧集控开门允许贯通线得电。

左、右侧集控开门允许贯通线可以使每节车的开门允许继电器＝80-K23 或＝80-K24 得

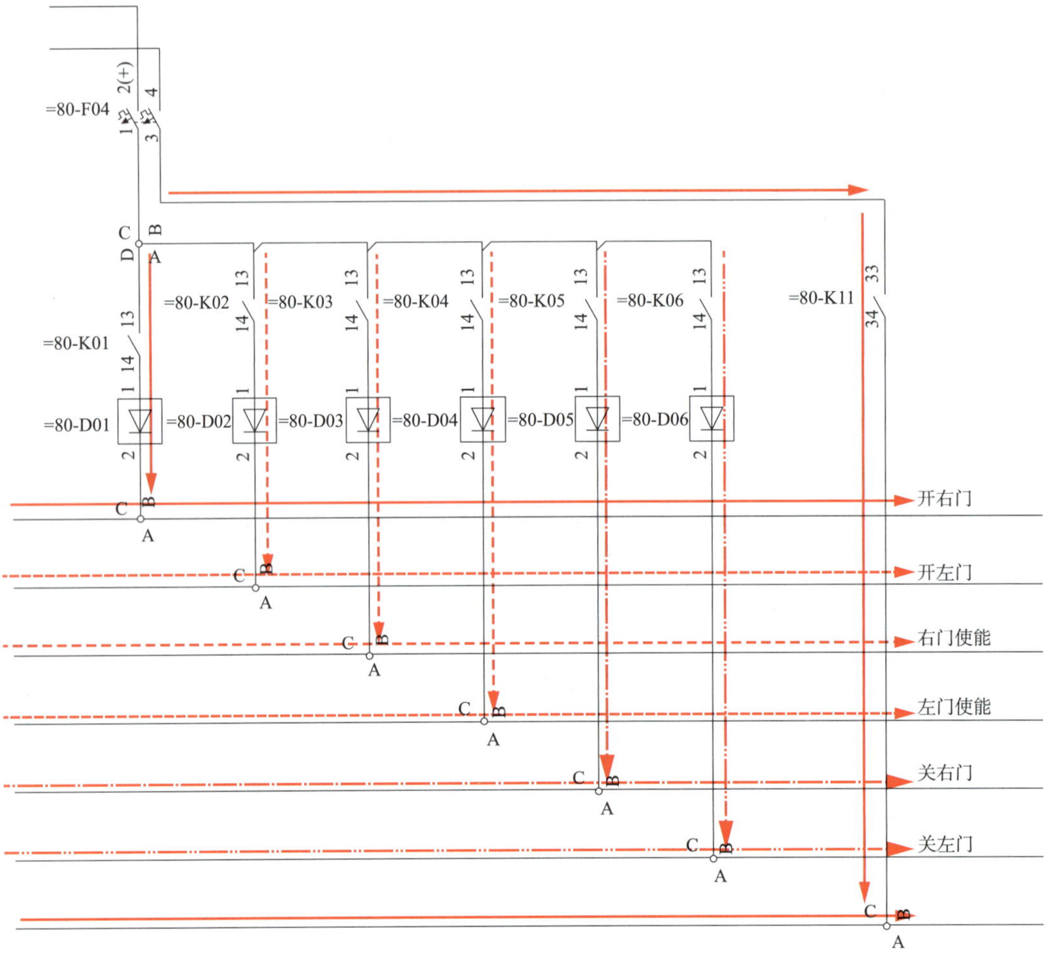

图 7-6　外门集控信号

电。考虑到动车组两个牵引单元在编组方向相反，即牵引单元 1 到 4 节车一位端朝向 Tc01 车司机室方向，牵引单元 2 的 5 到 8 节车一位端朝向 Tc08 车司机室方向，因此左、右集控开门允许贯通线在 Mb05 车出现交叉。同样的，左、右侧集控开门，左、右侧集控关门贯通线也设置交叉，如图 7-7 所示。

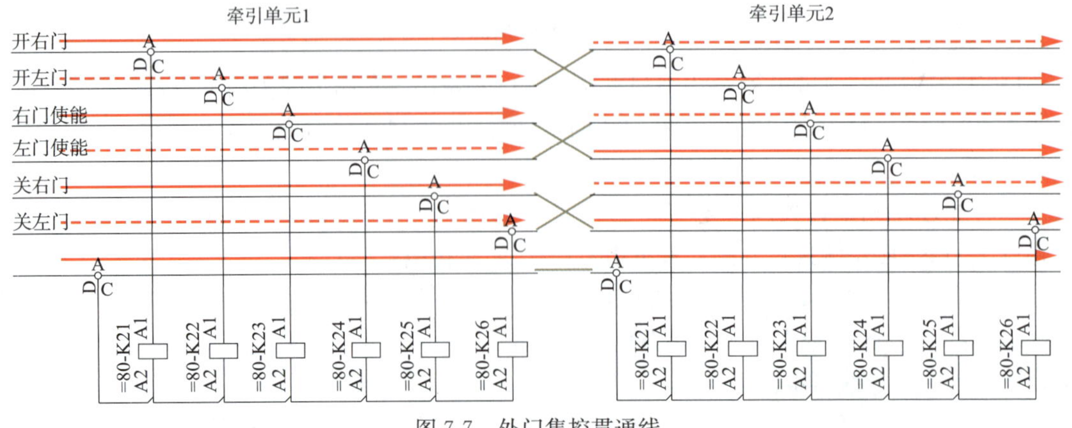

图 7-7　外门集控贯通线

如图 7-8 所示，右侧外门＝80-A21 接收继电器＝80-K23 开门允许信号，左侧外门＝80-A11 接收继电器＝80-K24 开门允许信号。

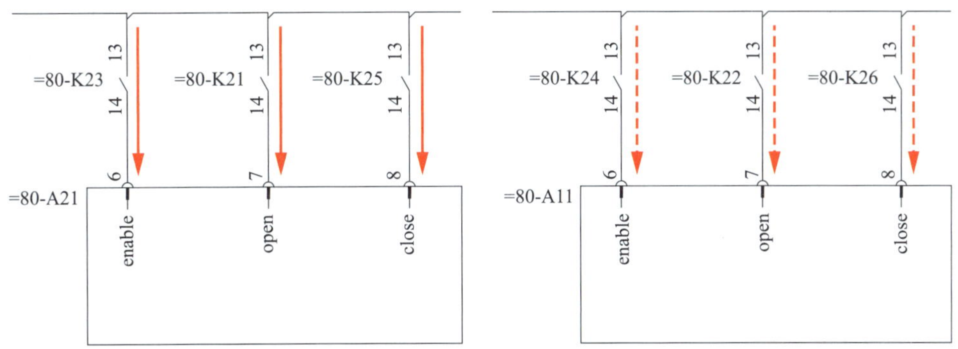

图 7-8　门控器接收列控信号

当动车组门控器(DCU)接收到列车开门允许信号后，检测到以下开门条件都满足时，可通过集控或本地开门按钮执行开门操作，如果这些要求有一个不满足，就不能打开门。

(1)没有操作机械隔离装置。

(2)隔离锁开关信号不为低电平。

(3)紧急解锁开关信号不为高电平。

(4)紧急解锁请求开关信号不为高电平。

(5)内部安全继电器得电。

(6)“速度＜5 km/h 信号”为高电平。

(7)“速度＞10 km/h 信号”为低电平。

3. 按钮的激活和点亮

当“门释放信号”变为有效时，并且门处于非开到位位置时，外门单元控制面板的“内侧开门按钮”灯和“外侧开门按钮”灯将被点亮激活；当门处于非关到位位置时，“本地关门按钮”灯将被点亮激活。之后才能操作这些按钮，使车门执行相应的功能。这列按钮的激活和点亮受门控器 DCU 控制。

司机台上的左、右侧集控开门允许按钮和左、右侧集控开门按钮设置指示灯，当按钮功能被激活时，指示灯点亮，如图 7-9 所示。

4. 开门

左侧集控开门按钮＝80-S02、右侧集控开门按钮＝80-S01 通过左、右侧集控开门继电器＝80-K02 和＝80-K01，控制单车的左、右侧开门继电器＝80-K22 和＝80-K21，进而使左、右侧外门接收到列车集控开门信号，原理同左右侧集控开门允许信号。

(1)开门动作

在接收到有效的开门指令后，并且满足允许开门的条件，车门将按照如下顺序执行开门操作：蜂鸣器受到激活，进行鸣响→控制指令使得辅助锁闭锁电磁阀断电，主锁解锁电磁阀通电，进而使辅助锁和主锁解除锁闭状态→电机驱动车门沿轨道打开车门→当门到达开到位位置时，电机释放停止。

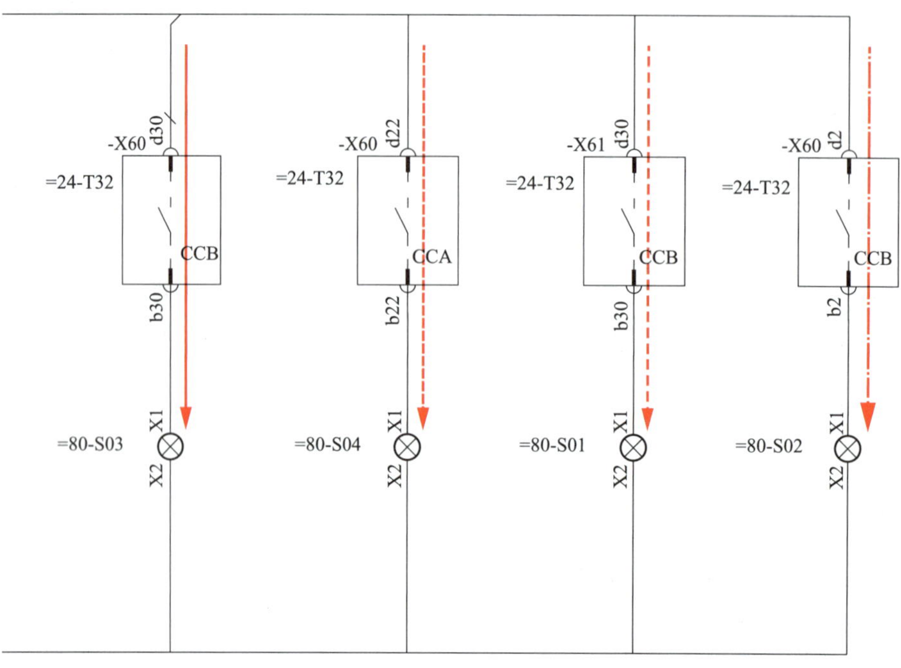

图 7-9　按钮的激活和点亮

(2)车门在完全打开时具有定位保持功能

在开门状态,手动拉门关闭,电机会施加一个逆向开门的力阻止门移动,若手动拉门的力加大的话,内部操作装置上的蜂鸣器会鸣响,发出像操作了紧急解锁的声音。若放开手,门控器将力取消,蜂鸣器会停止鸣响。

(3)"内/外侧开门按钮"开门功能

当内/外侧开门按钮灯亮时,内/外侧开门按钮才能进行操作。当接收到有效的内/外侧开门按钮信号,若满足允许开门的条件,则延时 2 s 后,执行开门动作。门开启到开门终点位置后保持在这一位置,直到再次接收到关门指令。

在关门过程中,若接收到有效的内/外侧开门按钮信号,且满足允许开门的条件,则延时 2 s 后,执行开门动作。

(4)"开门列车线"集控开门功能

当接收到有效的开门列车线信号,若满足允许开门的条件,则延时 2 s 后,执行开门动作。门开启到开门终点位置后保持在这一位置,直到再次接收到关门指令。

在关门过程中,若接收到有效的开门列车线信号,且满足允许开门的条件,则延时 2 s 后,执行开门动作。

5. 关门

按下左侧集控关门按钮=80-S06、右侧集控关门按钮=80-S05,通过左、右侧集控关门继电器=80-K06 和=80-K05,控制单车的左、右侧关门继电器=80-K26 和=80-K25,进而使左、右侧外门接收到列车集控关门信号。

(1)关门动作

在接收到有效的关门指令后,并且满足允许关门的条件,车门将按照如下顺序执行关门操作:蜂鸣器受到激活,进行鸣响→电机驱动车门沿轨道关闭车门,并带动主锁锁钩进入二级锁闭状态→当锁到位开关动作后,电机停止运动→当锁到位开关、关到位开关指示门已关锁到位后,控制指令使得辅助锁锁闭电磁阀通电,使辅助锁进入锁闭状态。

(2)"本地关门按钮"的关门功能

当本地关门按钮灯亮时,本地关门按钮才能进行操作。若检测到本地关门按钮信号从低电平跳变到高电平,且保持高电平状态 100 ms 以上,则认为本地关门信号有效。当接收到有效的本地关门按钮信号,则延时 2 s 后,车门执行关门动作,门关闭至关到位位置后保持在这一位置。

在开门过程中,若接收到有效的本地关门按钮信号,将等待车门打开到位,若满足允许关门的条件,则延时 2 s 后,车门执行关门动作。

(3)"关门列车线"集控关门

当接收到有效的关门列车线信号,若满足允许关门的条件,则延时 2 s 后,车门执行关门动作,门关闭至关到位位置后保持在这一位置。

在开门过程中,若接收到有效的关门列车线信号,若满足允许关门的条件,则延时 2 s 后,车门执行关门动作。

(4)通过速度信号关门

如图 7-10 所示,当列车速度信号之一(即"$v<$ 5 km/h 信号""$v>$10 km/h 信号")指示列车不再处于静止状态,若满足允许关门的条件,则未关到位的门将立即执行关门操作。关闭的车门无法被乘客再次打开,此时内部开门按钮和外部开门按钮将变为无效。在关门过程中,关门障碍物检测再打开功能将被禁止。

在开门过程中,若车速信号之一指示列车不再处于静止状态,则车门将立即执行关门操作。

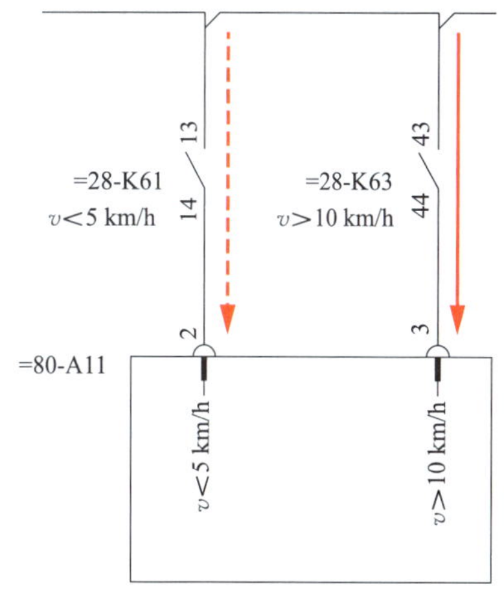

图 7-10　门控器 DCU 检测速度信号

6. 门关好信号

每辆车均有硬线环路监测 4 个门的状态,当 4 个门均处于关闭并锁闭的状态时,该硬线环路建立,继电器=80-K17 得电。当全列车的门关闭环路全部建立之后,点亮司机台上的全列门关好指示灯,并且列车控制系统(TCMS)可以检测到 DI 输入并在司机室显示屏(HMI)上显示门全关状态。

如图 7-11 所示,Tc01 车司机室占用,DC 110 V 通过头继电器=22-K05 常开触点 33-34→每辆车的车门关好继电器=80-K17 的常开触点串联贯通线→Tc08 车头继电器=22-K05 常闭触点 61-62→重联继电器=74-K59 的常闭触点 91-92→全列贯通线使 Tc01 和 TC08 车的门关好继电器=80-K16 得电→司机台门关好指示灯=80-H03 点亮。

发生门关好故障时,确保安全的情况下,占用的司机室可通过门关好旁路开关=80-S61 直接使本车的门关好继电器=80-K16 得电,跳过单车门关好继电器=80-K17,实现旁路。

7. 整备模式

在整备模式下,列车内的人员(如清洁人员)可以走出列车,但未经允许的人员不可从外面进入车内(两侧锁闭处于有效)。

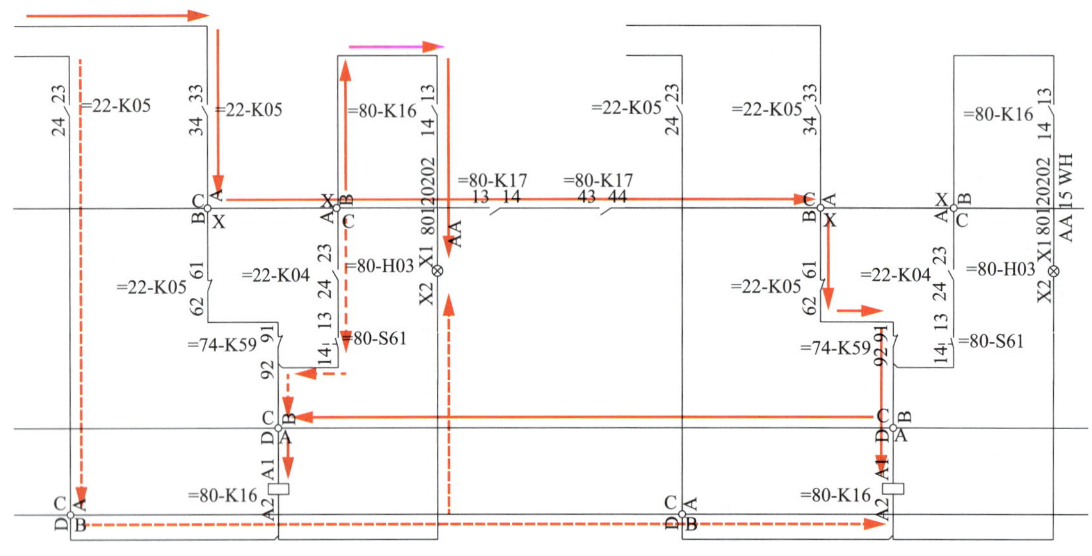

图 7-11 门关好信号

在这种运行模式下，整备模式网络信号会从车辆控制单元通过车辆 MVB 总线、列车 WTB 总线传输到各门控制单元。只有当两侧锁闭处于有效时，才接受此运行模式。

如果此运行模式处于有效，只有车厢里面的“内侧开门按钮”可操作(内侧开门按钮灯被激活点亮)，可以通过这些按钮打开门。从外侧可以通过紧急装置打开车门。

在整备模式下，可按照以下关闭打开着的门：

(1)从内侧，“本地关门按钮”被激活，可通过这些按钮关闭打开的车门。

(2)从外侧，“外侧开门按钮”被激活，并重新定义为关闭按钮(仅在此运行模式下)。在取消整备模式信号后，会根据相应的信号执行功能。

8. 紧急解锁装置

为了在紧急状态下手动开门，每个车门设有内外紧急解锁装置。操作紧急装置使锁闭装置解锁，并使锁闭装置处的限位开关动作，蜂鸣器将长鸣。

如果速度<10 km/h，才能进行门的紧急解锁。如果速度>10 km/h，不论是否转动紧急操作请求开关或按压紧急操作请求按钮，紧急解锁电磁铁均将被通电激活，此时车内紧急解锁装置将无法进行紧急解锁操作。

内部紧急解锁操作步骤：允许紧急解锁，乘务员使用四角钥匙或乘客砸碎玻璃后，转动紧急操作请求开关或按压紧急操作请求按钮使紧急解锁电磁铁断电(速度<10 km/h)；扳动拉手通过钢丝绳进行机械解锁。在紧急手柄释放后，它将返回至起始位置。

当速度<10 km/h 的情况下紧急解锁：没有操作隔离装置，且隔离锁开关信号不为低电平的情况下，当速度>10 km/h 列车线信号为低电平时，车外紧急解锁装置可进行解锁操作；转动紧急操作请求开关或按压紧急操作请求按钮后，紧急解锁电磁铁将被断电，车内紧急解锁装置可进行解锁操作。当检测到紧急解锁开关信号由低电平跳变到高电平，且保持 100 ms 以上，车门锁闭状态将被解除，可以通过钢丝绳对门进行机械解锁且可手动进行开关门。如果操作了紧急解锁装置，必须在列车重新起动之前将该装置复位。

复位紧急解锁后，车门仍然将处于紧急解锁状态。若之前操作的是车外紧急解锁装置，则需通过按压本地关门按钮来退出紧急解锁状态；若之前操作的是车内紧急解锁装置，则需通过复位紧急操作请求开关或紧急操作请求按钮来退出紧急解锁状态。

退出紧急解锁状态后，蜂鸣器停止鸣响，若此时速度＜5 km/h 列车线信号为高电平，车门将根据接收到的关门指令进行关门。若此时速度＜5 km/h 列车线信号为低电平，则车门将立即进行关门操作。

当速度＞10 km/h 的情况下紧急解锁：当硬线速度信号速度＞10 km/h 列车线指示速度＞10 km/h 时，不论是否转动紧急操作请求开关或按压紧急操作请求按钮，紧急解锁电磁铁均将被通电激活，此时车内紧急解锁装置将无法进行紧急解锁操作。

为了防止在车辆运行过程中，由于紧急解锁电磁铁损坏不吸合，导致可以通过操作内部紧急解锁来解锁开门的情况发生，通过内部紧急解锁装置开门的操作在下述情况下将被阻止：速度＜5 km/h 列车线为低电平，且速度＞10 km/h 列车线为高电平。

如果在上述条件满足的情况下，紧急解锁开关被直接触发(例如操作外部紧急解锁装置或在紧急解锁电磁铁损坏情况下操作内部紧急解锁装置)，辅助锁闭锁将被一直保持激活，以阻止车门被手动打开。

9. 障碍物探测

关门过程的障碍物探测由下列系统监测：

(1)电机电流监控

每次关门过程中电机正常关门电流曲线被存储并自动调整；如果电机的实际电流超过额定值，障碍检测被激活。最大电流值并不恒定，由门的位置和前几次关门运动的电流决定。即使当电子门控器的电源关闭时，最大电流值也被存储。如果电子门控器换到其他任何门上，有必要通过按下维护按钮的方式对其进行初始设置，按下时间超过 1.5 s(从打开电源开始计算)。

(2)路程/时间监测

通过门位置传感器的检测，将门的运动分成距离段，如果在给定的时间内门未通过这些距离段，障碍检测被激活。

(3)敏感边缘

障碍物撞击到设在门边缘的内、外敏感边缘，将产生感应信号，障碍检测即被激活。

当门控器(DCU)检测到车门受到障碍物的阻挡时，立即启动门重新开启。大约延时 1 s 后，门将自动关闭，这样的循环将被重复执行 3 次后，门停止在开到位位置，直到障碍物被清除，在此时允许使用本地关门按钮将门再次关闭。

如果速度＞10 km/h 列车线信号为有效时，门将会关闭而不进行障碍物探测。为克服机械阻力或风压影响，第 3 次设定的关门力较大，以保证车门能可靠关闭，如果敏感边缘有缺陷(连续激活或中断)，则不可以再遵守关门力要求。

在关门障碍物检测过程中，若接收到有效的开门指令，且满足允许开门的条件，则立即执行开门动作至开到位位置。

开门障碍检测可被激活 3 次。开门时若有障碍会使开门循环停止 3 s，在 3 次开门动作之后门将会停在此位置并且门控器(DCU)会认为此位置是最大可达开门位置，通过本地关门按钮可将门关闭。

10. 门隔离

每个外门都设有在客室内、外均可操作的车门隔离锁装置，当车门出现故障时可以将此门隔离掉而不影响其他门的正常动作。当隔离锁锁闭时，它将门设为一种非使用状态，在紧急情况下也无法打开车门。

由于隔离开关可能会出现故障或被误触发，因此发现车门处于隔离状态时，必须到车门处进行观察，确保车门处于关锁到位状态。

11. 蜂鸣器

每个外门均设置蜂鸣器，蜂鸣器声音通过不同的频率区分开门和关门。

开门时：开门指令蜂鸣器发声，1 s后开始开门，然后继续响 4 s，频率 2 Hz。

关门时：关门指令蜂鸣器发声，1 s后开始关门，然后继续响 4 s，频率 4 Hz。

当启动紧急开门装置时，蜂鸣器持续长鸣，时间重复比率为 5 Hz。

12. 气压低于规定值处理

压缩空气损失导致气压低于规定值[450 kPa(4.5 bar)]会引起以下动作：

(1)打开的门在接收到关门指令后，将以较大的速度和关门力进行关门，以尝试将门进行锁闭。已关闭的门停留在关闭位置，并不再响应开门指令。

(2)门控制单元将产生"压缩空气供应损失"诊断代码。

(3)处于激活的压力装置保持激活，即使是在门控制单元产生诊断代码之后，"压缩空气供应损失"诊断代码将引起开门指令不再被响应。随着压缩空气的损失，在已关闭的门上，气密性不再得到保证。

任务评价

1. 自我评价(40分)

学生根据学习任务完成情况进行自我评价。

自我评价表

评价模块	配分	评分项点	得分
安全意识	10	1. 不按要求穿着工作服及防滑电工鞋。 2. 不按要求戴绝缘手套。 3. 不按要求进行带电或断电作业。 4. 不按安全要求规范使用工具。 5. 其他违反安全操作规范的行为	
技能操作	8	门控器的启动电路分析	
	10	开门允许电路分析	
	18	按钮的激活和点亮电路分析	
	20	开门电路分析	
	8	关门电路分析	
	8	门关好信号电路分析	
	8	其他功能电路分析	
职业规范和环境保护	10	1. 在工作过程中工具和器材摆放凌乱。 2. 不爱护设备、工具、不节省材料。 3. 在工作完成后不清理现场，在工作中产生的废弃物不按规定处置	
自我评分(总分×40%)=			

签名________　　　　　　　　　　________年________月________日

2. 小组评价(30 分)

同一实训小组同学进行互评。

小组评价表

评价项目	配分	得分
实训记录与自我评价情况	30	
相互帮助与协作能力	30	
安全、质量意识与责任心	40	
小组评分(总分×30%)=		

参评人员签名________　　　　________年________月________日

3. 教师评价(30 分)

指导教师结合自评与互评的结果进行综合评价。

教师总体评价意见:	
教师评分	
总评分=自我评分+小组评分+教师评分	

教师签名________　　　　________年________月________日

任务二　动车组内门系统原理

任务描述

动车组内门是车厢内各部分之间的通道,又可以详细分为外端门、内端门、司机室门、乘务员室门和卫生间门。本任务重点探究动车组内门控制电路原理。

知识链接

动车组的外端门和内端门均为电控电动拉门,门锁为四方头,安全可靠。门扇采用铝大玻璃拼装结构,其优点是强度高、密封性能好,外端门隔声、隔热。门系统的移动承载机构具有结构简洁,运动阻力小,安装方便,可靠性高等优点。

1. 电动外端门

电动外端门基础部件包括:下导轨、上毛刷组件、侧毛刷组件、前门框胶条组件、垫片等,如图 7-12 所示。其主要作用是实现门系统与车体的连接、密封防火和下部导向作用,提高门系统的整体性能。门扇部件包括:左右门板、左右承载小车、玻璃、门锁、下挡滑块组件等。承载驱动部件包括:上导轨组件、传动机构、隔离锁组件、DCU 组等。

2. 电动内端门

电动内端门基础部件包括:下导轨、前门框胶条组件、垫片等零部件,如图 7-13 所示。其

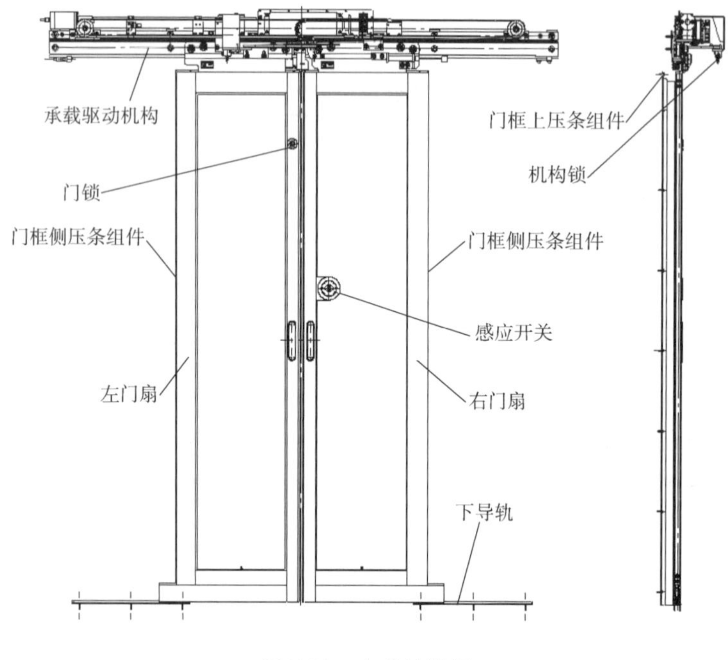

图 7-12　电动外端门

主要作用是实现门系统与车体的连接，提高门系统的整体性能。门扇部件包括：门板、承载小车、玻璃、门锁、下挡滑块组件等。承载驱动部件包括：上导轨组件、传动机构、隔离锁组件、门控器（DCU）组件等。

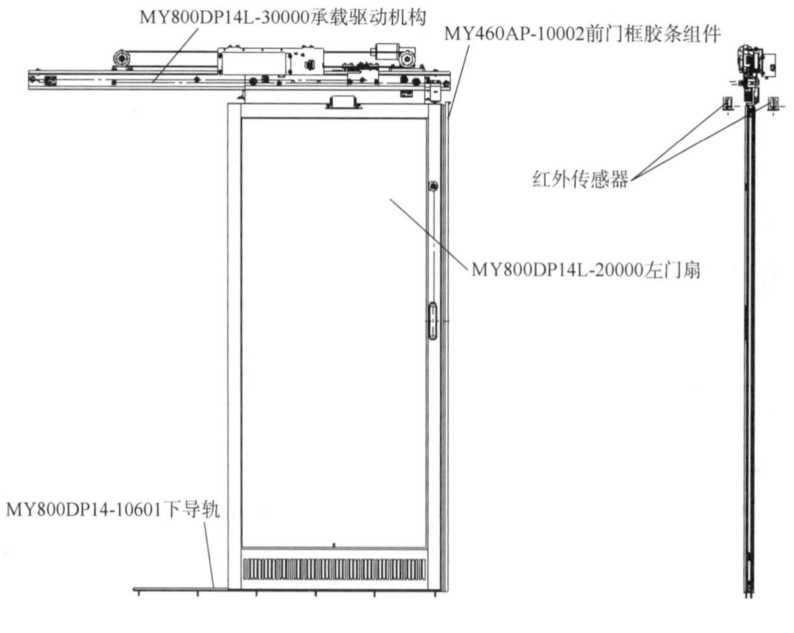

图 7-13　电动内端门

任务实施

1. 开门功能

当满足下列条件时，才允许门控器(DCU)驱动电机执行开门操作：

(1)电动状态。

(2)门停在关到位位置或前一次门的运动方向为关门方向。

当触发感应开关(外端门)或触发红外传感器(内端门)时，如图 7-14 所示，若满足允许开门的条件，门控器(DCU)接收到开门信号后，控制电机将门打开。

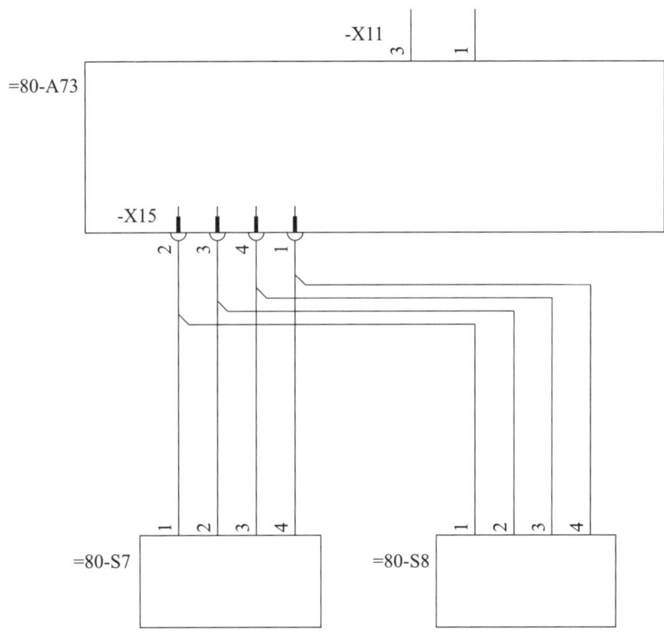

图 7-14　外端门的感应开关

当操作门控器(DCU)上的维护按钮时，若满足允许开门的条件，门控器(DCU)接收到开门信号后，控制电机将门打开。

内端门开门时间为 2.5～3.5 s，外端门开门时间为 2.5～4 s。

2. 关门功能

当满足下列条件时，才允许门控器(DCU)驱动电机执行关门操作：

(1)电动状态。

(2)门停在开到位位置或前一次门的运动方向为开门方向。

门开到位后，将延时 10 s(外端门)、4 s(内端门)后门自动关闭。当操作门控器(DCU)上的维护按钮时，若满足允许关门的条件，门控器(DCU)接收到关门信号后，控制电机将门关闭。

内端门关门时间为 3.5～4.5 s，外端门关门时间为 3.5～5 s。

3. 障碍检测功能

(1)关门过程的障碍检测

在关门过程中检测到障碍物，门控器(DCU)驱动电机立即开门，延时 4 s(内端门)、1 s(外端门)后再次关闭。如果障碍物依然存在，这一过程将重复，3 次后，门将保持打开，并给出故障指示。故障产生 30 s 后，门将自动关闭，关门障碍检测故障指示和关门障碍检测累计次数将自动清除。在 30 s 的延时过程中，也可通过操作维护按钮关门至关到位位置后，清除关门障碍检测故障和关门障碍检测累计次数。门运动至最后 25 mm 的位置时，关门障碍检测功能失效。

(2)开门过程的障碍检测

上电初始化完成，若开门过程中检测到障碍物，门控器(DCU)驱动电机保持在当前位置，延时 4 s(内端门)、1 s(外端门)后关门。如果再次开门时障碍物依然存在，这一过程将重复。连续 6 次检测到障碍物，给出开门障碍检测故障指示。故障产生 30 s 后，将自动清除开门障碍检测故障和开门障碍检测累计次数。若开门过程中，门能打开到位，则开门障碍检测故障指示消失，开门障碍检测累计次数清零。门运动至最后 25mm 的位置时，障碍检测功能失效。

内端门施加在乘客身上的障碍检测力≤150 N，外端门施加在乘客身上的障碍检测力≤100 N。

4. 隔离功能

门在开关位或在关到位，操作隔离开关，隔离开关动作后，门被机械锁定，且电控系统输入电源被断开。

5. 故障诊断

为了进行诊断，门控器(DCU)通过诊断模块，连续监控门功能，检查查找不正常的情况。诊断代码将在红色“ERROR”LED 上通过闪动编码指明。每个最优故障的正确诊断代码都将在 DCU 上用一个闪动编码来指明。闪动编码、诊断编码和优先级总结见表 7-1。

表 7-1　诊断编码

闪动编码	优先级	名称	诊断代码	操作备注
1×	主要	门驱动电机电路断路	1	门运动停止并处于释放状态。如满足开门或关门条件，则门尝试再次运动。应检查此门或隔离此门
4×	主要	门位置传感器故障	2	门尝试运动。应隔离此门
5×	次要	关门过程障碍检测触发达到指定次数	3	指定次尝试之后，门自动打开到开到位位置。如满足开门或关门条件，则门尝试再次运动
6×	次要	开门过程障碍检测触发达到指定次数	4	指定次尝试之后，门停下并接受这一位置为最大可达开门位置。如满足开门或关门条件，则门尝试再次运动
9×	次要	输出口短	6	该输出口不再输出，不影响门运动

任务评价

1. 自我评价(40 分)

学生根据学习任务完成情况进行自我评价。

自我评价表

评价模块	配分	评分项点	得分
安全意识	10	1. 不按要求穿着工作服及防滑电工鞋。 2. 不按要求戴绝缘手套。 3. 不按要求进行带电或断电作业。 4. 不按安全要求规范使用工具。 5. 其他违反安全操作规范的行为	

续上表

评价模块	配分	评分项点	得分
技能操作	16	开门功能	
	16	关门功能	
	16	障碍检测功能	
	16	隔离	
	16	故障诊断	
职业规范和环境保护	10	1. 在工作过程中工具和器材摆放凌乱。 2. 不爱护设备、工具、不节省材料。 3. 在工作完成后不清理现场，在工作中产生的废弃物不按规定处置	
自我评分(总分×40%)=			

签名________　　　　________年________月________日

2. 小组评价(30 分)

同一实训小组同学进行互评。

小组评价表

评价项目	配分	得分
实训记录与自我评价情况	30	
相互帮助与协作能力	30	
安全、质量意识与责任心	40	
小组评分(总分×30%)=		

参评人员签名________　　　　________年________月________日

3. 教师评价(30 分)

指导教师结合自评与互评的结果进行综合评价。

教师总体评价意见：	
教师评分	
总评分=自我评分+小组评分+教师评分	

教师签名________　　　　________年________月________日

任务三　动车组外门释放、打开和关闭的调试方法

任务描述

本任务着重介绍动车组外门系统的调试内容和步骤，包括外门的缓解、外门的打开和关闭。

任务实施

插入主控钥匙，激活 Tc01 车司机台，按下关门按钮=80-S05 和=80-S06，如图 7-15 所示，

检查全列所有车门关闭。

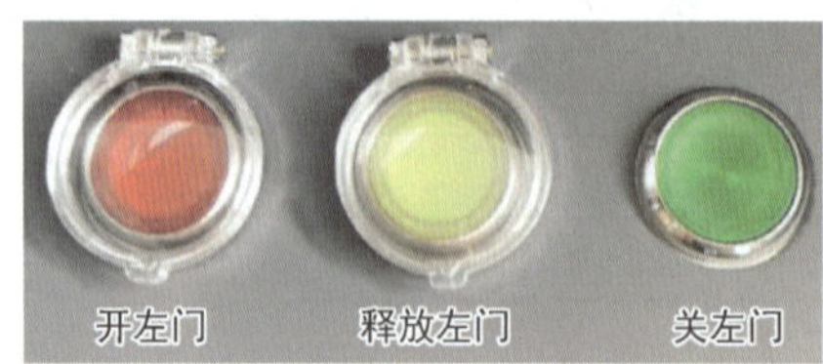

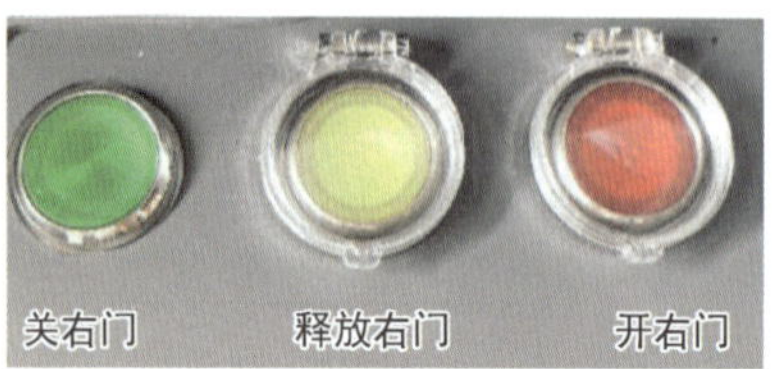

图 7-15　外门集控按钮

(1)司机室显示屏(HMI)显示左侧门未缓解的黄色指示线出现;右侧门未缓解的黄色指示线出现;所有单门的状态指示均绿色,不应出现黄色,如图 7-16 所示。

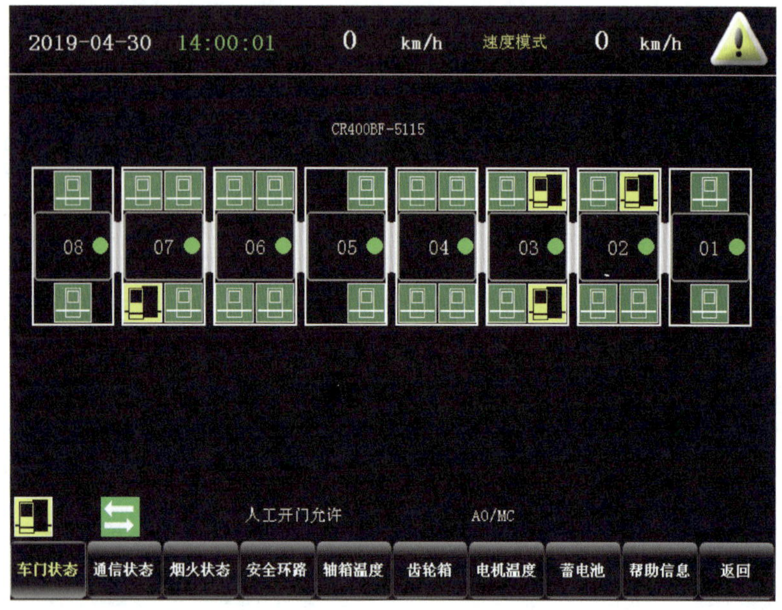

图 7-16　司机室显示屏(HMI)车门状态页面

(2)所有车的门锁闭指示灯=80-H03 亮,如图 7-17 所示。

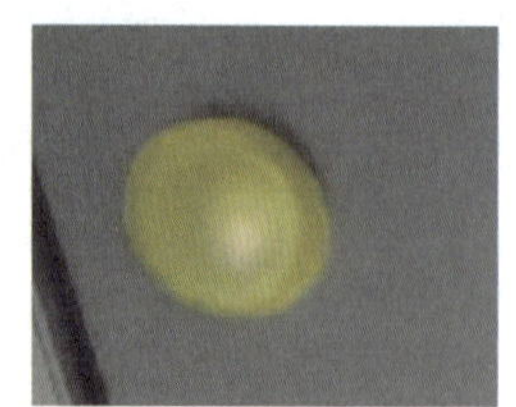

图 7-17　门关好指示灯

按下释放左门按钮=80-S04,检查左侧门释放,右侧门锁;HMI 显示左侧门未释放的黄色指示线消失;按钮=80-S04 的指示灯激活。

按下开门按钮=80-S02,左侧门打开;HMI 显示所有左侧门的状态指示均为开门;按钮=80-S02 的指示灯激活;所有车的门锁闭指示灯=80-H03 熄灭。

按下关门按钮=80-S06,有左侧门关闭左侧门;HMI 显示左侧门未释放的黄色指示线出现,所有单门的状态指示均为绿色;按钮=80-S04 的指示灯熄灭;按钮=80-S02 的指示灯熄灭。

通过释放右门按钮=80-S03、开门按钮=80-S01、关门按钮=80-S05 完成右侧开关门试验,试验方式同左侧一致。

任务评价

1. 自我评价(40 分)

学生根据学习任务完成情况进行自我评价。

自我评价表

评价模块	配分	评分项点	得分
安全意识	10	1. 不按要求穿着工作服及防滑电工鞋。 2. 不按要求戴绝缘手套。 3. 不按要求进行带电或断电作业。 4. 不按安全要求规范使用工具。 5. 其他违反安全操作规范的行为	
技能操作	80	1. 激活司机台,关门操作。 2. 左门缓解,开、关门操作。 3. 右门缓解,开、关门操作	
职业规范和环境保护	10	1. 在工作过程中工具和器材摆放凌乱。 2. 不爱护设备、工具、不节省材料。 3. 在工作完成后不清理现场,在工作中产生的废弃物不按规定处置	
		自我评分(总分×40%)=	

签名________　　________年________月________日

2. 小组评价(30 分)

同一实训小组同学进行互评。

小组评价表

评价项目	配分	得分
实训记录与自我评价情况	30	
相互帮助与协作能力	30	
安全、质量意识与责任心	40	
	小组评分(总分×30%)=	

参评人员签名________　　________年________月________日

3. 教师评价(30 分)

指导教师结合自评与互评的结果进行综合评价。

教师总体评价意见:	
教师评分	
总评分=自我评分+小组评分+教师评分	

教师签名________　　________年________月________日

任务经验

门关好信号硬件和软件不一致快速查找法

1. 检查门硬件信号

全列门关好后继电器＝80-K16 得电，常开触点闭合将反馈信号传递给输入输出单元（IOM）模块，进而传递给中央控制单元（CCU）。首先检查当门关好以后＝80-K16 继电器能否正常得电，若不能正常得电，需要对控制电路进行排查，路径为连接所有门的门关好限位开关，确认接线的正确性；其次对继电器常开触点进行检查，确认继电器得电后常开触点闭合，确认两对常开触点状态均正常，两对常开触点属于冗余策略，分别给输入输出单元 1（IOM1）和输入输出单元（IOM2）反馈信号，当输入输出单元 1（IOM1）和输入输出单元（IOM2）在中央控制单元（CCU）内检测一致后，且在门关好后为高电平，此时证明硬件检测信号正常；最后对反馈线路进行检查，对 80-K16 继电器两常开触点分别至两输入输出单元（IOM）模块之间线路进行检查，确认线路连接的正确性和插头及端子排连接的可靠性。电气原理如图 7-18 所示。

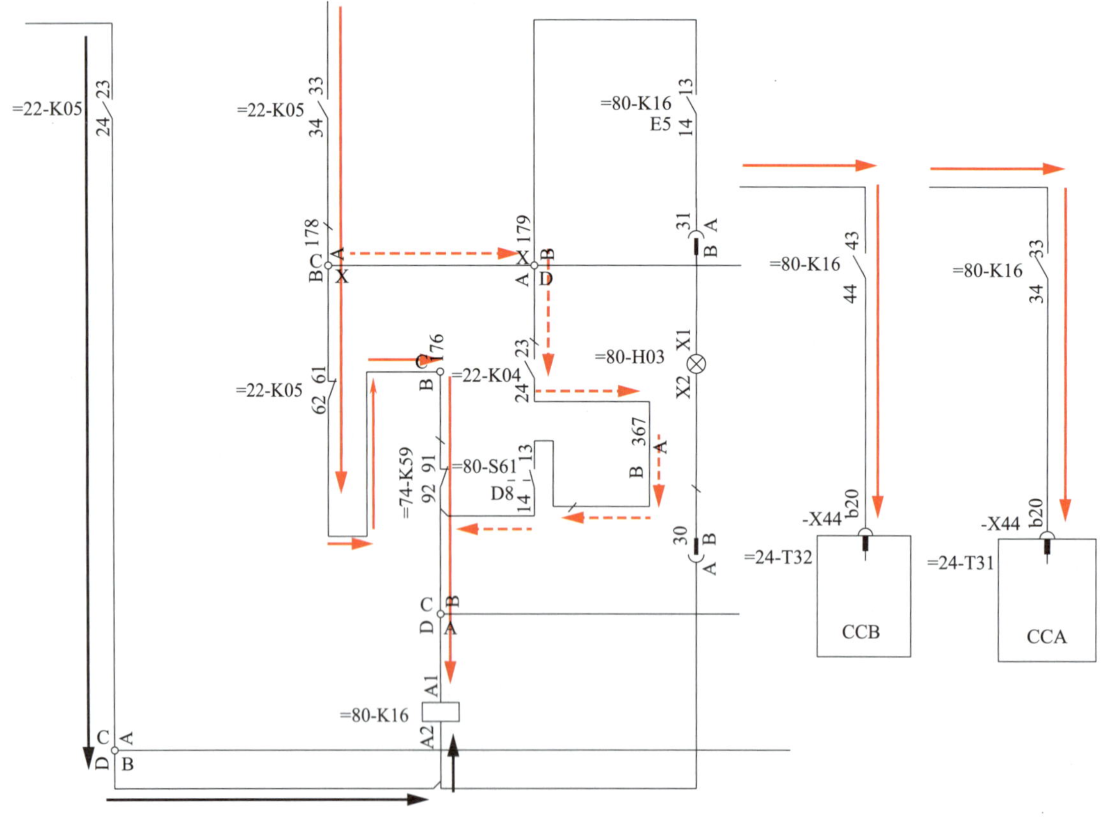

图 7-18　门关好控制电路

2. 检查软件信号

以单节车为例，三个从门控器将自身门关好信号传递给主门控器，本单元门关好信号通过车辆 MVB 总线传递给列车中央控制单元（CCU），临单元门关好信号通过车辆 WTB 总线及网关传递给列车中央控制单元（CCU），列车中央控制单元（CCU）采集全列车门关好信号都已关好，发出的全列门关好信号。检查门关好信号可通过监控软件“Monitor”进行监控，查看是否存在一节或多节车门信号错误的。

3. 检查门实际状态

查看实际门及限位开关的状态，确认门是否已经关闭到位，限位开关已经被触发。

4. 检查门内部电路或门控器

门关好限位开关将门关好信号传递给从门控器，从门控器给主门控器门关好信号；需要对门控器之间的 CAN 总线及地址线进行检查，对线位开关进行测量，确认触发后开关能正常闭合；对线路进行确认，通过万用表测量电位，验证线路的正确性，在验证线路和电位正常后，通过软件监控门控器信号，确认信号正常，需要对门控器的软件进行检查，如果软件版本正常，需要更换门控器，更换后进行故障确认。门锁闭信号原理如图 7-19 所示。

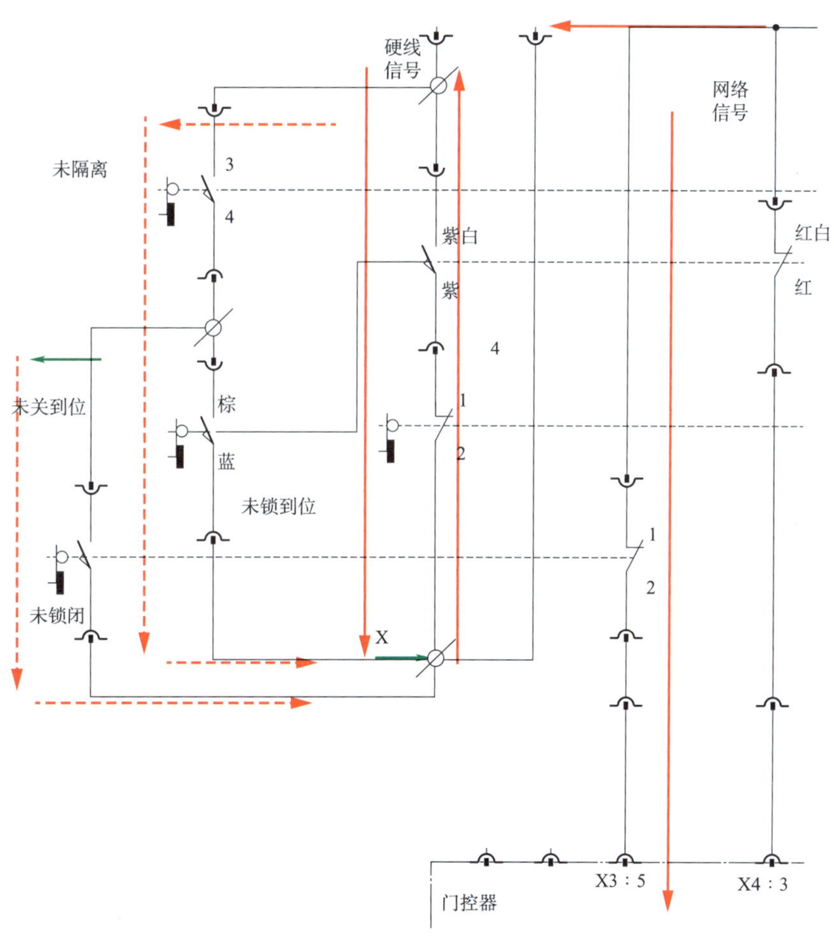

图 7-19　门锁闭信号原理图

巩固与练习

一、填空题

1. 动车组外门设计为电控电驱动，电控气动压紧密封的________门。

2. 动车组的内端门和外端门均为________门，门锁为四方头，安全可靠。

3. 只有________时，动车组对应侧的外门才可以进行集控或者本地开门操作。

4. 在内端门关门过程中检测到障碍物，门控器(DCU)驱动电机________，延时 4 s(内端门)、1 s(外端门)后再次关闭。

5. 动车组内门是________的通道。

二、选择题

1. 在整备模式下，只有车厢里面的(　　)具有可操性。

A. 内侧开门按钮　B. 外侧开门按钮　C. 本地关门按钮

2. 当列车速度(　　)，才能进行门的紧急解锁。

A. <40 km/h　B. <30 km/h　C. <20 km/h　D. <10 km/h

三、判断题

1. 复位紧急解锁后，车门仍然将处于紧急解锁状态。(　　)

2. 开门障碍检测可被激活 3 次。(　　)

3. 每个外门只设有客室外的车门隔离锁装置。(　　)

四、简答题

1. 简述动车组外门的结构组成。

2. 简述动车组一侧外门打开操作及动作过程。

项目八　动车组动态系统的调试

学习目标

1. 知识目标

(1)熟悉动车组动态调试项目内容。

(2)熟悉动车组动态调试操作步骤。

2. 能力目标

(1)能正确进行动车组淋雨试验。

(2)能正确进行动车组牵引与制动试验。

(3)能正确进行动车组动态磨合和模拟试验。

(4)能正确进行动车组淋雨试制动系统动态试验。

3. 素质目标

(1)具有敢于和善于创新的精神。

(2)具有坚强的毅力和高尚的品格。

任务一　淋雨试验

任务描述

动车组淋雨试验的目的就是模拟车辆淋雨,测试车辆的密封性是否良好,预防车辆漏水。

任务实施

1. 试验前准备

检查清洗和喷淋系统功能正常,设定清洗和喷淋系统的喷淋标准如下。

(1)水量:按照工艺文件要求设定。

(2)水压:按照工艺文件要求设定。

(3)喷头出口角度:按照工艺文件要求设定。

闭合车辆蓄电池,集控打开动车组全列外门,然后重新关闭(确保压缩空气供给正常,外门正常关闭)。清洗和喷淋系统设定如图 8-1 所示。

2. 淋雨试验

通过牵引车以恒定 5 km/h 的速度,将动车组推过清洗和喷淋系统。启动喷淋装置,进行喷淋,直到达到每辆车持续喷淋工艺文件要求的时长。对外门、空调、新风口、风挡、受电弓及车体平顶、挡风玻璃处短时间停留进行重点喷淋,如图 8-2 所示。

图 8-1　清洗和喷淋系统

图 8-2　车辆淋雨试验

需要注意的是在动车组经过清洗喷淋系统时要确保顺利通过，不能发生碰撞。一旦发生碰撞，应立即将牵引车停止。进行淋雨时在动车组进入到淋雨设备前应先停止，加强观察，确保不会与动车组发生刮碰后再继续移动动车组。

（1）漏水检查

在喷淋期间必须注意车辆内部有无漏水。特别要注意车门区域和车辆通过台区域、空调系统以及司机室侧窗。

（2）渗水检查

在喷淋完成后规定时间内，重新检查各区域是否进水。在关闭的外车门内侧不得出现细小水流，可以有少量水滴。

①在检查过程中发现有车辆漏水和渗水现象，必须进行处理，否则不允许在室外长期存放。

②肉眼无法观察到有漏水或渗水的区域时，可用纸条伸入该区域进行测试，如纸条未沾水，则表明此处无漏水。

如果发现有渗水或漏水现象，要立即中止喷淋试验。按要求密封漏水点，处理完成后重启试验，没有发现漏水处，则试验视为合格。

任务评价

1. 自我评价（40 分）

学生根据学习任务完成情况进行自我评价。

自我评价表

评价模块	配分	评分项点	得分
安全意识	10	1. 不按要求穿着工作服及防滑电工鞋。 2. 不按要求戴绝缘手套。 3. 不按要求进行带电或断电作业。 4. 不按安全要求规范使用工具。 5. 其他违反安全操作规范的行为	
技能操作	20	试验前准备	
	20	喷淋操作	

续上表

评价模块	配分	评分项点	得分
技能操作	20	漏水检查	
	20	渗水检查	
职业规范和环境保护	10	1. 在工作过程中工具和器材摆放凌乱。 2. 不爱护设备、工具、不节省材料。 3. 在工作完成后不清理现场，在工作中产生的废弃物不按规定处置	
自我评分(总分×40%)=			

签名________　　　　________年________月________日

2. 小组评价(30 分)

同一实训小组同学进行互评。

小组评价表

评价项目	配分	得分
实训记录与自我评价情况	30	
相互帮助与协作能力	30	
安全、质量意识与责任心	40	
小组评分(总分×30%)=		

参评人员签名________　　　　________年________月________日

3. 教师评价(30 分)

指导教师结合自评与互评的结果进行综合评价。

教师总体评价意见：	
教师评分(30 分)	
总评分=自我评分+小组评分+教师评分	

教师签名________　　　　________年________月________日

任务二　牵引与电制动试验

任务描述

牵引与电制动试验的目的就是记录轮径值和里程表值，测试牵引电机转向正确。

任务实施

1. 参考车辆轴轮径的输入

在司机室显示屏(HMI)中录入车辆参考轴的轮径，如图 8-3 所示。车辆参考轴是每个牵引单元的 3 车 3 轴。如为新轮对，则直径为 920 mm，否则需要输入实际值。

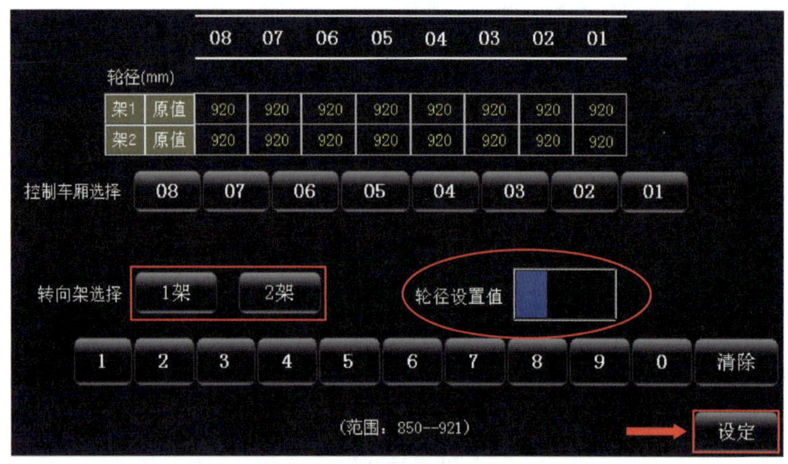

图 8-3 司机室显示屏(HMI)轮径输入页面

2. 里程表的检查

相同动车组两个头车上的两个里程表可能有不同的值，所以需要调整一致。如果两个值之间有差异，连接到较低值里程表所在单元的主列车中央控制单元(CCU)上，通过调试软件强制变量 T5/distance1/srs-distance_meter1/switch_u12/sw 和 X2=1 逐个增加公里数，最终使两端里程表数值相同。

3. 牵引电机旋转方向的检验

进行该项试验前需要进行自动制动试验，确认两端制动有效率为 100%后进行牵引电机转向试验。该试验的目的就是逐一测试动车的牵引电机旋转方向。动车组行驶约 300 m，在此期间对单个牵引电机的速度进行检查，通过使用牵引控制单元(TCU)调试软件对牵引电机的温度进行比较，如果旋转方向正确，则牵引电机之间的最大温度差应小于等于规定温度差；如果列车不行驶或者行驶困难，说明至少有一个牵引电机的旋转方向出现错误。

(1)M02 车电机方向测试

占用 Tc01 车司机室，方向开关置于向前位置。通过司机室显示屏(HMI)启动 M02 车牵引变流器，并切除其他车牵引变流器。缓解制动，将牵引制动手柄推至牵引位，行驶距离约 300 m，通过使用牵引控制单元(TCU)调试软件检查牵引电机速度变量，所有 5 个速度值与速度平均值的百分比应在规定范围以内，见表 8-1。

表 8-1 牵引单元中读出 5 个旋转速度信号

信号	含　义	值
SNI1F_ZA	牵引电机速度 1	正或者负，取决于行进方向
SNI2F_ZA	牵引电机速度 3	正或者负，取决于行进方向
SNI3F_ZA	牵引电机速度 2	总为正
SNI4F_ZA	牵引电机速度 4	总为正
SNIST5	车辆实时速度	总为正
SMSOVZSA	TCU 中计算的实际速度	
SMS0VZSA	实际扭矩	正或者负，取决于行进方向

施加制动，待动车组静止后，通过使用牵引控制单元（TCU）调试软件测试牵引电机的温度值变量 MCIFM1、MCIFM2、MCIFM3、MCIFM4 温度差不大于规定值，检查牵引控制单元（TCU）内部记录无故障报出。

4. 恒速测试

（1）占用 Tc01 车司机室，方向开关置于向前位置。升弓合主断，缓解停放制动，操作模式选择按钮调至速度模式，利用牵引制动手柄将目标速度设定为 20 km/h，确定当前列车速度保持在 20 km/h 要求运行速度，运行在平直轨道时正负误差在规定范围内，如图 8-4 所示。左侧为列车实际速度，右侧为目标设定速度。

图 8-4　司机室显示屏（HMI）速度显示

（2）轮径值的校正

占用 Tc01 车司机室，使动车组速度超过规定速度，牵引制动手柄 0 位置，进入惰行模式，惰行不低于 10 s。经过上述操作完成轮径值的校正。

5. 测试车门关闭信号

占用 Tc01 车司机室，方向开关置于向前位置。车门旁路开关置于开位，升弓合主断。

释放左右侧门允许，并打开左右外门。在列车广播声明：列车在门打开的情况下进行牵引。此时牵引手柄置于牵引位置动车组没有牵引力输出；车门旁路开关置于关位，牵引手柄置于牵引位置，动车组开始移动，当速度>5 km/h 时，所有车门必须自动关闭和锁定。在司机室显示屏（HMI）上确认全列车门关闭，并检查全列车门实际状态已经关闭，显示绿色为全部关闭，如图 8-5 所示。

图 8-5　司机室显示屏（HMI）车门页面

任务评价

1. 自我评价（40 分）

学生根据学习任务完成情况进行自我评价。

评价模块	配分	评分项点	得分
安全意识	10	1. 不按要求穿着工作服及防滑电工鞋。 2. 不按要求戴绝缘手套。 3. 不按要求进行带电或断电作业。 4. 不按安全要求规范使用工具。 5. 其他违反安全操作规范的行为	

续上表

评价模块	配分	评分项点	得分
技能操作	20	参考车辆轮径的输入	
	20	里程表的检查	
	20	牵引电机旋转方向的检验和恒速测试	
	20	测试车门关闭信号	
职业规范和环境保护	10	1. 在工作过程中工具和器材摆放凌乱。 2. 不爱护设备、工具、不节省材料。 3. 在工作完成后不清理现场,在工作中产生的废弃物不按规定处置	
		自我评分(总分×40%)=	

签名________ ________年________月________日

2. 小组评价(30分)

同一实训小组同学进行互评。

小组评价表

评价项目	配分	得分
实训记录与自我评价情况	30	
相互帮助与协作能力	30	
安全、质量意识与责任心	40	
		小组评分(总分×30%)=

参评人员签名________ ________年________月________日

3. 教师评价(30分)

指导教师结合自评与互评的结果进行综合评价。

教师总体评价意见:	
教师评分	
总评分=自我评分+小组评分+教师评分	

教师签名________ ________年________月________日

任务三　动态磨合和模拟检测

任务描述

动态磨合和模拟检测试验目的就是对动车组各关键功能进行动态检测。

任务实施

1. 动态磨合和模拟检测试验的步骤

动态磨合和模拟检测试验在开始之前要进行制动有效率试验,确认试验通过后才可进行其他试验步骤。以 Tc01 车占用司机室为例。

(1)制动有效率试验

占用 Tc01 车司机室，进行制动有效率试验，确认制动试验全部通过，制动有效率 100%，如图 8-6 所示。

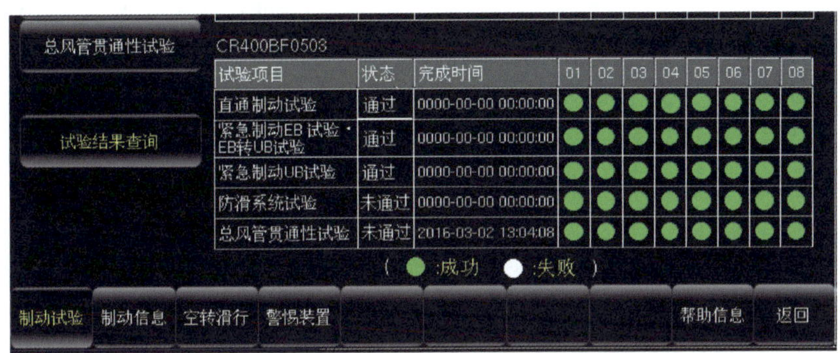

图 8-6　司机室显示屏(HMI)制动试验页面

(2)汽笛、雨刷及外部照明检查

在试验前和结束后，均应检查汽笛高低音是否正常、雨刷功能是否正常、外部照明功能是否正常。

(3)制动测试

动车组按照试验规定速度运行，通过牵引制动手柄分别施加 B5 级和 B7 级制动，查看电制动是否正常施加。电制动显示如图 8-7 所示。

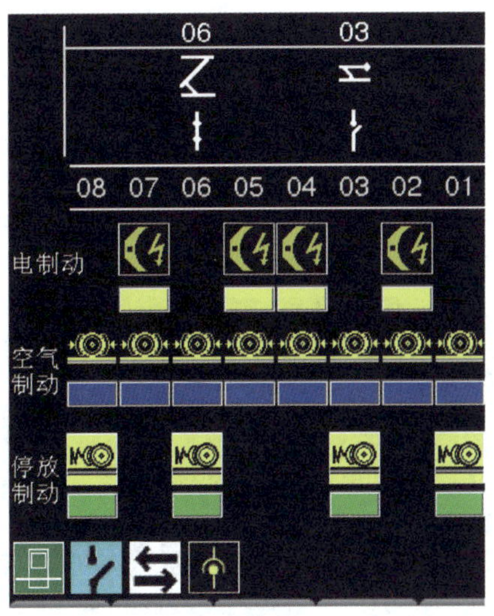

图 8-7　司机室显示屏(HMI)制动页面电制动状态

动车组再次按照试验规定速度运行时，实施 B5 级制动，同时在车辆控制面板切断本车制动，本车制动显示为×。

(4)恒速及减载运行

动车组恒速设定到规定速度，检查恒速设定功能正常。随机切除两个牵引变流器，50%牵引，运行规定距离。恢复牵引后，随机切除一个牵引变流器，75%牵引，运行规定距离。再恢复全部牵引隔离 Tp06 车受电弓，升起 Tp03 车受电弓，合主断，行驶运行规定距离。

(5)中压扩展测试

分别切除 M02 车、Mh04 车、Mb05 车、M07 车牵引变流器，每次切除后检查剩余辅助变流器为绿色，即切除 M02 车牵引变流器，Tp03、Tp06、Tc08 辅助变流器正常；切除 Mh04 车牵引变流器，Tc01、Tp06、Tc08 辅助变流器正常；切除 Mb05 车牵引变流器，Tc01、Tp03、Tc08 辅助变流器正常；切除 M07 车牵引变流器，Tc01 车、Tp03 车、Tp06 车辅助变流器正常。

(6)紧急牵引测试

将司机室故障面板上的停放制动监控环路开关置于关位、ATP 隔离开关旋钮置于隔离位，紧急牵引模式旋钮置于开位，通过司机室显示屏(HMI)确认高压隔离开关已打开。升弓闭合主断，所有受电弓升起，所有主断闭合，正常施加牵引，速度最高达到规定速度，操纵牵引制动手柄实施制动停车。试验完成后，断开主断，降下受电弓。将故障面板上的停放制动监控环路开关置于开位、ATP 隔离开关旋钮置于隔离位，紧急牵引模式旋钮置于关位。

(7)外门测试

停车进行外门集控开关试验，试验前要通过广播提醒所有人员注意安全。在外门打开状态下，施加牵引，此时动车组无法起动；将车门旁路开关置于关位，施加牵引，车辆开始移动，当达到规定速度时，车门自动关闭，当大于规定速度时，车门无法打开。

2. 动车组运行结束后轴温的检查

动车组动态运行结束试验后，记录两个头车当前公里数和所有车轴温。

3. 动车组回库检查

(1)轮对检查

检查动车组全列车轮对踏面没有擦伤，不超过标准的磕碰划伤进行记录，超出标准的须更换轮对。

(2)车顶检查

检查车顶受电弓(图 8-8)没有损坏，碳滑板没有损失，受电弓下平衡杆衬套，受电弓阻尼器衬套、绝缘子、隔离开关等高压部件正常无损坏。

图 8-8　车顶受电弓

4. 各项液位检查

(1)牵引变压器检查

检查所有变压器单向阀、变压器油泵管路和膨胀箱的全部密封及阀门应正确密封，无泄漏，如图 8-9 所示。

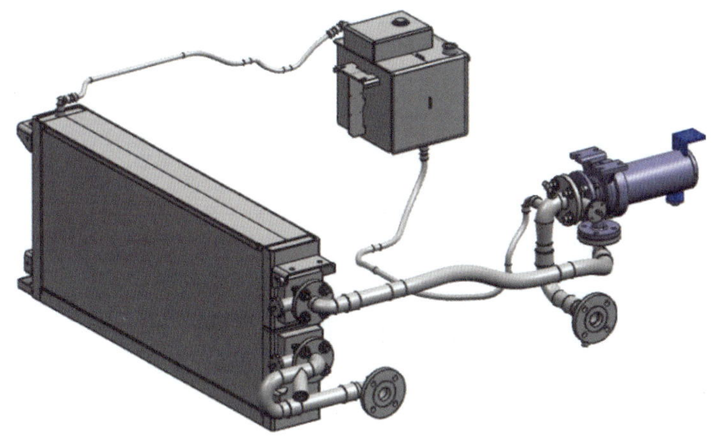

图 8-9　牵引变压器冷却单元管路

(2)牵引变流检查

检查牵引变流器冷却单元管路密封，无泄漏，液位指示正确。

(3)主空压机检查

检查主空压机油无泄漏，液位指示正确，重点检查加油口和排油口。

任务评价

1. 自我评价(40 分)

学生根据学习任务完成情况进行自我评价。

自我评价表

评价模块	配分	评分项点	得分
安全意识	10	1. 不按要求穿着工作服及防滑电工鞋。 2. 不按要求戴绝缘手套。 3. 不按要求进行带电或断电作业。 4. 不按安全要求规范使用工具。 5. 其他违反安全操作规范的行为	
技能操作	20	动态磨合和模拟检测试验	
	20	动车组运行结束后轴温的检查	
	20	动车组回库检查	
	20	各项油位检查	
职业规范和环境保护	10	1. 在工作过程中工具和器材摆放凌乱。 2. 不爱护设备、工具、不节省材料。 3. 在工作完成后不清理现场，在工作中产生的废弃物不按规定处置	
自我评分(总分×40%)=			

签名________　　　　________年________月________日

2. 小组评价(30 分)

同一实训小组同学进行互评。

小组评价表

评价项目	配分	得分
实训记录与自我评价情况	30	
相互帮助与协作能力	30	
安全、质量意识与责任心	40	
		小组评分(总分×30%)=

参评人员签名________　　　　________年________月________日

3. 教师评价(30 分)

指导教师结合自评与互评的结果进行综合评价。

教师总体评价意见:	
教师评分	
总评分=自我评分+小组评分+教师评分	

教师签名________　　　　________年________月________日

任务四　制动系统动态试验

任务描述

制动系统动态试验试验目的就是测试各种制动的距离,空气制动及电制动能正常施加,以及保护功能、清洁制动和比例制动的测试。

任务实施

1. 制动有效率试验

占用 Tc01 或 Tc08 车司机室,进行制动有效率试验,确认制动试验都已通过。

2. 保持制动测试

牵引制动手柄在 0 位,确认全列保持制动施加;推动牵引制动手柄至牵引位大于规定时间,保持制动缓解,确认全列制动缓解。制动状态显示如图 8-10 所示。

3. 电空配合试验

(1)动车组运行至规定速度,惰行 2 s 后施加 B7 级制动,在司机室显示屏(HMI)确认电空复合制动施加。电空复合制动为动车施加电制动,拖车施加空气时制动。

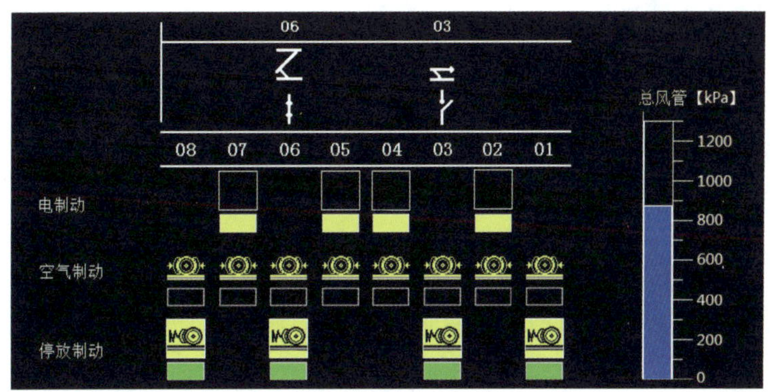

图 8-10　空气制动和停放制动状态显示

(2)列车运行至规定速度,惰行 2 s 后施加紧急制动 EB,在司机室显示屏(HMI)确认电空复合制动施加。

4. 复合最大常用制动试验(闭合主断路器)

动车组分别运行至规定的 4 个速度,惰行 2 s 后施加最大常用制动,制动距离分别小于对应距离为合格。

5. 空气最大常用制动试验(断开主断路器)

动车组分别运行至规定的 4 个速度,断开主断路器,惰行 2 s 后施加最大常用制动,制动距离分别小于对应距离为合格。

6. 复合紧急制动 EB 试验(闭合主断路器)

动车组分别运行至规定的 4 个速度,惰行 2 s 后施加紧急制动 EB,制动距离分别小于对应距离为合格。

7. 空气紧急制动 EB 试验(断开主断路器)

动车组分别运行至规定的 4 个速度,断开主断路器,惰行 2 s 后施加紧急制动 EB,制动距离分别小于对应距离为合格。

8. 紧急制动 UB 试验

动车组分别运行至规定的 4 个速度,惰行 2 s 后施加紧急制动 UB,确认制动距离分别小于对应距离为合格。

9. 保护功能的试验

(1)司机警惕装置保护试验

列车牵引至规定速度,停止操作司机警惕装置,检查全列是否施加制动。

(2)乘客紧急制动

动车组运行至规定速度,触发任一乘客紧急报警装置(向下拉可触发乘客紧急制动手柄,可通过四角钥匙进行恢复)。司机不操作乘客报警旁路按钮,如图 8-11 所示,动车组施加制动。

图 8-11　乘客紧急制动旁路按钮

(3)乘客紧急制动被忽略

动车组运行至规定速度,触发任一乘客紧急报警装置,3 s 内司机操作乘客报警旁路按钮,动车组不施加制动。

(4)紧急制动 EB 的缓解

动车组运行至规定速度,通过牵引制动手柄施加紧急制动 EB 后马上缓解,动车组能正常缓解。

(5)恒速模式施加制动

采用恒速模式控车,动车组运行至规定速度,施加 B3 级制动,检查 ASC 模式是否正常退出。

(6)B7 转紧急制动 UB

动车组运行至规定速度,施加 B7 复合制动减速后施加紧急制动 UB,检查紧急制动 UB 是否正常施加。

(7)电制动/空气制动配合

动车组运行至规定速度,施加 B7～B1 复合制动,检查电/空是否正常转换。

(8)电制动的切除

动车组运行至规定速度,施加紧急制动 EB,切除电制动,动车组制动转换为空气制动。

9. 清洁制动试验

占用 Tc01 车司机室,方向开关置于向前位置。动车组运行至规定速度,惰行 3 s,施加清洁制动,在司机室显示屏(HMI)检查各车正常施加清洁制动。

10. 比例制动试验

动车组运行至规定速度,惰行 3 s,施加 B4 级制动,在司机室显示屏(HMI)上检查仅有动车施加电制动,然后按下司机台上的比例制动按钮,动车电制力应适当下降,全部拖车施加空气制动。

1. 自我评价(40 分)

学生根据学习任务完成情况进行自我评价。

自我评价表

评价模块	配分	评分项点	得分
安全意识	10	1. 不按要求穿着工作服及防滑电工鞋。 2. 不按要求戴绝缘手套。 3. 不按要求进行带电或断电作业。 4. 不按安全要求规范使用工具。 5. 其他违反安全操作规范的行为	
技能操作	8	制动有效率试验	
	8	保持制动测试	
	8	电空配合试验	
	8	复合最大常用制动试验	
	8	空气最大常用制动试验	
	8	复合紧急制动 EB 试验	
	8	紧急制动 UB 试验	
	8	保护功能的试验	

续上表

评价模块	配分	评分项点	得分
技能操作	8	清洁制动试验	
	8	比例制动试验	
职业规范和环境保护	10	1. 在工作过程中工具和器材摆放凌乱。 2. 不爱护设备、工具、不节省材料。 3. 在工作完成后不清理现场，在工作中产生的废弃物不按规定处置	
自我评分(总分×40%)=			

签名________　　　　________年________月________日

2. 小组评价(30 分)

同一实训小组同学进行互评。

小组评价表

评价项目	配分	得分
实训记录与自我评价情况	30	
相互帮助与协作能力	30	
安全、质量意识与责任心	40	
小组评分(总分×30%)=		

参评人员签名________　　　　________年________月________日

3. 教师评价(30 分)

指导教师结合自评与互评的结果进行综合评价。

教师总体评价意见：	
教师评分	
总评分=自我评分+小组评分+教师评分	

教师签名________　　　　________年________月________日

巩固与练习

一、填空题

1. 动车组淋雨试验的试验目的就是________。

2. ________试验的目的就是逐一测试动车的牵引电机旋转方向。

3. 动态磨合和模拟检测试验目的就是________。

4. 动态磨合和模拟检测试验在开始之前要进行________试验，确认试验通过后才可进行其他试验步骤操作。

5. 保持制动测试是制动手柄在________，确认全列施加保持制动；推动牵引手柄激活________，保持制动缓解，确认全列制动缓解。

二、选择题

1. 在渗水检查中，关闭的外车门内侧可以有(　　)。

A. 水流　　B. 细小水流　　C. 水滴　　D. 少量水滴

2. 在轮径值的校正中，动车组牵引进入惰行模式，惰行不低于(　　)。

A. 10 s　　B. 20 s　　C. 30 s　　D. 40 s

三、判断题

1. 在喷淋期间必须注意车辆内部有无漏水。　　(　　)

2. 进行牵引机旋转方向试验前需要进行制动试验，确认两端制动有效率为 90%后进行试验。　　(　　)

3. 在进行汽笛、雨刷及外部照明检查时，试验前和结束后，均应检查汽笛高低音是否正常、雨刷功能是否正常、外部照明功能是否正常。　　(　　)

四、简答题

1. 简述电空配合试验步骤。

2. 简述恒速测试步骤。

参考文献

[1] 罗昭强. 罗昭强工作法——动车组调试[M]. 北京：中国工人出版社，2019.